Be a Master of
Reading

펴낸이	김기훈 ㅣ 김진희
펴낸곳	(주)쎄듀 ㅣ 서울특별시 강남구 논현로 305 (역삼동)
발행일	2024년 8월 30일 초판 1쇄
내용문의	www.cedubook.com
구입문의	콘텐츠 마케팅 사업본부
	Tel. 02-6241-2007
	Fax. 02-2058-0209
등록번호	제 22-2472호
ISBN	978-89-6806-430-2
	978-89-6806-429-6 (세트)

천일문 독해

BASIC Argument 주장글

저자

김기훈

現 ㈜쎄듀 대표이사

現 메가스터디 영어영역 대표강사

前 서울특별시 교육청 외국어 교육정책자문위원회 위원

저서　천일문 / 천일문 Training Book / 천일문 독해 / 천일문 GRAMMAR
　　　쎄듀 본영어 / 문법의 골든룰 101 / 독해가 된다 시리즈 / ALL씀 서술형
　　　ASAP VOCA / 어휘끝 / 어법끝 / 첫단추 / 쎈쓰업 / 파워업 / 독해비
　　　수능영어 절대유형 / 빈순삽함 / 기출프리미엄 / 수능실감 등

쎄듀 영어교육연구센터

쎄듀 영어교육센터는 영어 콘텐츠에 대한 전문지식과 경험을 바탕으로
최고의 교육 콘텐츠를 만들고자 최선의 노력을 다하는 전문가 집단입니다.

오혜정 센터장　　　　**한예회** 책임연구원　　　**장정문** 책임연구원　　　**구민지** 선임연구원
정예영 전임연구원　　**이누리** 연구원　　　　**변효진** 연구원　　　　**박정원** 연구원

검토에 도움을 주신 분들

구대만 선생님(대치잇올스파르타)　　　권영진 선생님(경동고)　　　　　길성윤 선생님(길선생 영어학원)
김정은 선생님(조이럭 영어학원)　　　　김지연 선생님(송도탑영어학원)　　박수진 선생님(서울 송파 이은재영어학원)
이선재 선생님(경기 용인 E-Clinic)　　　이헌승 선생님(아잉카아카데미)　　한재혁 선생님(현수학영어학원)

마케팅	콘텐츠 마케팅 사업본부
제작	정승호
영업	문병구
인디자인 편집	올댓에디팅
디자인	윤혜영
일러스트	제니곽, 박하영
영문교열	James Clayton Sharp

FOREWORD

이 책을 쓰며

천일문 독해 시리즈는 천일문 시리즈를 근간으로 하는 지문 독해 학습서입니다. 천일문 시리즈는 개별 문장의 정확한 해석을 학습 목표로 하며, 천일문 독해 시리즈는 **지문 독해 학습**을 목표로 새롭게 선보이는 것입니다.

이 시리즈를 준비하면서, 독해 학습 효과를 극대화한 **진정한 독해 교재**를 만들기 위해 깊이 고민하고 연구했습니다. 연구 결과를 책으로 구현하기까지, 알고 있던 독해 이론들을 다시 정리하고, 효과적인 독해 학습 방법에 대한 최신 논문들도 하나하나 검토했습니다. 또한, 킬러 문항 배제 정책 이후의 미묘한 출제 변화와 그것이 학생들의 오답률에 미친 영향을 꼼꼼히 분석하였습니다. 이러한 연구 활동은 학생들이 실제로 겪고 있는 어려움과 고민을 헤아리는 탄탄한 기반이 되었습니다.

학습 대상이 되어야 할 좋은 글은 무엇인지에 대해서도 생각해 보았습니다. 글쓰기의 궁극적 목적과 방향은 주제 및 요지를 정확하고 알기 쉽게 전달하는 것입니다. 대부분의 평범한 글은 이를 충실히 수행하므로 읽는 사람이 어렵지 않게 파악할 수 있습니다. 그러나 시험에 출제되는 일부 글은 그렇지 않습니다. 마치 어떻게 하면 이해가 어려울지를 고민하면서 쓴 것처럼 느껴집니다.

따라서 쉽게 읽히는 글이나 단순히 정보만 나열된 글은 고등학생들의 학습 대상이 아닙니다. 이러한 글은 아무리 읽어도 독해 실력이 잘 늘지 않습니다. 어휘의 표면적 의미(문자 그대로의 의미)만 알면 누구나 쉽게 이해할 수 있기 때문입니다. 집중적으로 학습해야 할 글은 **이해를 방해하는 요소가 있는 글, 논리 사고력을 키워주는 글**입니다. 이런 특성을 가진 240개의 지문을 엄선하였고, 이를 다시 수준에 맞게 다듬고, 길이 조정과 검수를 거쳐 각 30개씩 총 여덟 권에 나눠 실었습니다.

또한 일선에 계신 선생님들을 만나 뵙고 내부 구성과 요소들에 대한 조언을 반영했습니다. 그 조언들에 따라 연구원들과 함께 수정을 거듭하고 아이디어를 모았습니다. 방향이 정해진 뒤에는 원고 작업과 개선에 매진하여 선택지 하나에도 그 몇 배의 고민과 지난 집필 경험을 담았습니다.

힘든 과정이었지만, 한 지문, 한 지문 원고를 완성하면서 느끼는 만족감과 즐거움도 그만큼 커졌습니다. 어느새 출간을 앞두고 보니, 어서 빨리 학생들과 함께 나누고 싶은 마음 또한 커집니다. **진정한 독해력이 그 어느 때보다 중요한 시기**입니다. 이 시리즈가 학생 여러분의 독해 고민을 해결해 드릴 수 있으리라 믿습니다. 이 의미 있는 여정의 결과를 함께할 모든 학생 여러분에게 진심을 담아 응원을 전합니다!

저자

SERIES *COMPOSITION* 시리즈 구성에 대하여

좋아하는 장르의 드라마나 영화를 계속 시청하다 보면 전개가 익숙하게 느껴지고 결말, 때로는 반전까지 예측할 수 있게 됩니다.
그 이유는 로맨스, 코미디, 스릴러, 모험, 액션, SF, 판타지 등 장르마다 대중을 사로잡는 고유한 플롯(plot: 구성)이 있기 때문입니다.
예를 들어, 모험(Adventure) 장르는 주인공이 어떤 이유로 집을 떠나 다양한 고난의 여정을 거치며 성장을 이루고 돌아오는 이야기를
주로 담고 있습니다. 이 플롯을 알면 전개되는 내용을 더 잘 이해할 수 있고, 요약해서 전달하거나 기억하기도 쉽습니다.

학생들이 가장 많이 접하고 훈련해야 하는 글의 플롯은 아래 두 가지 유형입니다. 목표로 하는 시험에 가장 높은 비율로 등장하며,
교육적으로도 상당히 유용합니다.

 **Argument Passages: 주장글**
글쓴이의 주장(argument)을 담고 있습니다.

 **Explanation Passages: 설명글**
사실(facts)·정보(information)를 설명합니다.

(좀 더 상세한 설명은 p. 12~13 Understanding ARGUMENT and EXPLANATION Passages 참고)

이 두 가지 유형의 전개에 익숙해지면 독해력이 탄탄하게 올라갑니다. 주제문과 세부 사항에 대한 이해력이 향상되어 자신감이 길러지고,
읽는 동안 생각이 이리저리 흩어지지 않고 핵심에 집중할 수 있게 해줍니다.

이를 위해, 일정 기간 한 가지 유형에만 집중하는 것이 필요합니다. 마치 좋아하는 장르를 계속해서 시청하면 플롯을 꿰뚫게 되는 것과
같은 이치입니다. 천일문 독해 시리즈는 한 권에서 한 가지 유형만 온전히 다루는 방식으로 하여 레벨 당 두 권으로 구성했습니다.
각 레벨의 두 권을 모두 학습한 뒤에는 다양한 글이 섞여 나오는 기존의 학습서를 어느 것이든 선택하여 학습을 이어가시면 됩니다.
지문의 평균 길이가 150~180단어이므로, 본인이 모르는 단어가 10개 이하인 것을 선택하는 것이 바람직합니다.

 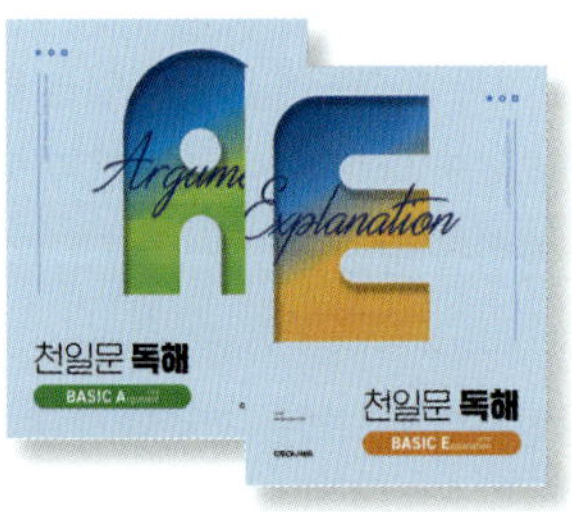  

시리즈		난이도	병행학습 권장 교재
INTRO A	INTRO E	예비고	천일문 입문(INTRO)편
BASIC A	BASIC E	고1 (2, 3등급)	천일문 기본(BASIC)편
ESSENTIAL A	ESSENTIAL E	고2 (2, 3등급)	천일문 핵심(ESSENTIAL)편
MASTER A	MASTER E	고3 (2, 3등급)	천일문 완성(MASTER)편

BOOK *COMPOSITION*

1. 본책

기출 간접 연계 지문을 수록했습니다. 소재는 유사하지만 내용이 다르므로 시험과 근접한 느낌으로 학습할 수 있습니다.

학평, 모평, 수능의 소재는 반복하여 출제되는 경향이 있습니다. 예를 들어, Richard Dawkins의 <이기적 유전자(The Selfish Gene)>는 2011~12년에 자주 출제되었고 2021학년도에 다시 등장했습니다. 최근에는 AI가 계속해서 출제되고 있습니다.

이 책을 가이드 삼아, 문제 푸는 것에서 한 발짝 더 나아가 소재에 대한 배경지식과 관련 어휘를 정리해 보세요. 실전에서 발휘할 수 있는 소중한 자산이 될 것입니다.

(좀 더 상세한 설명은 p. 6 Key Aspects & Applications (주요 부분과 활용법) 참고)

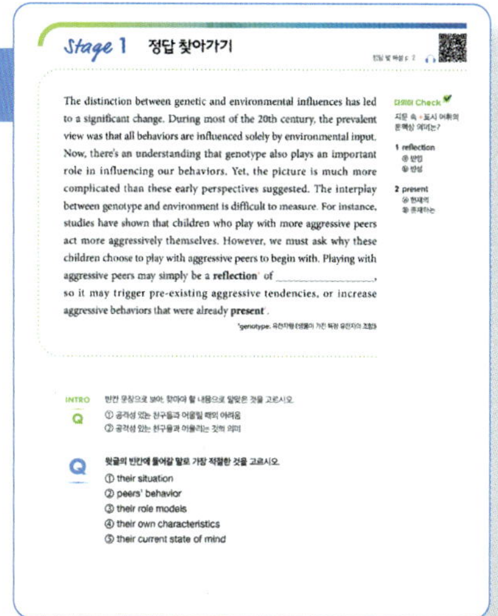

2. 함께 풀면 좋은 기출문제

본책의 지문마다 연계되는 기출문제를 두 개씩 실었습니다. 지문 소재나 글 구조가 기출에서 어떻게 출제되었는지 알 수 있으며, 독해 학습법 중 하나인 narrow reading 으로 활용할 수 있습니다.

*narrow reading: 하나의 소재 또는 같은 작가의 글을 집중해서 읽는 학습법. 특히 어휘력 습득과 배경지식 증진에 도움이 됩니다.

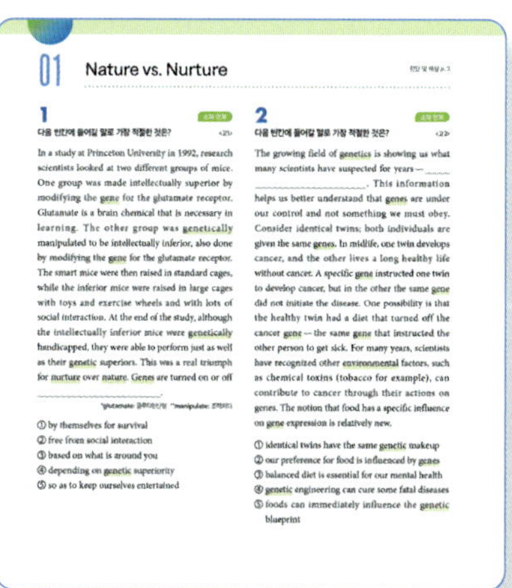

3. 정답과 해설

직독직해와 각 문제에 대한 친절하고도 자세한 해설을 실었습니다. 맞은 문제라도 해설을 참고하여 자신의 추론이나 사고 과정이 올바른지 꼼꼼히 확인해 보세요.

일러두기 /, // 의미 단위 표시 ( ) 형용사구 [ ] 형용사절
- 일반적인 어구의 끊어 읽기는 /로 표시하였고, 절과 절의 구별은 //로 표시하였습니다. 다만, 더 큰 절 내의 부속절은 /로 표시하였습니다.

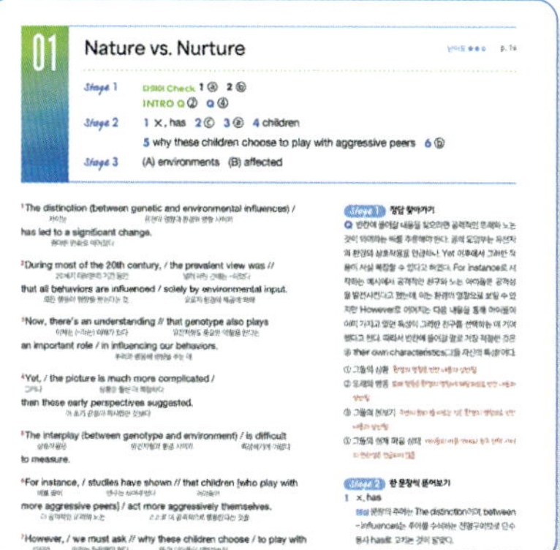

Communication

03 Verbal Ping-Pong 말로 하는 핑퐁 게임

좋은 대화를 나누려면 단순히 상대의 말을 듣기만 해서는 안 됩니다.
상대방의 말에 적절하게 반응하고 공감해야 합니다.

의사소통에는 언어로 하는(verbal) 방식뿐 아니라,
언어를 사용하지 않는(nonverbal) 방식도 있습니다.

verbal communication은 일상 대화, 강의, 발표를 포함하며
nonverbal communication은 몸짓 언어(body language),
눈 맞춤, 얼굴 표정(facial expression), 제스처(gesture)를
포함합니다.

의사소통의 주요 방식인 대화(conversation)는 아래의 단어로도
표현할 수 있습니다.
- **discourse**: (특정 주제에 대한) 대화, 담론; 이야기하다
- **dialog(ue)**: 대화
- **interaction**: 상호 작용; 소통

1. 핵심 소재 소개

지문의 소재와 배경지식을 간단히 정리했습니다. 소재와
관련된 핵심 기출 어휘도 함께 살펴볼 수 있습니다.

*지문 학습 후에 복습 겸 살펴보는 방법도 있습니다.

Words & PHRASES

✚ 표시 다의어는
지문 속 의미를
다의어 Check✔
에서 고르세요.

master	주인; ~을 완전히 익히다, ~에 숙달하다	
art✚	예술; 미술; 기술(= skill)	
connection	연결; 관계; 친밀	
verbal	언어의; 말로 된(= oral)(↔ nonverbal 비언어적인, 말을 사용하지 않는)	
ping-pong	탁구, 핑퐁; 주고받기, 교환	
by the way	그런데, 그건 그렇고 《대화에서 화제를 바꿀 때 씀》	
a bunch of	한 다발의; 많은	• bunch 다발, 묶음; 많음
feel connected to A	A와 교감하다	
be up to A	A에 달려있다; A를 하려고 하다	
a battery of	여러, 수많은	
care about	~에 관심을 가지다, ~에 마음을 쓰다	
[선택지]		
diverse	다양한	
chance	기회; 가능성; 우연; 운	
be familiar with	~에 익숙하다; ~을 잘 알다	

2. 어휘 주석 *Words & PHRASES*

지문에 나오는 어휘의 의미, 유반의어, 관련어구 등을 미리
학습할 수 있습니다.

✚ 표시는 다의어를 뜻하며, 여러 뜻 중 지문에서 사용된
의미를 문맥에 따라 추론하는 문제가 각 지문의 오른쪽에
마련되어 있습니다.

*지문에서 모르는 어휘가 평균 5개 미만인 경우, 어휘를 미리
학습하지 말고 바로 문제 풀기에 도전하는 것이 더 좋습니다.
모르는 어휘가 보이면 문맥으로 추론해 읽어보고 나중에 확인하
는 방식으로 학습해 보세요.

Stage 1 정답 찾아가기

정답 및 해설 p. 2

The distinction between genetic and environmental influences has led to a significant change. During most of the 20th century, the prevalent view was that all behaviors are influenced solely by environmental input. Now, there's an understanding that genotype also plays an important role in influencing our behaviors. Yet, the picture is much more complicated than these early perspectives suggested. The interplay between genotype and environment is difficult to measure. For instance, studies have shown that children who play with more aggressive peers act more aggressively themselves. However, we must ask why these children choose to play with aggressive peers to begin with. Playing with aggressive peers may simply be a **reflection** of _________________, so it may trigger pre-existing aggressive tendencies, or increase aggressive behaviors that were already **present**.

*genotype: 유전자형 (생물이 가진 특정 유전자의 조합)

다의어 Check ✔

지문 속 +표시 어휘의 문맥상 의미는?

1 reflection
ⓐ 반영
ⓑ 반성

2 present
ⓐ 현재의
ⓑ 존재하는

3. Stage 1 정답 찾아가기

대의(주장, 요지, 주제, 제목), 함의 추론, 빈칸, 무관 문장, 순서, 문장 넣기 유형으로 구성했습니다.

- 지문을 읽고 ✦ 표시된 굵은 글씨 어휘의 문맥상 의미를 **다의어 Check ✔** 에서 확인하세요.

- QR코드를 이용하여 음성 녹음파일을 들어볼 수 있습니다. 복습할 때 활용하세요.

INTRO Q 첫 문장으로 보아, 앞으로 전개될 내용으로 가장 적절한 것을 고르시오.
① 소셜 네트워크 집착이 디지털 게임 집착과 유사한 점
② 소셜 네트워크 집착이 디지털 게임 집착과 다른 점

Q 윗글에서 전체 흐름과 관계 <u>없는</u> 문장을 고르시오.
①　　②　　③　　④　　⑤

OUTRO Q 위 문제에서 선택한 정답 문장의 내용을 고르시오.
① 소셜 미디어 이용에 대한 부정적 감정
② 소셜 미디어 이용이 미치는 중대한 영향

문제 유형마다 정답을 찾아가는 올바른 과정이 있습니다. 체계적인 문제 풀이를 습관화할 수 있도록 본 문제에 대한 사전, 사후 문제를 두었습니다.

INTRO Q 본 문제를 풀기 위한 사전 문제
OUTRO Q 정답을 검증하기 위한 사후 문제

유형별 INTRO, OUTRO 문제 모음

❶ 주장, 요지, 주제, 제목	INTRO Q	윗글의 중심 소재는 무엇인지 고르시오.
❷ 함의 추론	INTRO Q	밑줄 친 어구의 ○○가 의미하는 것을 고르시오.
❸ 빈칸	INTRO Q	빈칸 문장으로 보아, 찾아야 할 내용으로 알맞은 것을 고르시오.
❹ 무관 문장	INTRO Q	첫 문장으로 보아, 앞으로 전개될 내용으로 가장 적절한 것을 고르시오.
	OUTRO Q	위 문제에서 선택한 정답 문장의 내용을 고르시오.
❺ 순서	INTRO Q1	네모 안에 주어진 글의 핵심 내용으로 적절한 것을 고르시오.
	INTRO Q2	(A)~(C)의 내용으로 알맞은 것끼리 짝지으시오.
❻ 문장 넣기	INTRO Q	네모 안에 주어진 문장으로 보아, 앞 내용으로 가장 적절한 것을 고르시오.
	OUTRO Q	위에서 고른 정답 뒤에 바로 이어지는 내용으로 가장 적절한 것을 고르시오.

◆ 주어진 질문에 답하시오.

[1] Like traditional digital gaming, social networks (along with the social games and applications they carry) promote obsessive engagement among teens, but **arguably** in different ways and with different results.

◖ arguably(거의 틀림없이)는 글쓴이의 주장을 나타내는 다양한 표현 중의 하나임을 기억해 두자.

1 문장 1을 간단히 표현할 때 빈칸에 알맞은 것은?
→ Traditional gaming and social networks both drive teen obsession, but each affects them __________ .
ⓐ emotionally
ⓑ negatively
ⓒ uniquely

[2] When, **for example**, a girl says she needs to be on Snapchat, it is <u>**not so much** a statement of addiction **as** a necessity for social interaction</u>.

◖ 첫 문장 arguably in different ways and with different results의 구체적인 예를 설명하고 있다.

2 밑줄 친 부분을 아래와 같이 바꿔 쓸 때 빈칸 (a), (b)에 알맞은 말을 각각 찾아 쓰시오.
= it is __________ (a) __________ rather than __________ (b) __________ .
(a):
(b):

TIP★ **not so much A as B** (A라기보다는 오히려 B)
= not A so much as B
= B rather than A
= rather B than A
= more B than A 등

[3] For most teens today, identity and status are defined largely online, <u>which makes being online and managing one's online self essential to establishing and maintaining a place in the real world of social relations</u>.

3 밑줄 친 부분을 적절히 끊어 읽으시오. (두 번 끊을 것)

4 문장 2~3을 한 문장으로 표현할 때 빈칸에 알맞은 것은?
→ For teens, online __________ is crucial for social status and identity.
ⓐ presence
ⓑ privacy
ⓒ safety

[4] **As a result**, the majority of teens become tired of sharing information about themselves on social media.

◖ As a result (결과적으로) 흐름과 무관한 문장을 찾는 문제에서, 결과 연결어가 이끄는 문장은 앞 내용과 인과 관계를 이루는지를 판단해야 한다.

[5] As Sherry Turkle, **an MIT professor**, describes it, "The anxiety teens report when separated from their cell phones or the Internet <u>may indicate</u> **not** a longing for easy sociability with others, **but rather** a feeling of missing the self formed within those connections."

◖ 저명한 교수의 인용문은 주제문을 뒷받침하거나 재진술하는 역할을 한다.

◖ not A but (rather) B (A가 아니라 (오히려) B인)

5 밑줄 친 동사 <u>may indicate</u>의 주어를 찾아 쓰시오. (두 단어)

6 문장 5를 간단히 표현할 때 빈칸에 알맞은 것은?
→ Separating from their cell phones or the Internet threatens teens' __________ .
ⓐ rights
ⓑ belonging
ⓒ identity

[6] This is something greater, or at least different, than addiction, says Turkle.

---

4. **Stage 2** 한 문장씩 뜯어보기

독해력은 하루아침에 향상되는 것이 아닙니다. '문제를 많이 풀면 언젠가는 되겠지'와 같은 막연한 기대는 하지 않는 것이 좋습니다. 수능 유형 문제만 풀고 넘어가지 말고, 지금 학습하는 책의 내용 하나하나를 충실하게 습득하는 것이 무엇보다 중요합니다.

• **문장별 또는 소문단별 핵심 요약:** 글을 문장별로 또는 두세 문장의 작은 의미 덩어리로 나눠 다른 말로 요약해 보는 훈련입니다. 정확한 흐름 파악과 말바꿈(paraphrasing), 유반의어 습득에 도움이 됩니다. 고학년으로 올라갈수록 단어 하나하나의 세세한 이해보다는 요약하여 흐름을 이해하는 능력이 중요하므로 이에 대한 탄탄한 기본기를 다질 수 있습니다.

• **지칭어/대용어 파악:** 영어는 반복을 피하려는 특성이 있어서 같은 대상이라도 계속해서 다른 말로 표현합니다. 지칭어나 유의어뿐만 아니라 그 문맥에서만 의미가 통하는 다른 말도 사용합니다. 앞서 나온 어구를 달리 표현한 어구를 제대로 간파하면서 읽어 내려가는 능력을 길러야 합니다.

• **내용 예측:** 예측은 독해에서 아주 중요한 역할을 합니다. 예측한 대로 내용이 흘러가면 독해 속도가 빨라지고, 예측이 맞지 않으면 맞지 않는 대로 독해 몰입도가 올라갑니다. 마치 영화에 반전이 있을 때 더 몰입되는 것과 같습니다. 따라서 예측하고 틀리는 것을 겁내지 말고 습관화해야 합니다.

*학자들은 독해를 'psychological guessing game'이라고 정의 내리기도 합니다. 독해란 앞으로 전개될 내용을 예측하고 맞는지 확인하는 과정의 연속이라는 의미입니다.

• **기타 문제:** 어법, 어휘, 문장 전환, 직독직해 등 다양한 문제로 구성하였습니다.

• **TIP:** 해당 문장을 정확하게 해석하는 데 필요한 구문 지식을 정리하였습니다.

• **문장 오른쪽 설명부:** 글의 흐름 판단에 도움이 되는 내용, 어법 및 구문 설명, 독해 시 주의 사항 등을 정리했습니다.

Stage 3 요약하기

❖ 글의 내용을 아래와 같이 요약할 때, 빈칸 (A)~(C)에 들어갈 가장 적절한 말을 <조건>에 맞게 쓰시오.

Teens' online engagement defines their identity and social status. (A) ___________ feel when disconnected is more about losing the self formed within those conne beyond (B) ___________, than missing the chance to (C) ___________ .

<조건>
1. <보기>의 단어 중에서 골라 쓸 것
2. 필요하면 문맥과 어법에 맞게 변형할 것
3. 각각 한 단어로 작성할 것

<보기> achievement / addict / anxiety / relax / socialize

5. Stage 3 요약하기

글쓴이가 말하고자 하는 핵심과 그에 대한 주요 세부 사항을 담고 있습니다. Stage 2에서 내용을 세세하게 살펴보았다면, Stage 3에서는 글의 큰 흐름을 간략히 정리해보는 것으로 마무리합니다.

---

02 Use of Fire

정답 및 해설 p. 5

1
소재 연계

밑줄 친 the omnivore's paradox가 다음 글에서 의미하는 바로 가장 적절한 것은? <고2>

Humans are omnivorous, meaning that they can consume and digest a wide selection of plants and animals found in their surroundings. The primary advantage to this is that they can adapt to nearly all earthly environments. The disadvantage is that no single food provides the nutrition necessary for survival. Humans must be flexible enough to eat a variety of items sufficient for physical growth and maintenance, yet cautious enough not to randomly ingest foods that are physiologically harmful and, possibly, fatal. This dilemma, the need to experiment combined with the need for conservatism, is known as the omnivore's paradox. It results in two contradictory psychological impulses regarding diet. The first is an attraction to new foods; the second is a preference for familiar foods.

① irony of wanting but disliking nutritious food
② conflict between vegetarians and meat eaters
③ sacrificing quality of food for quantity of food
④ difficulty in judging whether something is edible
⑤ need to be both flexible and cautious about foods

2
글 구조 연계

다음 글의 밑줄 친 부분 중, 문맥상 낱말의 쓰임이 적절하지 않은 것은? <고1>

Hunting can explain how humans developed reciprocal altruism and social exchange. Humans seem to be unique among primates in showing extensive reciprocal relationships that can last years, decades, or a lifetime. Meat from a large game animal comes in quantities that ① exceed what a single hunter and his immediate family could possibly consume. Furthermore, hunting success is highly ② variable; a hunter who is successful one week might fail the next. These conditions ③ encourage food sharing from hunting. The costs to a hunter of giving away meat he cannot eat immediately are ④ high because he cannot consume all the meat himself and leftovers will soon spoil. The benefits can be large, however, when those who are given his food return the generous favor later on when he has failed to get food for himself. In essence, hunters can ⑤ store extra meat in the bodies of their friends and neighbors.

*reciprocal altruism: 상호 이타주의 **primates: 영장류

6. 함께 풀면 좋은 기출문제

본책의 지문과 소재가 같은 기출문제는 <소재 연계>, 구조가 같은 글은 <글 구조 연계>로 제시하였습니다.

연계되는 어휘, 어구, 표현, 구문을 형광펜으로 표시하였으므로 쉽게 확인할 수 있습니다.

CONTENTS

BASIC E

UNDERSTANDING
ARGUMENT and EXPLANATION Passages

앞서 살펴본 바와 같이, 글의 두 가지 유형별 특색을 잘 알아두어 구별하는 것은 독해력 향상에 도움이 됩니다.
두 가지 유형의 특징은 아래와 같습니다.

 주장글 (ARGUMENT PASSAGES)

주요 목적은 읽는 이가 글쓴이의 주장, 특정 관점을 받아들이도록 설득하는 것입니다. (persuasive passages라고도 합니다.)
즉, 읽는 이의 생각이나 행동에 영향을 미치고자 합니다. 신문 사설, 정치 연설, 광고 등이 이에 속합니다.

1. 주제문

소재나 주제에 대한 글쓴이의 주관적 관점을 명확히 서술합니다.
e.g. A는 훌륭한[가장 좋은, 바람직한 등] ~이다 / ~해야 한다 / ~하면 안 된다 / ~하라 / ~하지 마라 등

2. 주요 세부 사항

주로, 설득력이 강한 객관적 사실, 통계, 전문가 의견 등을 내세워 글쓴이의 주관적 관점을 타당성 있게 뒷받침합니다.

[1]Face-to-face interaction is a uniquely powerful — and sometimes the only — way to share many kinds of knowledge, from the simplest to the most complex. [2]It is one of the best ways to stimulate new thinking and ideas, too. [3]Most of us would have had difficulty learning how to tie a shoelace only from pictures, or how to do arithmetic from a book. [4]Psychologist Mihàly Csikszentmihàlyi found, while studying high achievers, that a large number of Nobel Prize winners were the students of previous winners: they had access to the same literature as everyone else, but personal contact made a crucial difference to their creativity. ~ *arithmetic: 계산 **literature: (연구) 문헌	**문장 1~2(주제문)** 대면 상호작용의 중요성과 우월성 (← 1 대면 상호작용(소재)은 다양한 지식을 공유하는 데 매우 강력하며, 2 새로운 생각과 아이디어를 자극하는 최고의 방법 중 하나이다.) **문장 3~4(주요 세부 사항)** 근거1: 3 사람들은 그림만으로 신발 끈 묶는 법을 배우거나 책으로 계산을 배우는 데 어려움을 겪는다. (→ 대면 상호작용이 중요함을 객관적 사실로 뒷받침) 근거2: 4 심리학자 미하이 칙센트미하이는 많은 노벨상 수상자들이 (대면 상호작용이 가능한) 이전 수상자들의 제자였음을 발견했다. (→ 전문가의 말로 뒷받침)

또는 이야기 방식으로 전달하기도 합니다. 이야기의 문제 해결, 등장인물의 행동 등이 주제문을 뒷받침합니다.

[1]Rewarding business success doesn't always have to be done in a material way. [2]A software company I once worked for had a great way of recognizing sales success. [3]The sales director kept an air horn outside his office and would come out and blow the horn every time a salesperson settled a deal. ~ [7]You should have seen the way the rest of the sales team wanted the air horn blown for them.	**문장 1(주제문)** 성공 보상은 물질적이지 않은 방식으로도 가능하다. (← 1 사업 성공에 대한 보상이 언제나 물질적 방식이어야 하는 것은 아니다.) **문장 2~7(주요 세부 사항)** 영업 계약이 성사될 때마다 영업 이사가 에어 혼(공기로 작동하는 경적)을 불어 큰 소리를 내었다. ~ 결국 모두가 자신에게 그 에어 혼이 불리기를 원했다. (→ 즉, 비물질적 보상인 에어 혼으로도 충분한 업무 동기가 된다.)

 ## 설명글(EXPLANATION PASSAGES)

주요 목적은 읽는 이에게 소재[주제]를 알리고, 설명하고, 묘사하는 것입니다. (expository passages라고도 합니다.)
교육적으로 유용하고 흥미로운 사실과 정보를 담고 있습니다. 교과서 본문, 단계별 지침을 담은 안내서, 백과사전 내용 등
이 이에 속합니다.

1. 주제문
설명하고자 하는 소재[주제]를 다양한 표현으로 소개합니다. 주제문을 명시하지 않는 경우가 더 많습니다.
e.g. ~의 이점[원인, 결과, 역할, 방법 등]에는 몇 가지가 있다 등

2. 주요 세부 사항
소재에 대해 상세한 객관적·사실적 정보와 설명을 제공합니다. 용어나 개념을 자세히 소개하여 이해를 돕기도 합니다.
읽는 이에게 어떤 주관적 관점을 설득하려 하지 않습니다.

*주장글과 설명글 모두 객관적·사실적 정보가 등장할 수 있습니다. 하지만 주장글의 사실들은 읽는 이가 특정 관점을 받아들이도록 설득하
거나 특정 행동을 유도하기 위해 사용합니다.

[1]Vegetarian eating is moving into the mainstream as more and more young adults say no to meat, poultry, and fish. [2]According to the American Dietetic Association, "approximately planned vegetarian diets are healthful, are nutritionally adequate, and provide health benefits in the prevention and treatment of certain diseases." [3]But health concerns are not the only reason that young adults give for changing their diets. [4]Some make the choice out of concern for animal rights. ~ [6]Others turn to vegetarianism to support the environment. ~	**문장 1(도입문)** 점점 더 많은 젊은이들이 육식 대신 채식을 하고 있다. **문장 3(주제문)** 젊은이들이 식단을 바꾼 여러 이유가 있다. (← 3 젊은이들이 식단을 바꾼 이유는 건강에 대한 염려 때문만은 아니다.) **문장 2, 4, 6 등(주요 세부 사항)** 이유1 **2** 건강에 좋아서 이유2 **4** 동물의 권리를 위해 이유3 **6** 환경을 위해

즉 위에서 등장하는 전문가의 말, 사실 등은 '채식주의가 바람직하다'는 견해를 갖거나 '채식'을 하도록 읽는 이를 설득하기 위
한 것이 아니고, '채식 선호가 증대되는 현상의 이유'를 나열하여 설명하는 것입니다.

* 주제문이 없는 글
주장글, 설명글에서 세부 사항만으로도 주제를 충분히 알 수 있는 경우, 주제문을 명시적으로 나타내지 않기도 합니다. 따라서 세부
사항이 견해나 주장을 뒷받침하는 근거 또는 증거에 해당하는지, 아니면 어떤 것을 구체적으로 설명하여 이해시키려는 것인지에 따
라 글의 주제를 판단하면 됩니다.

Be logical about personal viewpoints and supporting evidence!

01

30

Psychology

Nature vs. Nurture 유전 vs. 환경

인간의 발달, 성격, 행동이 유전과 환경 중 어느 쪽에 더 크게
영향을 받는지는 끊이지 않는 논쟁입니다.

유전 대 환경의 문제는 nature(천성) vs. nurture(양육)로
알려져 있습니다. 천성과 양육의 영향을 알기 위해
쌍둥이 연구와 입양 연구를 진행하기도 합니다.

- 쌍둥이 연구: 동일한 유전자를 공유하는 일란성 쌍둥이를 서로 비교
- 입양 연구: 입양된 아이들을 생물학적 부모, 양부모와 비교

Words & PHRASES

✦ 표시 다의어는
지문 속 의미를
다의어 Check ✔
에서 고르세요.

□ distinction	차이, 대조; 구별	• distinct 뚜렷한; 뚜렷이 구별되는
□ genetic	유전의, 유전학의	• gene 유전자 • genetics 유전학
□ significant	중요한, 중대한; (양, 정도가) 상당한	
□ prevalent	일반적인; 널리 퍼진(= widespread)	
□ solely	단독으로; 오로지	• sole 단독의, 혼자의; 유일한
□ input	투입; 제공; 《컴퓨터》 입력(↔ output 생산; 출력)	
□ picture	그림; 사진; 상황	
□ complicated	복잡한	
□ interplay	상호작용(= interaction)	
□ aggressive	공격적인; 대단히 적극적인	• aggressively 공격적[적극적]으로
□ peer	또래, 동료	
□ to begin with	처음에는; 우선, 먼저	
□ reflection✦	(거울에 비친) 모습; 반사; 반영; 심사숙고; 반성	• reflect 반사하다; 반영하다; 숙고하다
□ trigger	방아쇠; (방아쇠를) 당기다; 유발하다	
□ pre-existing	이전부터 존재하는	
□ tendency	경향; 성향, 기질	
□ present✦	현재의; 참석한; 존재하는	
[선택지]		
□ characteristic	특성, 특질; 특유의	• character 성격, 기질; 특징

The distinction between genetic and environmental influences has led to a significant change. During most of the 20th century, the prevalent view was that all behaviors are influenced solely by environmental input. Now, there's an understanding that genotype also plays an important role in influencing our behaviors. Yet, the picture is much more complicated than these early perspectives suggested. The interplay between genotype and environment is difficult to measure. For instance, studies have shown that children who play with more aggressive peers act more aggressively themselves. However, we must ask why these children choose to play with aggressive peers to begin with. Playing with aggressive peers may simply be a **reflection**⁺ of _____________________, so it may trigger pre-existing aggressive tendencies, or increase aggressive behaviors that were already **present**⁺.

*genotype: 유전자형 《생물이 가진 특정 유전자의 조합》

다의어 Check ✅

지문 속 ✦표시 어휘의 문맥상 의미는?

1 reflection
ⓐ 반영
ⓑ 반성

2 present
ⓐ 현재의
ⓑ 존재하는

 **INTRO**

 **Q** 빈칸 문장으로 보아, 찾아야 할 내용으로 알맞은 것을 고르시오.
① 공격성 있는 친구들과 어울릴 때의 어려움
② 공격성 있는 친구들과 어울리는 것의 의미

Q 윗글의 빈칸에 들어갈 말로 가장 적절한 것을 고르시오.
① their situation
② peers' behavior
③ their role models
④ their own characteristics
⑤ their current state of mind

◆ 주어진 질문에 답하시오.

[1]The distinction between **genetic and environmental influences** have led to a significant change.

첫 문장에서 글의 핵심 소재가 소개된다.

1 　밑줄 친 have가 어법상 옳으면 ○, 틀리면 ✕로 표시하고 바르게 고치시오.

[2]During most of the 20th century, the prevalent view was that all behaviors are influenced solely by environmental input.

[3]Now, there's an understanding that genotype also plays an important role in influencing our behaviors.

2 　문장 2~3을 간단히 표현할 때 알맞은 것은?
　　ⓐ 유전자의 영향보다 환경의 영향이 더 강하다.
　　ⓑ 환경의 영향과 유전자의 영향을 구분해야 한다.
　　ⓒ 환경과 유전자가 모두 행동에 영향을 준다.

[4]**Yet**, the picture is much more complicated than these early perspectives suggested.

도입부 이후 역접의 연결어 Yet 다음에 주제와 관련된 내용이 등장한다.

[5]The interplay between genotype and environment is difficult to measure.

3 　문장 4~5의 의미를 아래와 같이 표현할 때 빈칸에 알맞은 것은?
　　→ the ________________ of how genetics and environments influence each other
　　ⓐ complexity
　　ⓑ awareness
　　ⓒ simplicity

[6]**For instance**, studies have shown that children who play with more aggressive peers act more aggressively themselves.

문장 5의 예시가 For instance로 시작되어 문장 6~8에 걸쳐 이어진다.

4 　밑줄 친 동사 act의 주어를 찾아 쓰시오. (한 단어)

[7] **However**, we must ask <u>왜 이 아이들이 공격적인 또래와 노는 것을 선택하는지</u> to begin with.

5 밑줄 친 우리말과 일치하도록 괄호 안의 어구를 모두 활용하여 영작하시오.

(aggressive / children / why / play / peers / these / to / with / choose)

→ ____

[8] Playing with aggressive peers may simply be a reflection of their own characteristics, so it may trigger pre-existing aggressive tendencies, or increase aggressive behaviors that were already present.

6 문장 8을 간단히 표현할 때 빈칸에 알맞은 것은?

→ Playing with aggressive peers may reflect ______________ factors.

ⓐ environmental

ⓑ genetic

Stage 3 요약하기

◆ 글의 내용을 아래와 같이 요약할 때, 빈칸 (A), (B)에 들어갈 가장 적절한 말을 <조건>에 맞게 쓰시오.

Figuring out how our genes and (A) ______________ work together remains complex, as seen in the case of children, where behavior can be (B) ______________ by peers or by themselves.

조건 1. <보기>의 단어 중에서 골라 쓸 것
2. 필요하면 문맥과 어법에 맞게 변형할 것
3. 각각 한 단어로 작성할 것

보기 environments / refuse / affect / education

Use of Fire 불의 사용

인류 문화는 지속해서 변화하고 발전합니다.
그 과정에서 생기는 중요한 사건은 생활양식을 완전히 바꾸는 계기가 되기도 합니다.
과거와 현재를 대비해 보면 인물의 삶이 다양하게 진화하는 모습을 살펴볼 수 있습니다.

초기 인류는 번개로 인한 산불처럼 자연적으로 발생한 불만 이용할 수 있었지만, 스스로 불을 피우는 방법을 터득하여 생활에 활용하기 시작했습니다.

불 덕분에 음식을 익혀 먹고, 야생동물로부터 몸을 보호하고, 사람들이 모여 소통하는 모든 활동이 가능해진 것이 많은 변화의 원동력이 되었습니다.

Words & PHRASES

✦ 표시 다의어는 지문 속 의미를 **다의어 Check**✔ 에서 고르세요.

☐ transform	변화[변형]시키다, (~의 상태를) 바꾸다	• transformation 변화, 변형
☐ ancestor	조상, 선조(= forefather)	
☐ pound	파운드 《무게나 화폐의 단위》; 두드리다, 치다	
☐ fuel	연료; 연료를 공급하다	**cf.** wood fuel 장작
☐ release✦	석방(하다); 방출(하다); 발표(하다)	
☐ up to A	A까지	
☐ absorb	흡수하다; (마음을) 몰두시키다, 열중하게 하다	• absorption 흡수 (작용)
☐ cook	(특히 열을 가해) 요리하다, 조리하다	
☐ chemistry	화학; 화학적 성질	• chemical 화학 물질; 화학적인
☐ digest	(음식을) 소화하다; (내용을) 이해하다	• digestion 소화(력); 이해
☐ tender✦	다정한; (음식이) 연한(↔ tough 질긴)	
☐ break down	고장 나다; (장벽 등을) 무너뜨리다; 분해되다	
☐ indigestible	소화가 잘 안되는; 이해하기 어려운 (↔ digestible 소화가 잘되는; 이해하기 쉬운)	
☐ evident	분명한, 눈에 띄는	
☐ in essence	근본적으로, 본질적으로(= essentially)	
☐ revolutionize	~에 대변혁[혁신]을 일으키다	
☐ diet	음식; 식단; 다이어트	
☐ per	~당; 각 ~에 대하여	
☐ bite	물다; 물기; 한 입	

In his book, *Catching Fire*, Richard Wrangham claims how fire transformed the lives of our ancestors. A pound of wood fuel can **release**⁺ up to 1,600 kcal of energy when burned in a fire. While most of that heat energy is lost to the air in a simple campfire, the energy that is absorbed by food through cooking changes its chemistry and structure, making it easier to digest. Meat becomes more **tender**⁺, proteins break down, and indigestible starches are transformed into digestible carbohydrates. This effect is especially evident with root vegetables, which contain some starches that our bodies cannot digest. Cooked potatoes, for example, provide twice the calories as raw ones. In essence, fire revolutionized our ancestors' diet by increasing the amount of energy per bite and reducing the amount of energy used in digestion.

*protein: 단백질 **starch: 녹말; 전분 ***carbohydrate: 탄수화물

다의어 Check ✔

지문 속 ✦표시 어휘의 문맥상 의미는?

1 release
ⓐ 발표하다
ⓑ 방출하다

2 tender
ⓐ 다정한
ⓑ 연한

INTRO Q

윗글의 중심 소재는 무엇인지 고르시오.

① human evolution
② chemistry of food
③ fire for cooking

Q

윗글의 주제로 가장 적절한 것을 고르시오.

① the waste of heat energy from fire
② the early process of fire discovery
③ reasons for revolutionizing our diet
④ difficulty in digesting cooked foods
⑤ the influence of fire on the human diet

◆ **주어진 질문에 답하시오.**

[1]In his book, *Catching Fire*, Richard Wrangham claims <u>어떻게 불이 우리 조상의 삶을 변화시켰는지</u>.

1　밑줄 친 우리말과 일치하도록 괄호 안의 어구를 모두 활용하여 영작하시오.

(fire / the lives / transformed / how)

→ ____ of our ancestors

[2]A pound of wood fuel can release up to 1,600 kcal of energy when burned in a fire.

[3]While most of that heat energy **is lost** to the air in a simple campfire, the energy that **is absorbed** by food through cooking <u>changing</u> its chemistry and structure, making it easier to digest.

> 명사로 자주 쓰이는 단어가 문장에서 동사로 쓰일 때, 명사로 착각하지 않도록 주의한다.

2　밑줄 친 <u>changing</u>이 어법상 옳으면 ○, 틀리면 ✕로 표시하고 바르게 고치시오.

[4]Meat becomes more tender, proteins break down, and indigestible starches **are transformed** into digestible carbohydrates.

3　문장 4가 구체적으로 설명하고 있는 것은?

ⓐ the heat energy of a campfire
ⓑ changes in cooked food
ⓒ digestible nutrients

TIP★　**능동 vs. 수동**

주어가 동작을 하면 능동태로, 동작을 받으면 수동태(be p.p.)로 쓴다. 주격 관계대명사절의 동사를 쓸 때도 주어에 해당하는 선행사와 관계사절 동사의 관계를 파악하여 알맞은 형태로 써야 한다.

[3]While <u>most of that heat energy</u> **is lost** to the air in a simple campfire, ~
　　　　　　　S′　　　　　　　　V′ (열에너지가 손실되다(수동))

<u>the energy</u> [that **is absorbed** ~]
　　S　　　　　　　V′ (에너지가 흡수되다(수동))

[4]~ <u>indigestible starches</u> **are transformed** into accessible carbohydrates.
　　　　S　　　　　　　　V (소화가 잘 안되는 전분이 변환되다(수동))

[5]This effect is especially evident with root vegetables, which contain some starches that our bodies cannot _____________.

4 문맥상 빈칸에 들어갈 말로 알맞은 것은?
ⓐ digest
ⓑ release
ⓒ make

[6]Cooked potatoes, for example, provide twice the calories as raw ones.

[7]**In essence**, fire revolutionized our ancestors' diet by increasing the amount of energy per bite and (a) <u>reduce</u> the amount of energy (b) <u>use</u> in digestion.

in essence
(근본적으로, 본질적으로)
= essentially
앞의 말을 요약하거나 글쓴이의 주장을 강조할 때 쓴다.

5 밑줄 친 (a) <u>reduce</u>, (b) <u>use</u>를 어법상 알맞은 형태로 바꿔 쓰시오. (한 단어)
(a):
(b):

Stage 3 요약하기

◆ 글의 내용을 아래와 같이 요약할 때, 빈칸 (A)~(C)에 들어갈 가장 적절한 말을 <조건>에 맞게 쓰시오.

Fire (A) _____________ how people ate by making food have more (B) _____________ and be easier to (C) _____________.

조건　1. <보기>의 단어 중에서 골라 쓸 것
　　　2. 필요하면 문맥과 어법에 맞게 변형할 것
　　　3. 각각 한 단어로 작성할 것
보기　cook / digest / change / diet / energy

Communication

Verbal Ping-Pong 말로 하는 핑퐁 게임

좋은 대화를 나누려면 단순히 상대의 말을 듣기만 해서는 안 됩니다.
상대방의 말에 적절하게 반응하고 공감해야 합니다.

의사소통에는 언어로 하는(verbal) 방식뿐 아니라,
언어를 사용하지 않는(nonverbal) 방식도 있습니다.

verbal communication은 일상 대화, 강의, 발표를 포함하며
nonverbal communication은 몸짓 언어(body language),
눈 맞춤, 얼굴 표정(facial expression), 제스처(gesture)를
포함합니다.

의사소통의 주요 방식인 대화(conversation)는 아래의 단어로도
표현할 수 있습니다.

- **discourse**: (특정 주제에 대한) 대화, 담론; 이야기하다
- **dialog(ue)**: 대화
- **interaction**: 상호 작용; 소통

Words & PHRASES

✦ 표시 다의어는
지문 속 의미를
다의어 Check✓
에서 고르세요.

☐ master	주인; ~을 완전히 익히다, ~에 숙달하다	
☐ art✦	예술; 미술; 기술(= skill)	
☐ connection	연결; 관계; 친밀	
☐ verbal	언어의; 말로 된(= oral)(↔ nonverbal 비언어적인, 말을 사용하지 않는)	
☐ ping-pong	탁구, 핑퐁; 주고받기, 교환	
☐ by the way	그런데, 그건 그렇고 《대화에서 화제를 바꿀 때 씀》	
☐ a bunch of	한 다발의; 많은	• bunch 다발, 묶음; 많음
☐ feel connected to A	A와 교감하다	
☐ be up to A	A에 달려있다; A를 하려고 하다	
☐ a battery of	여러, 수많은	
☐ care about	~에 관심을 가지다, ~에 마음을 쓰다	
[선택지]		
☐ diverse	다양한	
☐ chance	기회; 가능성; 우연; 운	
☐ be familiar with	~에 익숙하다; ~을 잘 알다	

정답 및 해설 p. 6

If you want to master the **art**[+] of connection through conversation, just remember to play verbal ping-pong. I love to talk, so I have to stop and think all the time: "Has the ball been on their side of the table much during this conversation?" If the answer is no, I quickly say that I've been doing a lot of talking about myself, but I really want to hear about what's happening with them. You can't fake it, though. Talking for an hour about your life and ending with, "Gotta go — by the way, how are you?" is not going to be enough. Neither is asking them a bunch of questions about their life but not saying anything about yourself. In order for people to feel connected to you, they need to know how you're doing, what you're up to, and how you've been feeling. If you hide behind a battery of questions, a person may feel as if you care about him, but he won't feel connected to you.

*fake it: 가장하다, 거짓으로 꾸미다

다의어 Check ✔

지문 속 ✦표시 어휘의 문맥상 의미는?

1 art
ⓐ 기술
ⓑ 미술

INTRO Q

밑줄 친 어구의 the ball이 의미하는 것을 고르시오.

① chances to speak
② conversation topics
③ nonverbal reactions

밑줄 친 Has the ball been on their side of the table much가 윗글에서 의미하는 바로 가장 적절한 것을 고르시오.

① Are the conversation topics diverse?
② Have they reacted nonverbally often?
③ Have they had many chances to speak?
④ Are we familiar with the conversation topics?
⑤ Is this conversation interesting for both of us?

Stage 2 한 문장씩 뜯어보기

◆ 주어진 질문에 답하시오.

[1] If you want to master the art of connection through conversation, just remember to play **verbal ping-pong**.

> 비유(analogy)
> 첫 문장에서 주제를 표현하기 위해 유사한 대상(ping-pong)에 비유하였다. 어떤 점이 서로 유사한지는 이어지는 내용을 통해 파악해야 한다.

[2] I love to talk, so I have to stop and think all the time: "Has the ball been on their side of the table much during this conversation?"

[3] If <u>the answer is no</u>, I quickly say that I've been doing a lot of talking about myself, but I really want to hear about what's happening with them.

1 밑줄 친 the answer is no의 의미로 알맞은 것은?
ⓐ 상대방과 친분을 맺고 싶지 않다.
ⓑ 상대방이 말할 기회가 많이 없었다.
ⓒ 내가 상대방보다 충분히 말하지 못했다.

2 문장 1~3을 한 문장으로 표현할 때 빈칸에 알맞은 것은?
→ Building connection through conversation needs a _______________ exchange.
ⓐ long
ⓑ polite
ⓒ balanced

[4] You can't fake it, **though**.

> 문장 끝의 though
> though(그러나, 하지만)가 문장 끝에 위치하면 바로 앞의 내용과 역접임을 나타낼 수 있다.

[5] Talking for an hour about your life and ending with, "Gotta go — by the way, how are you?" is not going to be enough.

3 문장 4~5를 간단히 표현할 때 알맞은 것은?
ⓐ 진정성 있는 대화를 해야 한다.
ⓑ 관심 표현이 지나치면 안 된다.
ⓒ 대답보다는 질문을 많이 해야 한다.

[6] **Neither is asking** them a bunch of questions about their life but not saying anything about yourself.

> neither[nor] + V + S
> (S도 역시 그렇지 않다)
> *cf.* so + V + S (S도 역시 그렇다)
> 도치구문에서는 주어와 동사를 올바르게 파악해야 한다.

4 문장 6을 아래와 같이 바꿔 쓸 때 빈칸에 알맞은 것을 문장 5에서 찾아 쓰시오. (한 단어)
→ Asking them a bunch of questions about their life but not saying anything about yourself is not _______________, either.

7 In order **for people to feel** connected to you, they need to know how you are doing, what you're up to, and how you've been feeling.

5 문장 7을 간단히 표현할 때 빈칸에 알맞은 것은?

→ _______________ personal details to build a deeper connection.

ⓐ Share

ⓑ Avoid

ⓒ Measure

8 If you hide behind a battery of questions, a person may feel as if you care about him, but he won't feel connected to you.

6 문장 8을 간단히 표현할 때 빈칸에 알맞은 것은?

→ Only asking many questions can actually _______________ a true connection.

ⓐ help

ⓑ discover

ⓒ prevent

7 글의 주제문에 해당하는 문장의 번호를 쓰시오. (하나만 쓸 것)

Stage **3** 요약하기

◆ 글의 내용을 아래와 같이 요약할 때, 빈칸 (A)~(C)에 들어갈 가장 적절한 말을 <조건>에 맞게 쓰시오.

Building true connection through conversation requires verbal ping-pong, a(n) (A) _______________ of both sides' speaking, rather than talking about oneself for a(n) (B) _______________ time or (C) _______________ tons of questions without also sharing.

조건   1. <보기>의 단어 중에서 골라 쓸 것
      2. 필요하면 문맥과 어법에 맞게 변형할 것
      3. 각각 한 단어로 작성할 것
보기   ask / short / answer / long / balance

Leadership 리더십

과거의 리더는 수직적인 우위에 서서 사람들을 이끌었습니다.
이제 사회의 모습이 다양해지면서 리더십의 유형도 새로워지고 있습니다.

리더는 사람들을 목표로 이끌고 길을 안내(lead)합니다.
비전과 방향을 제시하고, 구성원들(followers)과 소통하고,
그들에게 동기를 부여하는 등 다양한 역할을 합니다.

역할을 수행하는 방법과 중점을 두는 가치에 따라
여러 가지 유형의 리더가 존재합니다.

나폴레옹은 통솔 능력과 집단의 목표 달성에 집중했고,
윈스턴 처칠은 매력적인 연설로 카리스마를 보여주었으며,
스티브 잡스는 영감을 주고 미래를 선도하는 리더였습니다.

Words & PHRASES

✦표시 다의어는
지문 속 의미를
다의어 Check✔
에서 고르세요.

☐ ensure	확실하게 하다, 보장하다; 지키다	
☐ overall	전반적인, 종합적인; 전반[종합]적으로	
☐ experienced	경험이 많은, 능숙한(↔ inexperienced 경험이 적은, 서투른)	
☐ seed	씨앗; 원인; 씨앗을 뿌리다	
☐ nurture	기르다, 양육하다, 보살피다(= raise); 양성하다; (생각 등을) 키우다	
☐ establish✦	설립하다; 자리 잡게 하다	
☐ compassion	동정(심), 연민(= pity)	• compassionate 동정하는, 인정 많은
☐ direction	방향; 목표; 지휘, 지도	• direct 직접적인; ~로 향하다; 지도하다; 명령하다
☐ hardy	강인한, 튼튼한	
☐ suggest	제안하다; (넌지시) 말하다, 암시하다	• suggestion 제안; 암시
☐ approach	다가오다, 접근하다; 접근(법)	
☐ suitable	적합한, 어울리는	• suit 적합하다; 어울리다; 정장
☐ bring out	(재능 등을) 끌어내다; 출시하다	

An effective leader will create the right environment for each person to grow. They also ensure that the overall environment is the same for everyone whether experienced or inexperienced. Into that environment they plant the seeds and nurture them, again ensuring that some need more nurturing in order to help them **establish**[+] themselves within the environment and grow. They nurture them with compassion, attention, support, and direction that is just right for each person. As a gardener you would not put manure on your roses. Why? It is too strong and would kill the plant. At the same time, if you put it onto a more hardy plant such as an apple tree, that manure would probably be perfect. I'm not suggesting that manure is a good way of helping people grow. People are different and need an approach that is suitable and brings out the best in them.

*manure: 거름

다의어 Check ✔

지문 속 ✦표시 어휘의 문맥상 의미는?

1 establish
ⓐ 설립하다
ⓑ 자리 잡게 하다

INTRO
Q

윗글의 중심 소재는 무엇인지 고르시오.

① 리더의 역할
② 리더의 권위
③ 리더의 유형

Q

윗글에서 필자가 주장하는 바로 가장 적절한 것을 고르시오.

① 리더는 조직 내의 갈등을 조정할 책임이 있다.
② 리더는 구성원이 스스로 성장하도록 해야 한다.
③ 리더는 조직의 방향을 구성원과 함께 논의해야 한다.
④ 리더는 구성원 각각에 알맞은 방법으로 양성해야 한다.
⑤ 리더는 구성원 모두에게 동등한 기회를 보장해야 한다.

◆ 주어진 질문에 답하시오.

[1] An effective leader will create the right environment for each person to grow.

[2] They also ensure that the overall environment is the same for everyone **whether** experienced **or** inexperienced.

> whether A or B
> 1. 《선택》 A인지 (아니면) B인지
> 2. 《양보》 A든 아니면 B든

1 밑줄 친 부분의 의미로 알맞은 것은?
ⓐ regardless of experience
ⓑ due to one's experience
ⓒ with greater experience

[3] Into that environment they plant the seeds and nurture them, again ensuring that some need more nurturing in order to help them establish themselves within the environment and grow.

[4] They nurture them with compassion, attention, support, and direction that is just right for each person.

2 문장 3~4를 간단히 표현할 때 알맞은 것은?
ⓐ 개개인은 동일한 조건에 처해 있다.
ⓑ 리더는 개개인에 알맞게 양성한다.
ⓒ 주어진 환경을 극복하면 성장한다.

[5] **As a gardener** you would not put manure on your roses. [6] Why?

> 앞에서 말한 내용을 뒷받침하기 위해 비유가 등장한다.
> (gardener = leader)

3 밑줄 친 As a gardener를 아래와 같이 바꿔 쓸 때 빈칸에 알맞은 말을 쓰시오. (두 단어)
→ If ______________ ______________ a gardener

TIP★ 가정법을 이끄는 표현
주어 또는 부사구가 '조건'의 뜻을 함축할 수 있다.

Under different circumstances, she could pursue her studies abroad.
다른 상황이라면 그녀는 해외로 유학을 갈 텐데.

7 It is too strong and would kill the plant.

8 At the same time, if you put it onto a more hardy plant such as an apple tree, that manure would probably be perfect.

4 문장 5~8을 한 문장으로 표현할 때 빈칸에 알맞은 것은?

→ Gardeners should provide ______________ treatments to plants based on their needs.

ⓐ similar

ⓑ strong

ⓒ different

9 I'm not suggesting that manure is a good way of helping people grow.

10 People are different and need an approach that is suitable and brings out the best in them.

Stage **3** 요약하기

◆ 글의 내용을 아래와 같이 요약할 때, 빈칸 (A)~(C)에 들어갈 가장 적절한 말을 <조건>에 맞게 쓰시오.

> Just as a gardener (A) ______________ the right care for each plant to grow, effective leaders (B) ______________ an environment where personalized support is provided to each team member for individual (C) ______________.

조건 1. <보기>의 단어 중에서 골라 쓸 것
2. 필요하면 문맥과 어법에 맞게 변형할 것
3. 각각 한 단어로 작성할 것

보기 simplify / growth / experience / nurture / exclude / select

Servant Leadership 서번트 리더십

서번트 리더십은 '하인'을 뜻하는 단어 servant에서 유래되었다.
서번트 리더십을 발휘하는 리더는 구성원을 섬기는 자세를 갖추고 구성원의 성장을 위해 헌신한다.
이러한 유형의 리더는 구성원이 자신의 잠재력을 자유롭게 발휘하도록 격려한다.
따라서 본문에서 다룬 리더십은 서번트 리더십 유형이다.

05

Consumer Spending 소비자 지출

소비자 지출은 개인이나 가정에서 지출한 총액을 의미합니다.
소비자는 정부, 기업과 함께 경제 활동을 촉진하고 시장을 활성화합니다.

소비(consumption, spending, expenditure)는
상품(goods)이나 서비스(services)를 구매하고 사용하는 행위입니다.

소비는 단순히 물건을 구매하는 것 이상으로
개인의 생활과 경제 전반에 큰 영향을 줍니다.

소비 형태는 소득(income)이나 세금(tax) 같은 경제 변수에 따라 달라지고,
개인의 감정이나 인식에 영향을 받아 변하기도 합니다.

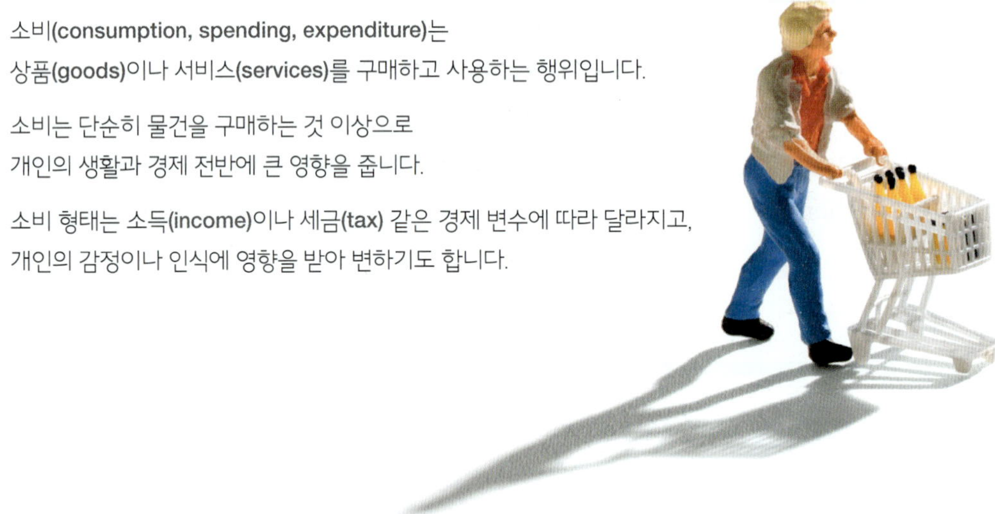

Words & PHRASES

✦표시 다의어는
지문 속 의미를
다의어 Check✔
에서 고르세요.

☐ economist	경제학자, 경제 전문가	• economy 경제; 경기; 절약 • economic 경제의
☐ air conditioning	에어컨, 냉난방 (장치)	
☐ in general	보통, 대개, 일반적으로(= generally)	• general 일반적인
☐ guilty	죄책감을 느끼는; 유죄의(↔ innocent 무죄의)	• guilt 죄책감; 유죄
☐ make up✦	만들어내다; 이루다, 구성하다; 차지하다; (이야기를) 지어내다	
☐ demand	요구하다; 요구; 수요(↔ supply 공급)	
☐ go down	(가격, 기온 등이) 내려가다; 넘어지다; 침몰하다	
☐ cost	값; 비용; 희생; (값, 비용이) 들다; 희생시키다, 잃게 하다	• costly 비용이 많이 드는, 값비싼; 대가가 큰
☐ in terms of	~의 관점[측면]에서	
☐ take✦	가지고 가다; 잡다; (교통수단을) 타다; (예로) 들다	
☐ earn	(돈을) 벌다	
☐ average	평균의; 보통의, 평범한, 일반적인; 평균(값)	▶ on average 평균적으로
☐ wage(s)	(시간, 주 등의 단위로 받는) 임금[급료]	

An economist at Augsburg College, Jeanne Boeh, said that Americans are buying a lot more than they used to. "It used to be that if you were poor, you didn't have things like air conditioning, TVs, and cell phones," Boeh said.

(A) But, in general, our money buys more. There's no need for feeling guilty. "I think a lot of the things have made life better for many people," Boeh said. Consumer spending usually **makes up**[+] about two-thirds of the economic activity in a country, so consumer culture is important to the economy.

(B) "And now even poor people have those things." According to Boeh, it's because things are cheaper. "The law of demand says as price goes down, you buy more of them," Boeh said. "And it costs us less in terms of work hours."

(C) **Take**[+] cell phones: In 1984, for someone earning the average wage, it cost 456 hours to buy one. Today, it's closer to 4 hours. In 2006, the average family spent around $48,000. In 2022, they spent over $72,000.

다의어 Check ✔

지문 속 ✦표시 어휘의 문맥상 의미는?

1 make up
ⓐ 차지하다
ⓑ (이야기를) 지어내다

2 take
ⓐ 가지고 가다
ⓑ 예를 들다

 **INTRO**

Q

1. 네모 안에 주어진 글의 핵심 내용으로 적절한 것을 고르시오.

① 미국 소비의 빈부격차 현상
② 미국인의 소비 증가 현상

2. (A)~(C)의 내용으로 알맞은 것끼리 짝지으시오.

(1) 쉬워진 소비와 가정의 소비 증가 •　　　　　• (A)
(2) 소비 증가의 긍정적 측면 •　　　　　• (B)
(3) 소비 증가의 이유 •　　　　　• (C)

 **Q**

주어진 글 다음에 이어질 글의 순서로 가장 적절한 것을 고르시오.

① (A) – (C) – (B)　　　② (B) – (A) – (C)
③ (B) – (C) – (A)　　　④ (C) – (A) – (B)
⑤ (C) – (B) – (A)

Stage 2 한 문장씩 뜯어보기

◆ 주어진 질문에 답하시오.

¹An economist at Augsburg College, Jeanne Boeh, said that Americans **are buying a lot more than they used to.**

도입부에서 사회 현상의 변화를 말한다.

1 위 문장에서 생략이 일어난 부분을 찾아 ∨로 표시하고, 생략된 한 단어를 쓰시오.

²"It **used to be** that **if** you **were** poor, you **didn't** have things like air conditioning, TVs, and cell phones," Boeh said.

used to-v (v하곤 했다; 예전에는 v했다)
현재는 하지 않는 과거의 동작이나 상태를 의미한다.

³"And now even poor people have those things."

if+직설법 과거 시제
여기서는 if절이 단순히 과거의 조건(~했다면)을 의미한다. 현재나 미래 사실을 반대로 가정하는 가정법 과거(if+S'+동사의 과거형 ~)와 의미를 구분해야 한다.

2 문장 2~3을 한 문장으로 표현할 때 빈칸에 알맞은 것은?
→ Poor people now own items once _______________.
ⓐ essential
ⓑ abundant
ⓒ unavailable

⁴According to Boeh, **it's because** things are cheaper.

현상에 대한 원인이 이어진다.

⁵"The law of demand says **as** price goes down, you buy more of them," Boeh said.

접속사 as는 문맥에 따라 적절히 해석한다. (~할 때; ~하면서; ~함에 따라)

⁶"And it costs us less in terms of work hours."

⁷Take cell phones: In 1984, for someone earning the average wage, it cost 456 hours to buy one.

⁸Today, it's closer to 4 hours.

3 문장 4~8을 한 문장으로 표현할 때 빈칸에 알맞은 것은?
→ Decreasing prices and _______________ work hours needed to buy goods make us buy more.
ⓐ fewer
ⓑ lots of
ⓒ unclear

⁹In 2006, the average family spent around $48,000.

¹⁰In 2022, they spent over $72,000. ¹¹But, in general, <u>our money buys more.</u>

4 밑줄 친 부분의 의미를 아래와 같이 표현할 때 빈칸에 알맞은 것은?

→ ________________ of the average person has improved.

ⓐ Purchasing power
ⓑ The spending habit
ⓒ The average wage

¹²**There's no need for** feeling <u>guilty.</u>

5 밑줄 친 <u>guilty</u>의 문맥상 의미로 알맞은 것은?

ⓐ guilty about decreasing prices
ⓑ guilty about spending money
ⓒ guilty about earning wages

¹³"I think a lot of the things have made life better for many people," Boeh said.

¹⁴Consumer spending usually makes up about two-thirds of the economic activity in a country, so consumer culture **is important to** the economy.

Stage 3 요약하기

◆ 글의 내용을 아래와 같이 요약할 때, 빈칸 (A), (B)에 들어갈 가장 적절한 말을 <조건>에 맞게 쓰시오.

Increased access to goods, due to lower prices and greater ability to (A) ________________, improves quality of life and (B) ____________ the U.S. economy.

> (조건) 1. <보기>의 단어 중에서 골라 쓸 것
> 2. 필요하면 문맥과 어법에 맞게 변형할 것
> 3. 각각 한 단어로 작성할 것
> (보기) drive / risk / afford / produce

06

Education

How to Educate 교육 방법

education은 학교 교육이나 전문 교육을 나타내고,
cultivation과 enlightenment도 넓은 범위의 교육을 의미합니다.

교육자는 우수한 교육을 위해
학습 목표와 교육과정(curriculum)을 정하고
알맞은 학습 자료(learning material)를 활용하며
과제(assignment)를 평가합니다.

학습자가 적극 참여하며 스스로 배우는 태도
또한 학습에 중요합니다.

교육의 효과를 높이는 적합한 교육법이 무엇인지
계속 고민해야 합니다.

Words & PHRASES

✦표시 다의어는
지문 속 의미를
다의어 Check✔
에서 고르세요.

□ **assignment✦**	과제, 숙제; 배정; 배치	• assign (일 등을) 배정[지정]하다, 맡기다; 배치하다
□ **letter**	편지; 글자, 문자	
□ **point out**	가리키다; 지적하다; 밝히다	*cf.* point to A A를 가리키다; A를 암시하다
□ **by oneself**	혼자; 도움을 받지 않고	
□ **error**	잘못, 실수; 오류	
□ **strength✦**	힘, 체력; 강점(↔ weakness 약함; 약점)	
□ **evaluate**	(가치, 품질 등을) 평가하다[감정하다]	• evaluation 평가
□ **incorporate✦**	포함하다(= include); (법인 회사를) 설립하다	
□ **build on**	~ 위에 세우다; ~을 기반으로 하다	
□ **be responsible for**	~에 책임이 있다; ~을 담당하고 있다	
□ **academic**	학업의, 학교의; 학구적인	• academy (특수 분야의) 학교[학원]
□ **inspire O to-v**	O가 v하도록 격려[자극]하다	• inspiration 영감; 영감[자극]을 주는 것[사람]; 격려
□ **support**	받치다; 지지(하다)	
□ **receptive**	(새로운 제안에) 수용적인, 선뜻 받아들이는	
[선택지]		
□ **interaction**	상호작용	
□ **participation**	참여	• participate 참여하다
□ **encouragement**	격려, 장려	• encourage 용기를 북돋우다; 격려하다; 장려하다

Cory brought her writing **assignment**[+] on the letter *g* to her first-grade teacher, Mr. Tuttle, who looked at the paper and asked Cory to point out her favorite one. After Cory pointed to her favorite *g*, Mr. Tuttle asked, "May I point out my favorite one?" Then he pointed to a *g* with a double tail, and asked Cory if she could fix it by herself. Cory said she could and went back to her desk to fix it. Mr. Tuttle did not point out only the error. He focused on **strengths**[+] first and then asked Cory to evaluate the error herself. This example **incorporates**[+] the concept of building on strengths, not weaknesses. Parents and teachers are responsible for helping children learn and improve academic and social skills. However, ________________ is usually the best way to inspire a child to want to do better. If other methods are used, they will be most effective if the child has already been positively influenced through support so that he or she will be receptive.

다의어 Check ✔

지문 속 ✦표시 어휘의 문맥상 의미는?

1 assignment
ⓐ 배치
ⓑ 숙제

2 strength
ⓐ 강점
ⓑ 체력

3 incorporate
ⓐ 포함하다
ⓑ 설립하다

 **INTRO**

Q 빈칸 문장으로 보아, 찾아야 할 내용으로 알맞은 것을 고르시오.
① 부모와 교사에게 책임이 있는 학습 방법
② 동기부여에 가장 좋은 방법

 **Q** 윗글의 빈칸에 들어갈 말로 가장 적절한 것을 고르시오.
① evaluation
② interaction
③ assignment
④ participation
⑤ encouragement

Stage 2 한 문장씩 뜯어보기

◆ 주어진 질문에 답하시오.

¹Cory brought her writing assignment on the letter *g* to her first-grade teacher, Mr. Tuttle, who looked at the paper and asked Cory to point out her favorite one.

²After Cory pointed to her favorite *g*, Mr. Tuttle asked, "May I point out my favorite one?"

³Then he pointed to <u>a *g* with a double tail</u>, and asked Cory if she could fix it by herself.

⁴Cory said she could and went back to her desk to fix it.

1 밑줄 친 <u>a *g* with a double tail</u>의 의미로 알맞은 것은?
  ⓐ *g* that Cory wrote incorrectly
  ⓑ *g* that Cory thought was written the best
  ⓒ *g* that Mr. Tuttle judged as correct

⁵Mr. Tuttle <u>did not point out only the error</u>.

⁶He focused on strengths first and then asked Cory to evaluate the error herself.

2 문장 5~6의 내용으로 보아, 문장 5의 밑줄 친 <u>did not point out only the error</u>의 의미로 알맞은 것은?
  ⓐ 잘못한 부분만 집중적으로 지적했다.
  ⓑ 잘못만을 지적하는 것이 목표가 아니었다.
  ⓒ 잘못을 지적한 것이 틀렸다.

⁷This example incorporates the concept of building on strengths, not weaknesses.

⁸Parents and teachers are responsible for helping children learn and improve academic and social skills.

글이 일화나 이야기로 시작될 경우, 이를 통해 말하고자 하는 주제를 파악해야 한다.

일화 다음에 이어지는 글의 마무리 내용이 일화가 시사하는 바에 해당하므로 주의 깊게 읽어야 한다.

⁹However, encouragement is usually the best way to inspire a child to want to do better.

¹⁰If other methods are used, they will be most effective if the child has already been positively influenced through support **so that** he or she will be (a) receptive.

3 밑줄 친 (a) receptive 뒤에 의미상 생략된 어구로 가장 적절한 것은?

ⓐ to strengths
ⓑ to encouragement
ⓒ to other methods

4 문장 10을 간단히 표현할 때 알맞은 것은?

ⓐ 격려 이외의 다른 효과적인 방법을 찾아야 한다.
ⓑ 격려를 먼저 해야 다른 교육 방법도 효과적일 수 있다.
ⓒ 격려하는 것이 가장 좋은 교육 방법은 아닐 수 있다.

TIP★ **so that ~** (~하기 위해서, ~하도록)

so that 다음에 목적을 나타내는 부사절이 이어진다. (= in order that)

I will set my alarm for 5 a.m. **so that** I can start my day with a morning jog.
아침 조깅으로 하루를 시작할 수 있도록 오전 5시에 알람을 맞출 것이다.

5 글의 주제문에 해당하는 문장의 번호를 쓰시오.

Stage 3 요약하기

◆ 글의 내용을 아래와 같이 요약할 때, 빈칸 (A), (B)에 들어갈 가장 적절한 말을 <조건>에 맞게 쓰시오.

Highlighting (A) ____________ before guiding children to (B) ____________ an error by themselves demonstrates an effective teaching strategy that fosters children's learning and improvement through encouragement.

조건 <보기>의 단어 중에서 골라 그대로 쓸 것
보기 correct / repeat / strengths / overlook / discipline

07

Early Adopter 얼리어답터

새로운 기술이나 제품이 시장에 출시될 때 가장 먼저 구매하여 사용하는 소비자를 말합니다.
의미가 확장되어 어떤 일이나 사상에서 앞선 사람이라는 뜻으로 출제되기도 했습니다.

기업은 주로 인쇄 광고나 TV 광고를 통해 제품을 홍보하지만
이제는 얼리어답터를 마케팅 자원(marketing resources)으로 활용하는
새로운 마케팅 전략(marketing strategy)을 시도하고 있습니다.
얼리어답터는 제품의 중요한 피드백을 제공하며, 소셜 미디어를 통한
입소문 마케팅(word-of-mouth[viral, ambassador] marketing)의 주역입니다.

early adopter는 아래와 같이 표현하기도 합니다.
- **pioneer**: 개척자, 선구자
- **risk taker**: 신기술 제품을 비싼 가격에 사는 위험을 감수하는 사람
- **enthusiast**: 애호가, 열렬한 지지자

Words & PHRASES

✦ 표시 다의어는
지문 속 의미를
다의어 Check✓
에서 고르세요.

☐ **view**✦	생각; 시야; 경치; 여기다; 보다	▶ hold a view 생각을 갖다, ~라고 생각하다 • viewpoint 관점, 시각
☐ **adopter**	입양인, 양부모; (신기술) 사용자	• adopt 입양하다; 채택하다 • adoption 입양; 채택
☐ **influential**	영향력 있는, 영향력이 큰	• influence 영향을 주다; 영향(력)
☐ **assume**✦	추정하다; (책임을) 맡다; (양상을) 띠다	
☐ **enthusiasm**	열정; 열광(= passion)	
☐ **direct one's efforts to(wards) A**	A에 노력을 기울이다	
☐ **channel**	(텔레비전) 채널; 《복》 (의사소통) 경로[수단]	
☐ **absorb**✦	흡수하다; 몰두하게 하다	▶ be absorbed in ~에 몰두하다[열중하다]
☐ **explore**	탐험하다, 답사하다; 탐구하다	
☐ **device**	(기계적) 장치, 기기, 기구(= instrument)	• devise 고안하다, 발명하다
☐ **significantly**	크게, 상당히; 중요하게	• significant 중요한, 중대한; (양, 정도가) 상당한
☐ **impact**	영향(력); 충격; 충돌; 영향을 주다; 부딪히다	▶ have an impact on ~에 영향을 미치다
☐ **knowledgeable**	지식이 있는; 총명한	
☐ **evaluate**	(가치, 품질 등을) 평가하다[감정하다]	
[선택지]		
☐ **rely on**	~에 의지[의존]하다, ~을 믿다(= depend on, turn to A)	• reliance 의존, 의지
☐ **drive**	운전하다; 추진시키다; (~하도록) 끌어내다[만들다]	
☐ **commercialize[-lise]**	상업화하다	

Numerous businesses hold the **view**† that early adopters are the most influential consumers in any market. They **assume**† that these individuals possess the same level of product knowledge and enthusiasm as the product designers. However, directing marketing efforts towards early adopters in specialist magazines and other channels may not be the most effective use of marketing resources. Research on popular technologies such as mobile phones, computers, GPS traffic systems, and cars indicates that early adopters are too **absorbed**† in exploring their devices to significantly impact the less technically knowledgeable consumers. Businesses need to re-evaluate their marketing strategies which ___________________________________.

다의어 Check ✔

지문 속 †표시 어휘의 문맥상 의미는?

1 view
ⓐ 생각
ⓑ 경치

2 assume
ⓐ 추정하다
ⓑ 책임을 맡다

3 absorb
ⓐ 흡수하다
ⓑ 몰두하게 하다

 **INTRO**

Q 빈칸 문장으로 보아, 찾아야 할 내용으로 알맞은 것을 고르시오.
① 기업이 재고해야 할 마케팅 전략
② 기업이 중점을 두어야 할 마케팅 전략

 **Q** 윗글의 빈칸에 들어갈 말로 가장 적절한 것을 고르시오.
① reflect consumer needs as much as possible
② use different attracting points to early adopters
③ continue searching for new influential consumers
④ rely on early adopters to drive product adoption
⑤ need early adopters' commercialized viewpoints

Stage 2　한 문장씩 뜯어보기

◆ 주어진 질문에 답하시오.

---

¹Numerous businesses **hold the view that** early adopters are the most influential consumers in any market.

1　밑줄 친 the view에 해당하는 내용을 아래와 같이 표현할 때 빈칸에 알맞은 것은?
→ Early adopters are ＿＿＿＿＿＿＿＿ consumers for businesses.

ⓐ important

ⓑ rational

ⓒ future

---

²(a) They assume that **(b)** these individuals possess the same level of product knowledge and enthusiasm as the product designers.

2　밑줄 친 (a) They와 (b) these individuals가 가리키는 것을 문장 1에서 각각 찾아 쓰시오. (두 단어)

(a):

(b):

---

³However, directing marketing efforts towards early adopters in specialist magazines and other channels may not be the most effective use of marketing resources.

3　문장 3의 주어 부분(수식어구 포함)에 밑줄을 그으시오.

---

⁴Research on popular technologies such as mobile phones, computers, GPS traffic systems, and cars indicate that early adopters are **too absorbed in exploring their devices **to** significantly **impact** the less technically knowledgeable consumers.**

4　문장 4에서 어법상 틀린 단어 하나를 찾아 바르게 고치시오.

고치기 전:

→ 고친 후:

통념(common idea, conventional wisdom)

일반적으로 널리 통하는 개념을 나타내는 표현 이후에 이것을 부정하는 truth(글쓴이의 주장)가 이어진다고 예측하고 읽는 것이 좋다.

the view that ~

동격을 나타내는 that절은 앞에 제시된 명사를 자세히 설명한다.

통념 이후에 However가 이끄는 역접의 내용은 글쓴이의 주장에 해당하므로 주목한다.

too ~ to-v

1. 너무 ~해서 v할 수 없는
2. v하기에는 너무 ~한
문맥에 따라 적절히 해석한다.

5 문장 4의 밑줄 친 부분을 아래와 같이 바꿔 쓸 때, 괄호 안의 어구를 모두 활용하여 빈칸을 영작하시오.

(so / that / exploring their devices / absorbed / they / can't / are / significantly impact / in)

→ early adopters ____

________________________________ the less technically knowledgeable consumers.

> **TIP ★** **<too ~ to-v> 문장 전환**
>
> <too ~ to-v> 구문은 주로 '너무 ~해서 v할 수 없는'을 뜻하며 <so ~ that S'+can't v>로 바꿔 쓸 수 있다.
>
> The subject is **too** sensitive **to respond** to it openly for me.
> ↪ The subject is **so** sensitive **that** I **can't respond** to it openly.
> 주제가 너무 민감해서 나는 공개적으로 답변할 수 없다.
>
> *cf.* 동사가 과거시제일 경우 that절의 시제도 과거로 쓰는 것에 주의한다.
> Amy **was** too surprised to do anything but nod.
> ↪ Amy **was** so surprised that she **could** not do anything but nod.
> 에이미는 너무 놀라서 고개를 끄덕일 수밖에 없었다.

---

5 Businesses **need to re-evaluate** their marketing strategies which rely on early adopters to drive product <u>adoption</u>.

> 주장 표현 need to-v
> (v할 필요가 있다)
>
> 글쓴이의 견해를 드러내는 주제문은 '~해야 한다' 혹은 '중요하다' 등의 강한 주장 표현을 포함하거나 명령문으로 나타날 수 있다.

6 밑줄 친 <u>adoption</u>의 의미로 알맞은 것은?

ⓐ limitations
ⓑ purchases
ⓒ misconceptions

7 글의 주제문에 해당하는 문장의 번호를 쓰시오. (하나만 쓸 것)

Stage **3**   요약하기

◆ 글의 내용을 아래와 같이 요약할 때, 빈칸 (A)~(C)에 들어갈 가장 적절한 말을 <조건>에 맞게 쓰시오.

Businesses should (A) ____________ their (B) ____________ on early adopters as they may not significantly (C) ____________ other consumers.

> (조건) <보기>의 단어 중에서 골라 그대로 쓸 것
> (보기) reliance / criticism / continue / reconsider / influence / recover

08

Architecture

Design Philosophy 디자인 철학

건물은 사용 목적과 사용자를 고려한 디자인 철학에 따라 건축되어 우리 삶에 영향을 미칩니다.

집과 학교, 도서관, 카페 등 물리적 공간(space)의 변화는
우리의 감정과 사고방식, 행동 패턴에 많은 영향을 줍니다.

학교 교실의 밝은 조명과 넓은 창문은 학생들이 활기차게 공부할 수 있도록 도와주지만,
반대로 어두운 공간에 있다면 기분이 우울해질 것입니다.

건축(architecture)의 디자인 철학은 공학은 물론이고 예술, 디자인, 심리 등 많은 분야를 아우릅니다.
우리가 시간을 보내는 공간이 어떻게 설계되었는지 주의 깊게 살펴보는 것도 재미있을 거예요.

Words & PHRASES

✦ 표시 다의어는
지문 속 의미를
다의어 Check ✔
에서 고르세요.

□ architecture	건축(술); 건축 양식; 구조	• architect 건축가; 설계자 • architectural 건축의
□ art	예술; 미술; 기술; 《복》 인문학	
□ deny	부인[부정]하다; 거부하다	• denial 부인, 부정; 거부
□ hold✦	잡고 있다; 유지하다; (~이 사실이라고) 간주[생각]하다	
□ artwork	예술 작품; 공예품; 삽화	
□ give priority to A	A에게 우선권을 주다; A를 우선시하다	• priority 우선 (사항); 우선권 • prioritize 우선순위를 매기다
□ functional	기능의; 실용적인; 작동되는	• function 기능하다; 작동하다; 기능
□ aesthetic	미의; 심미적인; 미적 특징, 《복》 미학	
□ consideration✦	고려 (사항); 숙고; 배려	• consider 고려하다
□ exclude	제외하다, 배제하다(↔ include 포함하다)	
□ unusual	특이한, 독특한(↔ usual 보통의; 평범한)	• unusually 특이하게, 평소와 달리
□ acknowledge	인정하다; 감사를 표하다	
□ insist	주장하다	
□ properly	적절하게; 올바로; 당연히	• proper 적절한; 올바른
□ black-and-white thinking	흑백 논리 사고 《상황을 두 가지의 선택지로만 나누어 보려는 관점》	
□ aspect	(측)면, 양상	
□ inherently	본질적으로, 본래	• inherent 내재하는, 타고난

정답 및 해설 p. 16

Architecture is an art form. It seems strange to have to say this. However, architect Stephen Davies denies it, although he **holds**[+] that some buildings are artworks. According to his argument, architects give priority to functional over aesthetic **considerations**[+] and this excludes them from the category of artist. He concludes that most buildings designed by architects are not artworks. His argument is quite unusual. It depends largely on the belief that functional and aesthetic considerations are completely different from each other. Davies acknowledges that sometimes architects transcend the functional, but insists that architects usually and properly should give priority to functional over aesthetic considerations. This is based on a false black-and-white thinking. Functional and aesthetic aspects of architecture are inherently intertwined, and the art of architecture should be the process of making the functional aesthetic.

*transcend: 초월하다 **intertwine: 서로 얽히게 하다

다의어 Check

지문 속 ✚표시 어휘의 문맥상 의미는?

1 hold
ⓐ 잡고 있다
ⓑ (사실이라고) 생각하다

2 consideration
ⓐ 배려
ⓑ 고려 (사항)

INTRO Q 윗글의 중심 소재는 무엇인지 고르시오.

① careers in architecture
② the priority in architecture
③ the success in architecture

Q 윗글의 요지로 가장 적절한 것을 고르시오.

① 건축은 기능적 고려 사항을 더 우선시해야 한다.
② 훌륭한 건축물은 시대를 초월하는 아름다움이 있다.
③ 건축을 예술 작품으로 여기는 시각은 새로운 것이다.
④ 현대 건축은 환경에 미치는 영향을 고려하여 설계된다.
⑤ 건축은 기능적 측면과 미적 측면이 서로 연관되어 있다.

◆ 주어진 질문에 답하시오.

¹Architecture is an art form.

²**It seems** strange **to have to say** this.

> 도입부에서 글에서 다룰 핵심 개념을 먼저 제시한다.

> it(가주어) seems ~ to-v(진주어)
> (v하는 것은 ~ 같다)

1 문장 1~2를 한 문장으로 표현할 때 빈칸에 알맞은 것은?
→ Architecture is ______________ an art form.
ⓐ doubtfully   ⓑ certainly   ⓒ unusually

³However, **architect Stephen Davies** denies it, although he holds that some buildings are artworks.

> 핵심 개념에 대한 특정 인물의 의견을 이어서 제시한다.

⁴According to his argument, architects give priority to functional over aesthetic considerations and this excludes <u>them</u> from the category of artist.

2 밑줄 친 <u>them</u>이 지칭하는 것을 문장 4에서 찾아 쓰시오. (한 단어)

⁵He concludes that most buildings designed by architects are not artworks.

3 문장 3~5의 내용으로 보아, 스티븐 데이비스의 주장으로 가장 적절한 것은?
ⓐ 건축가는 예술가로 여겨질 수도 있다.
ⓑ 건축의 미적 요소가 기능보다 중요하다.
ⓒ 일반적으로 건축은 예술이 아니다.

⁶His argument is quite unusual.

> 앞에서 언급한 특정 의견을 보충 설명한다.

⁷It depends largely on **the belief that** functional and aesthetic considerations are completely different from each other.

> 명사(A)+that ~ (~라는 A)
> belief, news, fact, idea 등의 명사 뒤에 이어지는 that절이 동격절일 때, 명사 A를 구체적으로 설명한다.

4 문장 6~7을 한 문장으로 표현할 때 빈칸에 알맞은 것은?
→ Davies uniquely argues that function and aesthetics are ______________.
ⓐ separate   ⓑ available   ⓒ limitless

[8]Davies acknowledges that sometimes architects transcend the functional, but **insists that** architects usually and properly **should give** priority to functional over aesthetic considerations.

TIP **요구, 제안, 주장 등의 동사+명사절 접속사 that** (당위성, ~해야 한다)

demand, suggest, insist 등의 동사 뒤에 나오는 that절이 당위성을 나타내는 경우 <should+동사원형>을 쓰거나 should를 생략하고 동사원형만 쓴다.

The teacher **demanded that** the students **(should) submit** their assignments today.
선생님은 학생들이 오늘 과제물을 제출해야 한다고 요구했다.

[9]This is based on a false black-and-white thinking.

[10]Functional and aesthetic aspects of architecture are inherently intertwined, and the art of architecture **should** be the process of making the functional aesthetic.

글의 마지막에 글쓴이의 주장(should ~)이 나타난다.

5 문장 8과 문장 9~10의 관계로 알맞은 것은?

ⓐ 예시(문장 8) – 결론(문장 9~10)

ⓑ 견해(문장 8) – 반박(문장 9~10)

ⓒ 문제(문장 8) – 해결(문장 9~10)

Stage **3**　요약하기

◆ 글의 내용을 아래와 같이 요약할 때, 빈칸 (A)~(C)에 들어갈 가장 적절한 말을 <조건>에 맞게 쓰시오.

Stephen Davies' emphasis on (A) ____________ over (B) ___________ in architecture is misguided because it overlooks the inherent (C) ___________ of both elements.

조건　<보기>의 단어 중에서 골라 그대로 쓸 것
보기　division / aesthetics / harmony / criticism / function

Black-and-White Thinking 흑백 논리 사고

선과 악, 강자와 약자, 유죄와 무죄와 같이 두 가지의 구도로만 나누는 사고방식으로, 이분법적 사고라고도 한다.
기준이 모호할 때 문제가 될 수 있으므로 부정적이며 지양해야 할 관점으로 여겨진다.
black-and-white 외에 all-or-nothing thinking으로도 출제되었다.

흑백 논리와 상반되는 개념인 스펙트럼(spectrum) 사고는 명확한 경계를 나누지 않고
여러 가지 '범위'로 접근하기 때문에 다양성을 다룰 수 있다.

09

Philosophy

Socratic Wisdom 소크라테스의 지혜

철학(philosophy)은 복잡한 세계와 그 속에 사는 인간을 이해하도록 도와주는 학문입니다. 철학자(philosopher), 사상가(thinker)는 삶, 존재, 지식, 가치, 이성, 정신 등 다양한 분야를 탐구합니다.

"너 자신을 알라(know yourself)"는 고대 그리스 철학자 소크라테스의 명언이자 문답법의 출발점이었습니다.

철학의 문제를 탐구하는 방법
- **questioning**: 질문하기
- **conceptual analysis**: 개념의 분석
- **logical reasoning**: 논리적인 추론
- **critique**: (철학적) 비판[논평]

Words & PHRASES

✦표시 다의어는
지문 속 의미를
다의어 Check✔
에서 고르세요.

☐ ignorance	무지, 무식	•ignore 무시하다, 모르는 체하다
☐ logical	논리적인	
☐ argument	논쟁; 주장, 논거	
☐ definition	(단어의) 정의, 의미	
☐ contradictory	모순되는(= conflicting)	•contradiction 모순; 반박
☐ make sense	말이 되다, 의미가 통하다, 이해가 되다; 타당하다	
☐ uncritical	무비판적인	
☐ acceptance	받아들임, 수용; 동의, 승인	
☐ criticize	비판하다; 비난하다	
☐ claim	(~이 사실이라고) 주장하다; (권리를) 요구하다; 주장; 권리	
☐ subject	주제, 문제; 학과, 과목	
☐ chiefly	주로, 거의(= mainly, primarily)	
☐ discipline✦	훈련; 훈육; 학문 (분야); 훈육하다	
☐ continuous	계속되는, 지속하는	
☐ critical✦	비판적인(↔ uncritical); 중대한; 위태로운	•critically 비판적으로
☐ reflection	반사; 반영; 심사숙고, 성찰	
[선택지]		
☐ indifference	무관심, 냉담	•indifferent 무관심한
☐ reliance	의존, 의지	•rely 의존하다
☐ question	질문; 의문; 질문하다; 의심하다	

정답 및 해설 p. 18

Socrates was certainly unique, saying the only thing he was sure of was his own ignorance. Indeed, he often taught by asking people to explain what they thought about common ideas like "beauty," "the good," or "courage." He would then use logical arguments to show that their definitions and usual understandings were contradictory or didn't make sense. Some people at that time thought this technique dishonest, and that Socrates knew more than he seemed. However, Socrates' method was meant to provide necessary lessons on the dangers of uncritical acceptance of common beliefs. He often criticized those who claimed to have certain knowledge of some particular subject. It is chiefly through the influence of Socrates that philosophy developed into the modern **discipline**† of continuous **critical**† reflection. The greatest danger to both society and the individual, we learn from Socrates, is _____________ __________________.

다의어 Check 

지문 속 ✦표시 어휘의 문맥상 의미는?

1 discipline
ⓐ 훈육
ⓑ 학문

2 critical
ⓐ 비판적인
ⓑ 중대한

 **INTRO**

 **Q**

빈칸 문장으로 보아, 찾아야 할 내용으로 알맞은 것을 고르시오.

① 사회와 개인이 가장 하지 말아야 할 것
② 소크라테스가 가장 권하는 사고방식

Q

윗글의 빈칸에 들어갈 말로 가장 적절한 것을 고르시오.

① the awareness of ignorance
② the stopping of critical thought
③ the indifference to social values
④ the reliance on logical arguments
⑤ the attempt to question common ideas

◆ **주어진 질문에 답하시오.**

---

[1]Socrates was certainly unique, saying the only thing he was sure of was his own ignorance.

---

[2]**Indeed**, he often <u>taught</u> by asking people to explain what they thought about common ideas like "beauty," "the good," or "courage."

> ◖ indeed (사실은, 실제로는)
> 문장 전체 혹은 앞에 나온 말을 강조할 때 쓰인다. 여기서는 앞 문장에 대한 상세한 설명을 덧붙이기 위해 사용되었다.

1   밑줄 친 taught가 어법상 옳으면 ○, 틀리면 ✕로 표시하고 바르게 고치시오.

---

[3]He **would** then use logical arguments to show that their definitions and usual understandings were contradictory or didn't make sense.

> ◖ would (~하곤 했다)
> 과거의 습관적인 동작을 표현한다.

2   문장 1~3을 간단히 표현할 때 알맞은 것은?
    ⓐ 소크라테스는 추상적 개념을 정의하려고 시도했다.
    ⓑ 소크라테스는 사람들의 정의가 모순됨을 증명하고자 했다.
    ⓒ 소크라테스는 아는 것에 대한 우리 자신의 확신을 중시했다.

---

[4]<u>Some people at that time thought this technique dishonest, and that Socrates knew more than he seemed.</u>

3   밑줄 친 부분의 의미로 알맞은 것은?
    ⓐ 소크라테스가 알면서 모르는 척한다.
    ⓑ 소크라테스는 실제로 아는 것이 없다.
    ⓒ 소크라테스의 질문은 답하기 어렵다.

---

[5]**However**, Socrates' method was meant to provide necessary lessons on the dangers of uncritical acceptance of <u>common beliefs</u>.

> ◖ 앞 문장에 대한 다른 견해를 역접 연결사를 통해 제시한다.

4   밑줄 친 common beliefs의 의미를 아래와 같이 표현할 때 빈칸에 가장 알맞은 것은?
    → __________________________ of things like beauty, the good, or courage
    ⓐ widely accepted understandings
    ⓑ definitions that make sense
    ⓒ Socrates' logical technique

[6]He often criticized those who claimed to have certain knowledge of some particular subject.

[7]**It is** chiefly through the influence of Socrates **that** philosophy developed into the modern discipline of continuous critical reflection.

5 문장 7을 간단히 표현할 때 빈칸에 알맞은 것은?

→ Socrates' ________________ to modern philosophy

ⓐ warning

ⓑ response

ⓒ contribution

TIP★ **<It is[was] A that ~> 강조구문** (~하는 것은 바로 A이다[였다])

A를 강조하는 구문으로, A에는 주어, 목적어, 부사(구, 절) 등이 올 수 있다.
A가 사람이면 that 대신 who(m), 사물이면 which를 쓰기도 한다.

It was *my brother* **that[who]** broke the window. (주어 강조)
창문을 깬 사람은 바로 내 남동생이었다.
It is *the trophy* **that[which]** they won last year. (목적어 강조)
그들이 작년에 우승해 얻은 것이 바로 그 트로피다.
It was *after he left* **that** we realized his value. (부사절 강조)
우리가 그의 가치를 깨달은 것은 바로 그가 떠난 뒤였다.

[8]The greatest danger to both society and the individual, we learn from Socrates, is the stopping of critical thought.

Stage **3** 요약하기

◆ 글의 내용을 아래와 같이 요약할 때, 빈칸 (A)~(C)에 들어갈 가장 적절한 말을 <조건>에 맞게 쓰시오.

Socrates emphasized (A) ______________ common ideas to reveal contradictions and the dangers of (B) ____________ accepting established beliefs, thereby promoting continuous (C) ____________ thinking.

조건　1. <보기>의 단어 중에서 골라 쓸 것
　　　 2. 필요하면 문맥과 어법에 맞게 변형할 것
　　　 3. 각각 한 단어로 작성할 것

보기　cautious / blind / critical / practical / question / take

10 Art

Art History 미술사

예술 작품(artwork)은 창작되는 시기의 사상을 표현하므로
시대마다 독특한 양식과 특징을 가집니다.
예술의 흐름은 미술뿐만 아니라 음악, 문학 등 다양한 분야에 영향을 미칩니다.

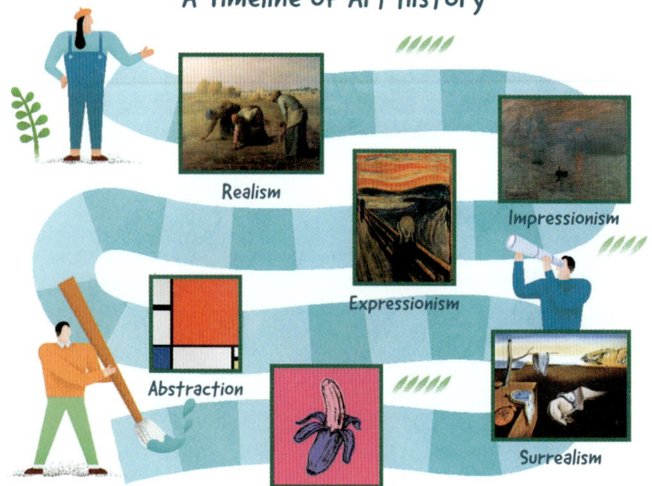

Realism: 사실주의 (mid-19th century)
Impressionism: 인상주의 (late 19th century)
Expressionism: 표현주의 (early 20th century)
Abstraction: 추상주의 (early 20th century)
Surrealism: 초현실주의 (mid-20th century)
Contemporary Art: 현대 미술
(mid-20th century~Present)

Words & PHRASES

✦ 표시 다의어는
지문 속 의미를
다의어 Check✔
에서 고르세요.

☐ **realistic**	현실적인; 사실적인(↔ unrealistic 사실적이지 않은)	• reality 현실
☐ **copy**	복제; 복사; 복사하다; 베끼다	
☐ **resemble**	~와 닮다[비슷하다]	
☐ **scene**	현장; 장면, 경치	
☐ **imitation**	모방; 흉내 내기; 모조품, 모방작	• imitate 모방하다; 흉내 내다
☐ **genre**	(예술 작품의) 장르	
☐ **room**	방; 공간; 여지	▶ leave room for ~의 여지가 있다; ~의 여지를 남기다
☐ **emphasis**	강조, 중요성(= stress)	• emphasize 강조하다
☐ **vision**✦	시력, 시각; 전망; 예지력; 상상력	
☐ **impress**	깊은 인상을 주다, 감명을 주다	• impression 인상; 감동
☐ **aim**	목표, 목적; ~을 목표로 하다; 겨누다	
☐ **value**	가치; 가치 있게[소중하게] 여기다	
[선택지]		
☐ **criticism**	비판, 비난	• criticize 비판하다
☐ **creativity**	창의성	
☐ **transition**	변화, 전환; 이동	
☐ **seek to-v**	v를 찾다[추구하다]; v하려고 하다	(sought-sought)

정답 및 해설 p. 20

The history of Western art (mainly painting) was a search for creating more realistic images. Oil painting enabled artists to achieve an increasingly powerful "copy" of Nature. Many people enjoyed art that resembled their favorite scene or object. But many developments, including photography, in the last century have made the Imitation Theory of art seem less popular. Since the late nineteenth century, imitation has seemed less and less to be the goal of many genres of art: impressionism, expressionism, surrealism, abstraction. Nor does the Imitation Theory leave room for our modern emphasis on the value of an artist's creative **vision**[*]. Do Van Gogh's or O'Keeffe's irises impress us because they are accurate imitations? That did not seem to be their aim, and we value Van Gogh's or O'Keeffe's flowers for other reasons.

Irises - Vincent Van Gogh (1889)

*iris: 아이리스, 붓꽃

다의어 Check ✔

지문 속 ✦표시 어휘의 문맥상 의미는?

1 vision
ⓐ 예지력
ⓑ 상상력

 **INTRO**

 **Q**

윗글의 중심 소재는 무엇인지 고르시오.

① artists' aim
② art education
③ modern art

Q

윗글의 주제로 가장 적절한 것을 고르시오.

① criticism of modern art for its lack of creativity
② benefits of imitation in developing artistic skills
③ transition of art goals from imitation to creativity
④ influence of photography on the evolution of realism
⑤ reasons why past artists sought to imitate ideal beauty

Stage 2 한 문장씩 뜯어보기

◆ 주어진 질문에 답하시오.

¹The history of Western art (mainly painting) was a search for creating more realistic images.

²Oil painting enabled artists to achieve an increasingly powerful "copy" of Nature.

³Many people enjoyed art that ___________ their favorite scene or object.

1 문장 1~2의 내용으로 보아, 문장 3의 빈칸에 알맞은 것은?
ⓐ resembled
ⓑ influenced
ⓒ defined

⁴**But** many developments, including photography, in the last century **have made** the Imitation Theory of art seem less popular.

> 도입부에서 과거를 서술한 다음, 시간이 흘러 과거와 대조되는 내용이 뒤에 이어질 경우, 주로 뒤의 내용이 글에서 말하고자 하는 것이다.

2 문장 4의 내용으로 보아, 앞으로 전개될 내용으로 가장 적절한 것은?
ⓐ 지난 세기의 사진이 발전시킨 모방 이론
ⓑ 사실적 소재와 묘사로 인기를 얻은 작품
ⓒ 사실적 그림이 아닌 다른 그림의 등장

⁵Since the late nineteenth century, imitation has seemed less and less to be the goal of many genres of art: impressionism, expressionism, surrealism, abstraction.

3 문장 5를 간단히 표현할 때 빈칸에 알맞은 것은?
→ Many art genres ______________ imitation.
ⓐ have shifted away from
ⓑ have been deeply impressed by
ⓒ have been criticized for

[6] **Nor does the Imitation Theory leave** room for our modern emphasis on the value of an artist's creative vision.

4 밑줄 친 <u>leave room for</u>와 의미상 가장 가까운 것은?
ⓐ avoid
ⓑ recognize
ⓒ forget

TIP★ **도치구문 so/neither/nor+V+S** (S도 역시 그렇다/그렇지 않다)
so/neither/nor를 문장 앞에 두면 <(조)동사+주어>의 어순이 된다.

[6]= The Imitation Theory **doesn't leave** room for our modern emphasis on the value of an artist's creative vision **either**.

[7] **Do** Van Gogh's or O'Keeffe's irises impress us because they are accurate imitations**?**

질문이 반어법으로 사용되어 반대의 의미를 강조한다. (~이 아니다.)

[8] That did not seem to be their aim, and we value Van Gogh's or O'Keeffe's flowers for <u>other reasons</u>.

5 밑줄 친 <u>other reasons</u>의 의미로 알맞은 것은?
ⓐ delicate imitation
ⓑ criticism of art
ⓒ their creativity

Stage 3   요약하기

◆ 글의 내용을 아래와 같이 요약할 때, 빈칸 (A), (B)에 들어갈 가장 적절한 말을 <조건>에 맞게 쓰시오.

Western art history moved from trying to (A) ____________ reality to exploring new styles that emphasize artists' (B) ____________ visions.

조건 <보기>의 단어 중에서 골라 그대로 쓸 것
보기 criticize / unique / copy / traditional

11

Snapchat 스냅챗

인터넷 기반의 인스턴트 메신저(instant messenger) 앱입니다.
스냅챗은 우리나라보다는 미국과 유럽의 10, 20대가 많이 사용합니다.

요즘에는 소셜 미디어(social media)로 흥미로운 소식을 공유하기도 하고,
댓글이나 '좋아요' 기능을 활용해 공감대를 형성하기도 하죠.

이용자가 점점 늘어나면서 소셜 미디어는 현대 사회의
중요한 소통 수단이자 정보 공유의 장으로 자리 잡았습니다.
하지만 중독되지 않도록 적절한 사용 습관을 가져야 합니다.

소셜 미디어 중독 증상의 기출 표현
- **impatient for an immediate answer[feedback]**: 즉각적인 응답[반응]에 안달이 난
- **constant checking**: 지속적으로 소셜 미디어 알림을 확인하는 행동
- **the fear of missing out(FOMO)**: 소외되는 것의 두려움

Words & PHRASES

✦ 표시 다의어는
지문 속 의미를
다의어 Check✔
에서 고르세요.

☐ along with	~와 마찬가지로[함께]; ~에 덧붙여	
☐ application	지원(서); 적용; 애플리케이션, 앱	• apply 지원하다; 적용하다
☐ promote	촉진[조장]하다(= encourage); 홍보하다; 승진시키다	• promotion 촉진; 홍보; 승진
☐ obsessive	사로잡힌, 강박적인	• obsess (생각 등이 마음을) 사로잡다, 집착하게 하다 • obsession 강박, 집착
☐ engagement✦	약속; 고용; 참여, 관여	• engage (관심을) 끌다, 사로잡다; 고용하다; 참여[관여]하다
☐ arguably	(충분한 근거를 가지고) 주장하건대, 거의 틀림없이	• argue 다투다; 주장하다
☐ statement	성명(서), 진술; 서술, 표현	• state 말하다; 진술하다; 명시하다
☐ addiction	중독	• addict 중독자; 중독시키다
☐ necessity	필요(성); 필수품; 필연(성)	
☐ interaction	상호작용[영향]	• interact 상호작용하다; 소통하다
☐ identity	신원; 정체(성)	• identify (신원 등을) 확인하다; 발견하다, 찾다
☐ status✦	지위(= position); 신분; 상태; 상황	
☐ self	자신; 자아(= ego)	
☐ relation(ship)	관계, 관련(성)	
☐ longing for	~에 대한 열망[그리움]	
☐ sociability	사교성; 사교[친목] 활동	• socialize 어울리다; 사회화하다
☐ miss	그리워하다; (겨냥한 것을) 놓치다; 빠뜨리다	• missing 없어진, 분실된
☐ connection	연결, 접속; 관련성, 관계	

Like traditional digital gaming, social networks (along with the social games and applications they carry) promote obsessive **engagement**[+] among teens, but arguably in different ways and with different results. ① When, for example, a girl says she needs to be on Snapchat, it is not so much a statement of addiction as a necessity for social interaction. ② For most teens today, identity and **status**[+] are defined largely online, which makes being online and managing one's online self essential to establishing and maintaining a place in the real world of social relations. ③ As a result, the majority of teens become tired of sharing information about themselves on social media. ④ As Sherry Turkle, an MIT professor, describes it, "The anxiety teens report when separated from their cell phones or the Internet may indicate not a longing for easy sociability with others, but rather a feeling of missing the self formed within those connections." ⑤ This is something greater, or at least different, than addiction, says Turkle.

 다의어 Check ✔

지문 속 ✦표시 어휘의 문맥상 의미는?

1 engagement
ⓐ 약속
ⓑ 참여

2 status
ⓐ 지위
ⓑ 상황

 **INTRO**

Q 첫 문장으로 보아, 앞으로 전개될 내용으로 가장 적절한 것을 고르시오.

① 소셜 네트워크 집착이 디지털 게임 집착과 유사한 점
② 소셜 네트워크 집착이 디지털 게임 집착과 다른 점

 **Q** 윗글에서 전체 흐름과 관계 <u>없는</u> 문장을 고르시오.

①　　②　　③　　④　　⑤

 **OUTRO**

Q 위 문제에서 선택한 정답 문장의 내용을 고르시오.

① 소셜 미디어 이용에 대한 부정적 감정
② 소셜 미디어 이용이 미치는 중대한 영향

◆ 주어진 질문에 답하시오.

[1] Like traditional digital gaming, social networks (along with the social games and applications they carry) promote obsessive engagement among teens, but **arguably** in different ways and with different results.

arguably(거의 틀림없이)는 글쓴이의 주장을 나타내는 다양한 표현 중의 하나임을 기억해 두자.

1 문장 1을 간단히 표현할 때 빈칸에 알맞은 것은?

→ Traditional gaming and social networks both drive teen obsession, but each affects them ______________.

ⓐ emotionally

ⓑ negatively

ⓒ uniquely

[2] When, **for example**, a girl says she needs to be on Snapchat, it is **not so much** a statement of addiction **as** a necessity for social interaction.

첫 문장 arguably in different ways and with different results의 구체적인 예를 설명하고 있다.

2 밑줄 친 부분을 아래와 같이 바꿔 쓸 때 빈칸 (a), (b)에 알맞은 말을 각각 찾아 쓰시오.

= it is ______(a)______ rather than ______(b)______.

(a):

(b):

> **TIP★** **not so much A as B** (A라기보다는 오히려 B)
> = not A so much as B
> = B rather than A
> = rather B than A
> = more B than A 등

[3] For most teens today, identity and status are defined largely online, which makes being online and managing one's online self essential to establishing and maintaining a place in the real world of social relations.

3 밑줄 친 부분을 적절히 끊어 읽으시오. (두 번 끊을 것)

4 문장 2~3을 한 문장으로 표현할 때 빈칸에 알맞은 것은?

→ For teens, online ______________ is crucial for social status and identity.

ⓐ presence

ⓑ privacy

ⓒ safety

⁴**As a result**, the majority of teens become tired of sharing information about themselves on social media.

As a result (결과적으로)

흐름과 무관한 문장을 찾는 문제에서, 결과 연결어가 이끄는 문장은 앞 내용과 인과 관계를 이루는지를 판단해야 한다.

⁵As Sherry Turkle, **an MIT professor**, describes it, "The anxiety teens report when separated from their cell phones or the Internet <u>may indicate</u> **not** a longing for easy sociability with others, **but rather** a feeling of missing the self formed within those connections."

저명한 교수의 인용문은 주제문을 뒷받침하거나 재진술하는 역할을 한다.

not A but (rather) B
(A가 아니라 (오히려) B인)

5 밑줄 친 동사 <u>may indicate</u>의 주어를 찾아 쓰시오. (두 단어)

6 문장 5를 간단히 표현할 때 빈칸에 알맞은 것은?

→ Separating from their cell phones or the Internet threatens teens' ______________.

ⓐ rights
ⓑ belonging
ⓒ identity

⁶This is something greater, or at least different, than addiction, says Turkle.

Stage 3 요약하기

◆ 글의 내용을 아래와 같이 요약할 때, 빈칸 (A)~(C)에 들어갈 가장 적절한 말을 <조건>에 맞게 쓰시오.

Teens' online engagement defines their identity and social status. (A) ______________ they feel when disconnected is more about losing the self formed within those connections, beyond (B) ______________, than missing the chance to (C) ______________.

조건 1. <보기>의 단어 중에서 골라 쓸 것
2. 필요하면 문맥과 어법에 맞게 변형할 것
3. 각각 한 단어로 작성할 것

보기 achievement / addict / anxiety / relax / socialize

12 Time Management 시간 관리

주어진 시간을 효율적으로(efficiently) 활용하여 생산성(productivity)을 늘리고 목표를 이루는 것을 말합니다.

"시간을 잘 활용하면 누구든 충분한 시간을 가질 수 있다." -괴테
수많은 명언을 통해서도 시간의 중요성을 알 수 있어요.
시간을 효율적으로 관리하면 해야 할 일을 착실하게 끝내고
계획한 일을 이루지 못하는 데서 오는 스트레스를 줄일 수 있습니다.
결국에는 처음에 세운 목표를 달성하여 성취감까지 느끼게 됩니다!

시간 관리와 관련된 어휘는 다음과 같습니다.
- **schedule**: 일정; 일정을 잡다
- **task**: 일, 과업
- **to-do list**: 해야 할 일 목록
- **priority**: 우선순위
  - *cf.* **prioritize**: 우선순위를 정하다

Words & PHRASES

✦표시 다의어는 지문 속 의미를 **다의어 Check**✔ 에서 고르세요.

□ bucket	양동이	
□ effectively	효과적으로; 실질적으로, 사실상	• effective 효과적인; (법률 등이) 시행되는
□ pebble	조약돌, 자갈	
□ reverse	뒤바꾸다; 반대; 반대의	
□ order✦	순서; 질서; 명령(하다); 주문(하다)	
□ moral	도덕(상)의; 도덕적인; 도덕; 교훈(= lesson)	• morality 도덕(성)
□ schedule	일정, 계획; 일정[계획]을 잡다	
□ allocate	할당하다; 떼어[간직해] 두다	• allocation 할당; 할당량
□ book	예약하다(= make a reservation); 기록하다	
□ give out	(열, 빛 등을) 내다; 나눠주다; 발표하다	
□ compliment	칭찬, 찬사; 칭찬하다	• complimentary 칭찬하는; 무료의
□ specific	구체적인; 특정한(= particular)	
□ attach	붙이다; 부여하다	
□ fit	(꼭) 맞다, 어울리다; 맞추다; 적합한; (몸이) 건강한	
□ care✦	주의; 보살핌; 돌보다, 보살피다; 상관하다	
□ push aside	~에 대한 생각을 떨쳐내다; 제쳐두다	

Have you ever seen the big-rock experiment? To fill your bucket effectively, you should start with the big rocks first, followed by the pebbles; the reverse **order**⁺ won't be successful. The moral of it is, if you don't schedule your big tasks first, they won't get done. During your weekly planning, allocate time for your big rocks by booking them in your planner. For example, you might decide that the best time to get started on your history report is Tuesday night and the best time to call your grandma is Sunday afternoon. Now allocate those times. It's like making a reservation. If your big rock such as "give out three compliments each day this week" doesn't have a specific time attached to it, write it somewhere in your planner where it can be seen. If you allocate time for your big rocks first, the other everyday activities will fit as well. And even if they don't, who **cares**⁺? You'd rather push aside pebbles than big rocks.

다의어 Check ✅

지문 속 ✦표시 어휘의 문맥상 의미는?

1 order
　ⓐ 순서
　ⓑ 명령

2 care
　ⓐ 보살피다
　ⓑ 상관하다

INTRO

Q 윗글의 중심 소재는 무엇인지 고르시오.
　① 시간 관리의 비용
　② 시간 관리의 방법
　③ 시간 관리의 함정

Q 윗글에서 필자가 주장하는 바로 가장 적절한 것을 고르시오.
　① 크고 복잡한 일은 작은 일로 나눠 해결하라.
　② 사소한 일에 별도로 시간을 할애하지 말아라.
　③ 만일에 대비해 여러 계획을 함께 세워두어라.
　④ 중요한 일을 중심으로 효율적인 일정을 계획하라.
　⑤ 사소한 일을 먼저 처리한 뒤에 중요한 일에 집중하라.

◆ 주어진 질문에 답하시오.

[1] **Have you ever seen the big-rock experiment?**

[2] To fill your bucket effectively, you should start with the big rocks first, followed by the pebbles; the reverse order won't be successful.

> 글 도입부에 나오는 질문은 주로 읽는 이의 호기심을 불러일으키려는 의도이다.

1 밑줄 친 the reverse order의 의미로 알맞은 것은?
ⓐ placing the bigger ones inside
ⓑ putting the pebbles in first
ⓒ emptying the bucket first

[3] The moral of it is, if you don't schedule your big tasks first, they won't get done.

> 실험 결과와 글쓴이의 주장을 관련짓는 흐름을 예측할 수 있다.

2 문장 3을 간단히 표현할 때 빈칸에 알맞은 것은?
→ the importance of ______________ major tasks in time management
ⓐ prioritizing   ⓑ finding out   ⓒ eliminating

[4] During your weekly planning, allocate time for your big rocks by booking them in your planner.

[5] For example, you might decide that the best time **to get** started on your history report is Tuesday night and the best time **to call** your grandma is Sunday afternoon.

TIP★ **to부정사의 형용사적 수식**
to-v가 명사를 수식하는 경우 명사 뒤에 오며 'v할, v하는, v한' 등으로 해석한다.
[5] ~ *the best time* (**to get** started ~) ~ and *the best time* (**to call** ~)

[6] Now allocate those times. [7] It's like making a reservation.

[8] If your big rock such as "give out three compliments each day this week" doesn't have a specific time attached to it, write it somewhere in your planner where it can be seen.

3 문장 8의 밑줄 친 <u>big rock</u>의 예로 제시되지 <u>않은</u> 것은?

ⓐ to call your grandma
ⓑ to get started on your history report
ⓒ to attach a specific time to your schedule

⁹If you allocate time for your big rocks first, <u>the other everyday activities</u> will fit as well.

4 밑줄 친 <u>the other everyday activities</u>의 의미로 알맞은 것은?

ⓐ smaller, less critical tasks
ⓑ tasks scheduled into your planner
ⓒ key priorities or major tasks

¹⁰And even if they <u>don't</u>, who cares?

5 밑줄 친 <u>don't</u> 이후에 생략된 말을 본문에서 찾아 쓰시오.

¹¹You**'d rather** push aside pebbles **than** big rocks.

6 문장 10~11에 함축된 의미로 가장 알맞은 것은?

ⓐ 사소한 일은 계획표 어딘가 보이는 곳에 적어라.
ⓑ 사소한 일을 완수하는 것에도 중점을 두어야 한다.
ⓒ 사소한 일보다는 더 중요한 일을 우선하여 완료해야 한다.

TIP ★ **would rather A (than B)** ((B하느니) 차라리 A하고 싶다)

We **would rather** walk **than** take the bus in this beautiful weather.
우리는 이 아름다운 날씨에 버스를 타느니 차라리 걷고 싶다.

Stage 3 요약하기

◆ 글의 내용을 아래와 같이 요약할 때, 빈칸 (A)~(C)에 들어갈 가장 적절한 말을 <조건>에 맞게 쓰시오.

Prioritize (A) ___________ tasks by (B) ___________ them in your planner before (C) ___________ activities to ensure they are completed.

(조건) 1. <보기>의 단어 중에서 골라 쓸 것
2. 필요하면 문맥과 어법에 맞게 변형할 것
3. 각각 한 단어로 작성할 것
(보기) practice / schedule / delay / smaller / major

Negotiating Skills 협상의 기술

협상은 단순히 승패를 가리는 것이 아니라 상호 이익을 극대화하고 지속 가능한 관계를 만들어가는 과정입니다.
효과적으로 소통하고 갈등을 해결하며(resolve a conflict),
신뢰를 형성하는(build trust) 열린 마음으로 협상에 임해야 합니다.

협상 결과가 win-win이면 양측이 모두 만족하는 해결책을 찾게 되지만,
win-lose에서는 한쪽이 손해를 봐야만 다른 쪽이 이득을 얻습니다.

하나를 양보(concession)하고 다른 데서 이득(gain)을 얻는다면
이를 절충(trade-off, compromise, give and take)이라고 합니다.

Words & PHRASES

✦표시 다의어는
지문 속 의미를
다의어 Check✔
에서 고르세요.

☐ on the table	(계획, 제안 등을) 내놓은; 검토[논의] 중인	
☐ negotiation	협상	• negotiate 협상하다, 교섭하다 • negotiator 협상가
☐ experienced	능숙한(↔ inexperienced 서투른)	
☐ solely	오로지, 단독으로	• sole 유일한; 단독의
☐ secure✦	안전한; 확실한; 보호하다; 얻다	
☐ poor	가난한; 불쌍한; 좋지 않은	
☐ outcome	결과(= result)	
☐ for oneself	혼자 힘으로; 자신을 위하여, 자신에게	
☐ claim	(사실이라고) 주장하다; 얻다; 주장; 권리	
☐ hostile	적대적인; 반대하는(↔ favo(u)rable 호의적인; 찬성하는)	
☐ win-lose	한편은 이기고 한편은 지는, 한쪽만 유리한	
☐ mentality	사고방식(= mindset); 심리; 정신	
☐ uncover	덮개를 열다; (비밀 등을) 알아내다	
☐ preference	선호(도), 더 좋아함	
☐ identify✦	(신원을) 확인하다; 찾다; 동일시하다	
☐ trade-off	《경제》 거래, 교환; 균형; 절충(안)	
[선택지]		
☐ realistic	현실적인	
☐ dynamic	역동적인; 활발한; (원)동력	
☐ productive	생산적인, 결실 있는(= fruitful)	
☐ challenging	도전적인; 어려운	

정답 및 해설 p. 26

Putting the right *issues* on the table is the first step in reducing fear in a negotiation. Experienced negotiators know they do not want to focus on solely one issue. Single-issue negotiations become very ______________. If you are negotiating only one thing, it is very likely that you will either damage the relationship or **secure** a poor outcome for yourself. Consider a situation where you are selling something and only negotiating on price. The buyer wants the price to be low, while the seller wants the price to be high; every dollar the seller claims is a dollar out of the buyer's pocket. Negotiating a single issue creates a hostile environment and a win-lose mentality. When there are multiple issues on the table, you can uncover differences in each side's preferences — one thing may be important to you, while something else is more important to the other side — and you can **identify** trade-offs.

다의어 Check

지문 속 ✦표시 어휘의 문맥상 의미는?

1 secure
ⓐ 보호하다
ⓑ 얻다

2 identify
ⓐ 찾다
ⓑ 동일시하다

INTRO Q 글의 첫 두 문장을 읽고, 빈칸을 포함하는 문장의 내용으로 알맞은 것을 고르시오.
① 단일 문제 협상의 긍정적인 점
② 단일 문제 협상의 부정적인 점

Q 윗글의 빈칸에 들어갈 말로 가장 적절한 것을 고르시오.
① realistic
② dynamic
③ successful
④ productive
⑤ challenging

◆ **주어진 질문에 답하시오.**

¹Putting the right *issues* on the table is the first step in reducing fear in a negotiation.

²Experienced negotiators know they do not want to focus on solely one issue.

³Single-issue negotiations become very challenging.

⁴If you are negotiating only one thing, it is very likely that you will either damage the relationship or secure a poor outcome for yourself.

> 이탤릭은 흔히 강조하고자 하는 말에 쓰이고, 책 제목이나 (영어 외의) 외국어 표현에도 쓴다.

1 문장 2~4를 한 문장으로 표현할 때 빈칸에 알맞은 것은?
→ Single-issue negotiations can lead to ______________ outcomes.
ⓐ beneficial   ⓑ lasting   ⓒ negative

⁵**Consider a situation** where you are selling something and only negotiating on price.

> Consider a situation ~ 다음에 예시가 시작된다.

2 문장 2의 one issue에 해당하는 예를 문장 5에서 찾아 쓰시오. (한 단어)

⁶The buyer wants the price to be low, **while** the seller wants the price to be high; every dollar the seller claims are a dollar out of the buyer's pocket.

> the buyer와 the seller의 경우가 접속사 while에 의해 대조된다.

3 문장 6에서 어법상 <u>틀린</u> 단어 하나를 찾아 바르게 고치시오. (한 단어로 고칠 것)
고치기 전:
→ 고친 후:

⁷Negotiating a single issue creates a hostile environment and a win-lose mentality.

4 문장 7의 앞에 들어갈 연결어로 가장 알맞은 것은?
ⓐ For example   ⓑ On the contrary   ⓒ Therefore

[8]When there are multiple issues on the table, you can uncover differences in each side's preferences — one thing may be important to you, while something else is more important to the other side — and you can identify trade-offs.

5 문장 8의 앞에 들어갈 연결어로 가장 알맞은 것은?

ⓐ For example　　　　ⓑ On the contrary　　　　ⓒ Therefore

6 문장 8을 간단히 표현할 때 알맞은 것은?

ⓐ 여러 문제를 다루면 절충안을 찾을 수 있다.
ⓑ 양측의 공통된 관심사를 찾는 것이 중요하다.
ⓒ 협상이 이루어지려면 한쪽의 양보가 필요하다.

Stage 3 　요약하기

◆ 글의 내용을 아래와 같이 요약할 때, 빈칸 (A)~(C)에 들어갈 가장 적절한 말을 <조건>에 맞게 쓰시오.

Focusing solely on one aspect in a negotiation often (A) ____________ a win-lose mindset and (B) ____________ relationships, whereas dealing with multiple aspects (C) ____________ negotiators on both sides to find beneficial solutions for all the parties.

> 조건 　1. <보기>의 단어를 한 번씩만 사용할 것
> 　　　　2. 필요하면 문맥과 어법에 맞게 변형할 것 (단어 추가 없음)
> 보기 　harm / enable / result in

Fixed-Pie Scenario, Zero-Sum Game

win-lose 상황과 유사하지만 의미가 조금씩 다르다.

Fixed-Pie Scenario: 정해진 크기의 파이처럼 이득이 고정된 경우를 말한다.
win-lose 상황과 달리 전체 파이를 크게 만들거나 결과를 최대치로 키우는
창의적 해결 방법을 발견할 가능성도 있다.
Zero-Sum Game: 이득과 손해의 전체 합이 제로가 되는 상황을 말한다.
한쪽 편이 이득을 얻으면 반대쪽 편은 반드시 그만큼을 잃는다.
fixed-pie 상황과는 달리 전체 합이 증가할 수 없는 경우를 말한다.

14

Decision Making 의사결정

중요하고 영향력이 큰 의사결정은 결과를 되돌리기 어려운 경우가 많습니다.
의사결정을 하는 최선의 방법을 다룬 글이 출제될 수 있습니다.

삶은 선택의 연속이고, 많은 선택지(choices, options)에서
하나를 고르게 됩니다.

나의 결정이 최상의 결과를 끌어내려면
합리적이고(rational) 객관적이며(objective)
논리적인(logical) 기준(criteria)을 세워야 합니다.

Words & PHRASES

✦표시 다의어는
지문 속 의미를
다의어 Check✔
에서 고르세요.

☐ make a decision	결정을 내리다	
☐ rational	이성적인, 합리적인(↔ irrational 비이성적인, 불합리한)	
☐ term✦	기간; 학기; 용어; 조건	
☐ utility	효용(성), 유용성(= usefulness); (수도, 전기 등) 공공 서비스	
☐ determine	결정하다; 결심하다	• determination 결정; 결심
☐ outcome	결과(= result)	
☐ multiply	곱하다; 크게 증가하다; 번식하다	• multiple 많은; 다양한; 《수학》 배수
☐ factor	요인, 요소	
☐ calculate	계산하다; 추정하다	
☐ option	선택(지), (제품 등의) 옵션, 선택 사양	
☐ course	강의; (교육) 과정; 방책	**cf.** course of action 행동 방침
☐ when it comes to A	A에 관해서(라면)	
☐ gain	얻다; 이익, 이득; 증가(↔ loss 손해, 손실; 감소)	
☐ sensitive	민감한, 예민한	
☐ be willing to-v	기꺼이 v하다	
☐ get involved in	~에 관여하다; ~에 몰두하다	
☐ risk-taking	위험 부담[감수], 위험을 각오함	
☐ mean	의미하다; 의도하다; (~이라는 결과가) 되다, (결과를) 일으키다	
☐ share✦	공유하다; 나누다; 몫; 주(식)(= stock)	
☐ perceive	인식하다; ~을 (…로) 여기다	▶ perceive A as B A를 B로 여기다
[선택지]		
☐ essential	필수적인; 본질적인	

Most of us want to believe that most of the time we make rational decisions. In economic **terms**[+] this is called utility maximization. We determine what is most likely to occur and the value of that outcome to us. We then multiply these two factors together to calculate the expected value (utility) of each option. The option with the highest expected utility is then chosen as the best course of action. But there is one problem: studies of people making decisions show they don't do this, particularly when it comes to gains and losses. Studies have shown that individuals are much more sensitive to loss than to gain — so much so that they are often willing to get involved in risk-taking to avoid losses. It means people sell **shares**[+] (unwisely) when the stock market drops; they repair an old car time after time because they perceive ____________ ____________________________ .

*maximization: 극대화

다의어 Check ✅

지문 속 +표시 어휘의 문맥상 의미는?

1 term
ⓐ 용어
ⓑ 기간

2 share
ⓐ 몫
ⓑ 주식

 **INTRO**
 **Q**

1. 빈칸 문장으로 보아, 찾아야 할 내용으로 알맞은 것을 고르시오.

① 낡은 차를 수리하는 사람의 생각
② 낡은 차를 기피하는 요즘의 경향

2. 문맥상 빈칸 문장의 they의 의미로 알맞은 것을 고르시오.

① rational car owners
② irrational individuals

Q

윗글의 빈칸에 들어갈 말로 가장 적절한 것을 고르시오.

① repairing the car to be essential
② the feeling of love for the old car
③ a new car to be the better option
④ the old car as an unnecessary waste
⑤ the cost of replacing the car as a loss

Stage 2 한 문장씩 뜯어보기

◆ 주어진 질문에 답하시오.

---

¹Most of us want to **believe that** most of the time we make rational decisions.

1 문장 1의 내용으로 보아, 앞으로 전개될 내용으로 가장 적절한 것은?

ⓐ People sometimes make irrational decisions.
ⓑ People always make rational decisions.

> 도입부 문장의 Most of us ~ believe that ...은 다수가 믿는 (하지만 사실이 아닌) 개념을 나타낸다. 이후 이와 상반되거나 이를 부연 설명하는 내용이 이어질 것을 예상할 수 있다.

---

²In economic terms this is called utility maximization.

³We determine what is most likely to occur and the value of that outcome to us.

> utility maximization과 같은 생소한 용어가 특히 도입부에 등장한 경우, 뒤에서 구체적인 설명이나 정의가 이어질 것을 예측하고 읽어 내려간다.

---

⁴We then multiply <u>these two factors</u> together to calculate the expected value (utility) of each option.

2 밑줄 친 these two factors가 지칭하는 내용으로 알맞은 것은?

ⓐ 가장 높은 효용과 가장 낮은 효용
ⓑ 합리적인 결정과 비합리적인 결정
ⓒ 가능성 높은 결과와 그것의 가치

---

⁵The option with the highest expected utility is then chosen as the best course of action.

3 문장 2에서 밑줄 친 <u>utility maximization</u>의 의미를 아래와 같이 표현할 때 빈칸에 알맞은 것을 문장 5에서 찾아 쓰시오. (어법에 알맞게 변형하여 한 단어로 쓸 것)

→ Utility maximization means ______________ the option with the highest expected value.

---

⁶But there is one problem: studies of people making decisions show they don't <u>do this</u>, particularly when it comes to gains and losses.

4 밑줄 친 <u>do this</u>가 지칭하는 내용으로 가장 알맞은 것은?

ⓐ consider as many as possible
ⓑ make rational decisions
ⓒ suggest their opinions

> But 이하가 도입부의 통념에 반대되는 내용일 때는 글쓴이의 주장에 해당하므로 특히 주목해야 한다.

so that은 결과나 목적을 나타낼 수 있다. 문맥상 알맞게 해석하면 된다. 문장 7은 문맥상 인과 관계 (원인 + so that 결과)임을 파악할 수 있다.

7Studies have shown that individuals are much more sensitive to loss than to gain — so much **so that** they are often willing to get involved in risk-taking to avoid losses.

TIP★ **so (that)의 두 가지 해석**

1. so (that): 《목적》 ~하기 위해서, ~하도록 (= in order that)
   앞 내용에 제시된 행동의 목적을 나타낸다.
   She wears a helmet **so (that)** she can stay safe while cycling.
   그녀는 자전거를 타는 동안 안전하도록 헬멧을 쓴다.

2. (,) so (that): 《결과》 그래서, ~하여
   so 앞에 콤마(,)가 오기도 한다. 앞 내용이 원인이고 그에 따른 결과를 나타낸다.
   She studied diligently every night, **so that** she passed the exam.
   그녀는 매일 밤 부지런히 공부해 시험에 합격했다.

8It means people sell shares (unwisely) when the stock market drops; they repair an old car time after time because they perceive the cost of replacing the car as a loss.

5 문장 6~8을 한 문장으로 표현할 때 빈칸에 알맞은 것을 문장 6에서 찾아 쓰시오.
(한 단어, 변형 없이 쓸 것)

→ People tend to take risks out of fear of experiencing _______________.

Stage **3** 요약하기

◆ 글의 내용을 아래와 같이 요약할 때, 빈칸 (A)~(C)에 들어갈 가장 적절한 말을 <조건>에 맞게 쓰시오.

While individuals generally seek to (A) _____________ utility in decision-making, they may occasionally make (B) _____________ decisions when trying to (C) _____________ losses.

(조건) <보기>의 단어 중에서 골라 그대로 쓸 것
(보기) minimize / sudden / rational / maximize / irrational

15

Expression

Two-Edged Sword 양날의 검

'양날의 검'이라는 표현(expression)은 검의 한쪽 날로 적에게 상처를 주는 동시에
반대쪽 날에 자신도 다칠 수 있다는 데에서 유래했습니다.

우리는 동아리 활동에서 친구를 만나고 경험을 쌓을 수 있지만
동시에 학업에 소홀해질 수도 있습니다.
이처럼 긍정적인 면과 부정적인 면이
동시에 존재하는 상황을 묘사할 때 어떤 표현을 쓸 수 있을까요?

- **double-edged[dual-edged] sword**: 양날의 검
- **cut both[two] ways**: 두 가지 상반된 효과가 있다
- **two sides to every coin**: 동전의 양면
- **mixed blessing**: 은총이자 저주이기도 한 것
- **have two faces**: 두 마음이 있다; 두 가지로 해석되다

Words & PHRASES

✦표시 다의어는
지문 속 의미를
다의어 Check✔
에서 고르세요.

☐ concerned about	~에 대해 걱정[염려]하는	
☐ accomplishment	성취, 업적(= achievement)	• **accomplish** 성취하다, 해내다 (= achieve)
☐ have a difficult time v-ing	v하는 데 힘든[어려운] 시간을 보내다	
☐ two-edged sword	양날의 검 《좋고 나쁜 두 가지 뜻이 있는 것》	
☐ motivation	동기 (부여)	• **motivate** 동기를 부여하다; (행동의) 이유가 되다
☐ performance✦	공연, 연주; 수행; 성과	
☐ high-ranking	고위의, 높은 (직위의)	
☐ position✦	위치; (제)자리; 입장; 직위; 자세	
☐ depend on	~에 의존하다(= rely on); ~에 달려있다	
☐ be related to A	A와 연관이 있다	
☐ manager	경영자, 관리자; (배우 등의) 매니저	
☐ ladder	사다리; (지위의) 단계	
☐ phenomenon	현상, 사건	《복》 phenomena
☐ indicate	가리키다(= point out); 보여주다; 암시하다	
☐ rate A as B	A를 B로 평가하다	
☐ relatively	비교적, 상대적으로	

> Unfortunately, someone too concerned about his or her own accomplishments might have a difficult time giving up control over details and relying on others.

People with a high need for achievement are more likely than others to find economic success, but researchers warn that this can be a two-edged sword. (①) The same high level of achievement motivation that helps some people succeed can also damage their **performance**⁺. (②) For example, success in high-ranking **positions**⁺ often depends on the person's ability to share their powers and motivate others. (③) This may explain why one study found that need for achievement was related to success for low-level managers but not for those higher up the company ladder. (④) Another example of this phenomenon comes from an interesting study that examined need for achievement and success among American presidents. (⑤) Those whose inaugural speeches indicate a high need for achievement are usually rated by historians as relatively unsuccessful leaders.

*inaugural: 취임식의

다의어 Check ✔

지문 속 ✚표시 어휘의 문맥상 의미는?

1 performance
ⓐ 성과
ⓑ 공연

2 position
ⓐ 자세
ⓑ 직위

    글의 흐름으로 보아, 주어진 문장이 들어가기에 가장 적절한 곳을 고르시오.
① ② ③ ④ ⑤

 **OUTRO** 위에서 고른 정답 뒤에 바로 이어지는 내용으로 가장 적절한 것을 고르시오.
① 성공한 사람이 어려움을 겪는 이유
② 직급에 따라 성취욕의 영향이 다름
③ 성취욕과 성공에 관한 또 다른 예시

◆ **주어진 질문에 답하시오.**

[1]People with a high need for achievement are more likely than others to find economic success, but researchers warn that this can be a two-edged sword.

[2]The same high level of achievement motivation that helps some people succeed **can** also damage their performance.

> 강한 주장을 나타내는 must, should, have to 외에도 약한 주장을 나타내는 can, may 등으로 필자의 주장을 드러낼 수 있다.

1 문장 1~2를 한 문장으로 표현할 때 빈칸에 알맞은 것은?

→ A high need for achievement may ＿＿＿＿＿＿＿＿＿＿＿＿＿＿＿＿.

ⓐ play a key role in economic success
ⓑ lead to both low-risk and high-risk situations
ⓒ bring both success and challenges

[3]For example, success in high-ranking positions often depends on the person's ability to share their powers and motivate others.

[4]Unfortunately, someone too concerned about his or her own accomplishments might have a difficult time (a) <u>give</u> up control over details and (b) <u>rely</u> on others.

2 밑줄 친 (a) <u>give</u>, (b) <u>rely</u>를 어법상 알맞은 형태로 바꿔 쓰시오.

(a):
(b):

3 문장 3~4를 한 문장으로 표현할 때 빈칸에 알맞은 것은?

→ A high need for achievement may ＿＿＿＿＿＿ success in top positions.

ⓐ improve
ⓑ prevent
ⓒ define

⁵**This may explain why** one study found that need for achievement was related to success for low-level managers but not for those higher up the company ladder.

> This may explain why ~
> 앞에 설명한 내용(원인)에 대한 결론이나 결과를 이끈다.
> *cf.* This is because ~ (이는 ~ 때문이다)
> 앞에 설명한 내용(결론, 결과)에 대한 원인을 이끈다.

4 문장 5를 간단히 표현할 때 빈칸에 알맞은 것은?

→ Achievement need ______________ success in low-ranking managers, not high-ranking managers.

ⓐ reduces
ⓑ correlates with
ⓒ gets damaged by

⁶Another example of this phenomenon comes from an interesting study that examined need for achievement and success among American presidents.

⁷Those (a) <u>whose</u> inaugural speeches indicate a high need for achievement (b) <u>being</u> usually rated by historians as relatively unsuccessful leaders.

5 밑줄 친 (a) <u>whose</u>, (b) <u>being</u>이 어법상 옳으면 ○, 틀리면 ×로 표시하고 바르게 고치시오. (한 단어로 고칠 것)

(a):

(b):

Stage **3**   요약하기

◆ 글의 내용을 아래와 같이 요약할 때, 빈칸 (A)~(C)에 들어갈 가장 적절한 말을 <조건>에 맞게 쓰시오.

While a high need for achievement can lead to economic (A) ______________, it may make it very (B) ______________ for people of high rank to be effective leaders due to difficulties in (C) ______________ responsibilities with others.

(조건) 1. <보기>의 단어 중에서 골라 쓸 것
2. 필요하면 문맥과 어법에 맞게 변형할 것
3. 각각 한 단어로 작성할 것

(보기) failure / share / easy / success / hard / relate

Polarization 양극화

정치 참여, 정치적 무관심, 정치적 의견 차이에 관한 내용이 출제되었습니다.

양극화는 집단 간 차이가 생기면서 점점 관계가 멀어지는 것을 의미합니다.
경제 양극화는 부유한 사람과 가난한 사람 사이의 격차를 만들고
정치 양극화는 각자의 정치 이념(ideology)이 극단으로 향하게 합니다.

기후 변화 같은 사회 문제를 다룰 때도 양극화가 일어납니다.
일부는 기후 변화를 심각하게 인식해서 강력한 규제와 대응을 요구하지만
다른 쪽은 기후 변화의 존재를 부정하거나 그 영향력을 과소평가합니다.

극단적인 의견 차이는 갈등으로 이어지기 쉬우므로
서로 이해하고 존중하는 방식으로 조율되어야 합니다.

conservatives
(보수주의자)
= traditionalists
= right-wingers

progressives
(진보주의자)
= liberals
= left-wingers
cf. radicals (급진주의자; 과격파)

Words & PHRASES

✦표시 다의어는
지문 속 의미를
다의어 Check✔
에서 고르세요.

☐ enthusiasm	열성, 열광, 열정(= passion)	• enthusiastic 열렬한, 열광적인
☐ conservative	보수적인; 보수주의자	
☐ community	공동체; 주민, 지역사회	
☐ attract	마음을 끌다; (~로) 끌어들이다	
☐ progressive	진보적인; 진보주의자	
☐ sociologist	사회학자	• sociology 사회학
☐ county	(미국 등의) 자치주	
☐ presidential	대통령의	
☐ candidate	후보자, 지원자	
☐ lean toward	(어떤 의견 쪽으로 마음이) 기울다	
☐ left	왼쪽(의); 진보파(의)	
☐ right	오른쪽(의); 보수파(의)	
☐ grouping	그룹으로 나누기, 집단화, 분류; 편 가르기	
☐ affect✦	영향을 미치다; (질병이) 발생하다; 가장하다, 꾸미다	
☐ extreme	극심한(= intense); 극단적인, 과격한	• extremely 극도로, 극히; 매우
☐ result in	~의 결과를 낳다; ~로 끝나다[이어지다]	*cf.* result from (~의 결과로) 발생하다

[선택지]

☐ take a risk	모험을 하다(= take a chance)	

Today, with increased enthusiasm, conservative communities attract conservatives, and progressive communities attract progressives. Political journalist Bill Bishop and sociologist Robert Cushing report that the percentage of counties where one presidential candidate got 60 percent or more votes nearly doubled between 1976 and 2008. Discussions about climate change in the community led people in Boulder to lean more toward the left, while those in Colorado Springs moved further toward the right. This grouping doesn't just **affect**[+] politics. It's also true for other areas, such as social issues, economic policies, and cultural beliefs. People are more likely to have extreme views when ___________________________. That's because when people only talk to others who agree with them, things can get more intense. The Internet also makes it very easy for people to find others who think just like them, resulting in stronger beliefs.

다의어 Check ✅

지문 속 ✦표시 어휘의 문맥상 의미는?

1 affect
ⓐ 영향을 미치다
ⓑ 가장하다, 꾸미다

INTRO
Q

빈칸 문장으로 보아, 찾아야 할 내용으로 알맞은 것을 고르시오.
① 사람들이 극단적 생각을 갖게 되는 때
② 사람들이 다양한 분야에 관심을 갖게 되는 때

Q

윗글의 빈칸에 들어갈 말로 가장 적절한 것을 고르시오.
① they have enough information
② they truly understand them
③ they're not taking risks
④ they're part of a group
⑤ they have hard times

◆ 주어진 질문에 답하시오.

[1] Today, with increased enthusiasm, conservative communities attract conservatives, and progressive communities attract progressives.

[2] **Political journalist** Bill Bishop and **sociologist** Robert Cushing report that the percentage of counties where one presidential candidate got 60 percent or more votes nearly doubled between 1976 and 2008.

전문가들이 발표한 조사 수치를 근거로 문장 1에서 말한 내용을 뒷받침한다.

1 밑줄 친 the percentage의 동사를 찾아 쓰시오. (한 단어)

[3] Discussions about climate change in the community led people in Boulder to lean more toward the left, while those in Colorado Springs moved further toward the right.

2 문장 1~3을 한 문장으로 표현할 때 알맞은 것은?
　ⓐ Conservatives and progressives always clash.
　ⓑ There are fierce debates over climate change.
　ⓒ Political polarization is intensifying.

[4] This grouping doesn't just affect politics.

<not only[just] A but (also) B(A뿐만 아니라 B도)> 구문이 변형되어 두 문장으로 나뉘어 사용되었다.

3 밑줄 친 This grouping의 의미로 알맞은 것은?
　ⓐ the unification of two groups
　ⓑ the separation based on beliefs
　ⓒ the categorization of climate policies

[5] It's **also** true for other areas, such as social issues, economic policies, and cultural beliefs.

[6] People are more likely to have extreme views when they're part of a group.

⁷That's because when people only talk to others who agree with them, things can get more intense.

⁸The Internet also **makes it very easily for people to find** others who think just like them, resulting in stronger beliefs.

4 밑줄 친 <u>easily</u>가 어법상 옳으면 ○, 틀리면 ×로 표시하고 바르게 고치시오.

5 문장 7~8을 한 문장으로 표현할 때 빈칸에 알맞은 것은?

→ Belonging to a group of people with similar ideas ＿＿＿＿＿＿＿＿＿＿＿＿.

ⓐ has several benefits
ⓑ reinforces their opinions
ⓒ reduces negative feelings

TIP★ **가목적어 it**

SVOC 문형의 동사가 make, find, think, believe, keep, consider 등이고 목적어가 구나 절일 경우, 목적어를 간단히 it으로 표시하고 진짜 목적어(진목적어)는 문장 뒤로 보낸다. to부정사의 의미상의 주어는 <for A>의 형태로 to-v 앞에 둔다.

$$S + V + O + C \Rightarrow S + V + \textbf{it} + C + \begin{cases} \text{to-v} \sim \\ \text{that} + S' + V' \sim \end{cases}$$
(가목적어) (진목적어)

Stage 3 요약하기

◆ 글의 내용을 아래와 같이 요약할 때, 빈칸 (A)~(C)에 들어갈 가장 적절한 말을 <조건>에 맞게 쓰시오.

It's getting (A) ＿＿＿＿＿ to talk only to those with (B) ＿＿＿＿＿ beliefs, leading individuals to become more (C) ＿＿＿＿＿ in their opinions.

조건 <보기>의 단어 중에서 골라 그대로 쓸 것
보기 diverse / extreme / harder / easier / balanced / similar

17

Collective Intelligence 집단 지성

협력(cooperation) 또는 협업(collaboration)을 통해 집단이 발휘하는 능력을 의미합니다.

우리가 학교에서 조별 과제를 할 때도
집단 지성(collective intelligence)을 경험할 수 있습니다.

서로 다른 의견과 아이디어를 모으면 혼자일 때보다
더 창의적이고 효율적인 결과를 얻을 수 있습니다.

이제는 누구나 인터넷을 통해 정보를 공유하고 교환합니다.
전 세계 사람들이 웹사이트에서 협력하여 정보를 작성하기도 합니다.
사람들이 함께 만든 정보는 개인이나 소수의 전문가 의견보다 도움이
되기도 합니다.

Words & PHRASES

✦표시 다의어는
지문 속 의미를
다의어 Check
에서 고르세요.

□ peer	또래; (지위 등이) 동등한 사람, 동료; 응시하다	**cf.** peer production 협력 생산
□ production	생산(량); 제작	• produce 생산하다; 생산물; 농작물
□ review✦	재검토(하다); 복습(하다); 비평(하다); (일반적) 평가	
□ nickel	《금속》 니켈; 5센트(짜리 동전)	
□ sign up	등록[가입]하다; 계약하다; 고용하다	
□ happily	행복하게; 다행히; 기꺼이	
□ for free	무료로	
□ otherwise	그렇지 않으면; 그 외에는; 다르게, 달리	
□ generate	발생시키다, 만들어내다, 창출하다	• generation 세대, 대; 발생
□ revenue	수익, 수입(= income)	
□ outsourcing	아웃소싱 《업무를 외부에 위탁하는 것》	
□ economic	경제의; 경제성이 있는(= profitable)	**cf.** economical 경제적인, 실속 있는; 절약하는
□ well informed	아는 게 많은, 박식한(↔ ill-informed 잘 모르는)	
□ collectively	집합적으로; 전체[공통]적으로	• collective 집단의; 공동의
□ virtually	사실상, 거의(= in effect); 《컴퓨터》 가상으로	• virtual 사실상의; 가상의
□ unlimited	무제한의, 무한정의(↔ limited 제한된, 한정된)	
□ reach	~에 닿다[도달하다]; (팔을) 뻗다; 범위	
□ care about[for]	~에 마음을 쓰다; ~에 관심을 가지다	
□ essential	필수의; 본질적인	

"Peer production" created eBay, Wikipedia, MySpace, and also provided Netflix with hundreds of thousands of movie **reviews**[+]. At the same time, "self-service" enabled Google to sell advertising for a nickel per click, and Skype to sign up 60 million users in two-and-a-half years. Both are examples where users happily do for free what companies would otherwise have to pay employees to do: for Google, users' clicking on ads generates revenue, and for Skype, users' joining the service makes it more valuable. It's not outsourcing, it's "crowdsourcing." The advantage of crowdsourcing is not just economic; customers can do a better job, too. User reviews are often well informed, clear, and most importantly, trusted by other users. Collectively, customers have virtually unlimited time and energy; only peer production has the ability to reach every corner of every market. And in the case of self-service, the work is being done by the people who care most about it, and best know their own needs. It's essential to use the power of crowdsourcing.

다의어 Check ✔

지문 속 ✦표시 어휘의 문맥상 의미는?

1 review
ⓐ 재검토
ⓑ 비평

INTRO

Q 윗글의 중심 소재는 무엇인지 고르시오.

① processes of crowdsourcing
② criticisms of crowdsourcing
③ benefits of crowdsourcing

Q 윗글의 제목으로 가장 적절한 것을 고르시오.

① Crowdsourcing: The Risks and Benefits
② Peer Production: Let Customers Do the Work
③ Why Crowdsourcing Often Leads to Bad Ideas
④ Famous Digital Companies That Use Self-Service
⑤ Tips for Getting the Best Results from Crowdsourcing

Stage 2 한 문장씩 뜯어보기

◆ 주어진 질문에 답하시오.

[1] "Peer production" created eBay, Wikipedia, MySpace, and also provided Netflix with hundreds of thousands of movie reviews.

구체적인 예시로 글이 시작되고 있다.

[2] At the same time, "self-service" enabled Google to sell advertising for a nickel per click, and Skype to sign up 60 million users in two-and-a-half years.

[3] Both are **examples where** users happily do for free (a) | what / that | companies would (b) **otherwise** have to pay employees to do: for Google, users' clicking on ads generates revenue, and for Skype, users' joining the service makes it more valuable.

관계부사 where의 선행사
where는 물리적 장소뿐만 아니라 추상적 공간을 가리킬 때도 쓸 수 있다.
(point(점), case(경우), circumstance(환경), condition(상태), situation(상황) 등)

1 (a)의 네모 안에 들어갈 말로 어법상 알맞은 것은?

TIP ★ **관계대명사 what vs. that**
관계대명사 what(~하는 것)은 선행사인 명사를 포함하며 (= the thing(s) which[that] ~), 관계대명사 that은 앞에 선행사가 있다.

She read *the book* [**that** you recommended last week]. (what (×))
그녀는 지난주에 네가 추천해 준 책을 읽었다.

2 밑줄 친 (b) otherwise의 의미를 아래와 같이 표현할 때 빈칸에 알맞은 것은?

= if users didn't do the job ______________

ⓐ online
ⓑ without payment
ⓒ on a large scale

TIP ★ **가정법을 이끄는 표현**
if절 대신 가정법의 조건 의미를 나타내는 어구들이 있다.
• otherwise: 그렇지 않으면; 그렇지 않았으면 (= if ~ not)
• without, but for: ~이 없다면 (= if it were not for); ~이 없었더라면 (if it had not been for)
• with: ~이 있다면; ~이 있었더라면

Without your encouragement, I might have given up on my dream.
당신의 격려가 없었다면 나는 꿈을 포기했을 것이다.

3 문장 1~3을 한 문장으로 표현할 때 빈칸에 알맞은 것은?

→ Peer production and self-service enable companies to ______________.

ⓐ encounter challenges

ⓑ use online technology

ⓒ grow and earn money

---

4 It's **not** outsourcing, it's "crowdsourcing."

not A but B 구문의 변형
(A가 아니라 B인)

5 The advantage of crowdsourcing is **not just** economic; customers can do a better job, **too**.

not only[just] A but also B 구문의 변형
(A뿐만 아니라 B도)

6 User reviews are often well informed, clear, and most importantly, trusted by other users.

7 Collectively, customers have virtually unlimited time and energy; only peer production has the ability to reach every corner of every market.

8 And in the case of self-service, the work is being done by the people who care most about it, and best know their own needs.

4 문장 4~8에서 crowdsourcing의 장점으로 언급되지 <u>않은</u> 것은?

ⓐ 작업의 저작권

ⓑ 작업의 신뢰도

ⓒ 작업의 품질

글 초반이나 후반에 쓰이는 essential[important, necessary, ...] 등은 글쓴이의 주장을 나타내는 대표적인 표현이다.

9 It's **essential** to use the power of crowdsourcing.

Stage 3   요약하기

◆ 글의 내용을 아래와 같이 요약할 때, 빈칸 (A), (B)에 들어갈 가장 적절한 말을 <조건>에 맞게 쓰시오.

Crowdsourcing encourages users to (A) ____________ for free, and they provide their knowledge to create trustworthy reviews and access services directly, which businesses should use to gain economic benefits and (B) ____________ quality.

조건   <보기>의 단어 중에서 골라 그대로 쓸 것

보기   degrade / contribute / criticize / improve

18

AI (Artificial Intelligence) 인공 지능

AI는 컴퓨터 시스템이 인간의 지능적인 행동을 모방할 수 있도록 설계된 기술입니다.
앞으로 무궁무진한 발전이 이루어질 AI는 우리의 미래를 뒤바꿀 만큼 영향력이 있어 꾸준히 출제되고 있습니다.

AI는 크게 세 가지로 분류됩니다.

1 Narrow AI: 한 분야(domain)에서 특정 과업(specific task)만 가능한 수준

2 General AI: 한 분야에서 습득한 지식을 일반화하여(generalize) 다른 분야에
적용하는 수준

(인간의 지능과 유사한 수준으로 여겨지지만 아직 명확한 정의가 내려진 적이 없으며, ChatGPT
같은 프로그램이 불완전한 형태의 초기 General AI가 될 수 있는지도 논쟁이 계속되고 있습니다.)

3 Super AI: 인간의 지능을 훨씬 뛰어넘는 수준

Words & PHRASES

✦ 표시 다의어는
지문 속 의미를
다의어 Check✔
에서 고르세요.

☐ **lead O to-v**	O가 v하게 하다[유도하다]	
☐ **overestimate**	과대평가(하다)(↔ underestimate 과소평가(하다))	• estimate 추정(하다); 평가(하다)
☐ **capability**	능력	
☐ **strategic**	전략적인	• strategy 전략
☐ **handle**	다루다, 처리하다	
☐ **simultaneous**	동시의, 동시에 일어나는	
☐ **operation**	작동; 작용; (컴퓨터) 작업; 수술	
☐ **generalize**	일반화하다; 보편화하다; 넓히다	• generalization 일반화
☐ **domain✦**	(활동의) 영역, 분야(= field, area); 영토	
☐ **chance✦**	기회; 가능성; 우연; 운	
☐ **domination**	지배, 통치(= control); 우세	• dominate 지배하다
☐ **foster**	조성하다, 발전시키다; (양자 등을) 기르다	
☐ **limitation**	한계; 제한; 규제	• limit 한계, 한도; 제한하다
[선택지]		
☐ **ethical**	윤리적인	
☐ **consideration**	(고려) 사항; 숙고; 배려	• consider 고려하다
☐ **address**	연설(하다); (문제를) 다루다, 고심하다	
☐ **specialized**	전문적인, 전문화된	
☐ **context-dependent**	맥락[상황]에 의존하는	
☐ **utilization**	이용, 활용	• utilize 이용하다, 활용하다

There are a lot of misconceptions about Artificial Intelligence that lead people to overestimate its current and future capabilities. They see DeepMind's AlphaStar playing StarCraft II — a game that requires broad strategic thinking and the handling of many simultaneous operations — better than any human can, and imagine the computer can also do many other intelligent tasks. However, that StarCraft II-playing program, like all the other computer programs we make today, is narrow AI. It is designed for specific tasks and lacks the ability to generalize its intelligence to other **domains**⁺. There's absolutely no **chance**⁺ that the narrow AI will wake up one morning and start dreaming of world domination. It has no desires. It is a computer program. By dispelling misconceptions, we can foster a more accurate understanding of artificial intelligence and its current limitations. While AI continues to advance rapidly, it's essential to emphasize that current AI technologies

____.

*misconception: 오해
**dispel: (느낌을) 떨쳐버리다, 없애다

 **다의어 Check**

지문 속 ✦표시 어휘의 문맥상 의미는?

1 domain
ⓐ 영토
ⓑ 분야

2 chance
ⓐ 가능성
ⓑ 우연

INTRO

 **Q**

빈칸 문장으로 보아, 찾아야 할 내용으로 알맞은 것을 고르시오.

① 현재 AI 기술의 특성
② 미래 AI 기술의 전망

 **Q**

윗글의 빈칸에 들어갈 말로 가장 적절한 것을 고르시오.

① have ethical considerations to be addressed
② are highly specialized and context-dependent
③ might cause concerns about people losing their jobs
④ need careful control for responsible utilization
⑤ may not always produce accurate results

◆ 주어진 질문에 답하시오.

[1]There are **a lot of misconceptions** about Artificial Intelligence that leads people to overestimate its current and future capabilities.

> 첫 문장의 a lot of misconceptions로 보아, 뒤에서 이를 바로잡는 내용이 등장할 것임을 예측할 수 있다.

1 밑줄 친 leads가 어법상 옳으면 ○, 틀리면 ✕로 표시하고 바르게 고치시오.

[2]They see DeepMind's AlphaStar playing StarCraft II — a game that requires broad strategic thinking and the handling of many simultaneous operations — better than any human can, and imagine the computer can also do many other intelligent tasks.

2 문장 1~2를 간단히 표현할 때 알맞은 것은?
ⓐ AI의 능력에 대한 오해
ⓑ AI의 능력을 과대평가한 결과
ⓒ AI의 현재와 미래의 능력

3 위 내용으로 보아, 필자가 앞으로 주장할 내용으로 가장 적절한 것은?
ⓐ AI is good at playing StarCraft II.
ⓑ AI can't do many other intelligent tasks.
ⓒ We can't follow AI's advancement.

[3]**However**, that StarCraft II-playing program, like all the other computer programs we make today, is narrow AI.

> However는 앞에 나온 세부 사항과 반대되는 내용을 이끌기도 한다. However가 언제나 글쓴이의 주장을 이끄는 것은 아니다.

[4]It is designed for specific tasks and lacks the ability to generalize its intelligence to other domains.

4 문장 3~4를 간단히 표현할 때 알맞은 것은?
ⓐ Narrow AI의 한계
ⓑ Narrow AI의 역사
ⓒ Narrow AI의 강점

⁵There's absolutely no chance that the narrow AI will wake up one morning and start dreaming of world domination.

5 밑줄 친 부분을 아래와 같이 바꿔 쓸 때 빈칸에 알맞은 것은?

→ It is absolutely ______________ for the narrow AI to become conscious.

ⓐ natural
ⓑ certain
ⓒ impossible

⁶It has no desires. ⁷It is a computer program.

⁸By dispelling misconceptions, we can foster a more accurate understanding of artificial intelligence and its current limitations.

⁹While AI continues to advance rapidly, **it's essential to emphasize** that current AI technologies are highly specialized and context-dependent.

it is essential to-v ~ (v하는 것이 필수적이다) <to-v ~>의 당위성을 의미한다. must, should, have to 등의 조동사 표현과 마찬가지로 글쓴이의 의견이나 주장을 나타내는 대표적인 표현이다.

TIP★ **it is essential to-v ~** (v하는 것이 필수적이다)
위 구문에서는 진주어 <to-v ~>가 당위성을 가진다.
essential, necessary와 같은 형용사 뒤에 나오는 that절이 '당위성(~해야 한다)'을 의미할 경우 <(should+)동사원형>이 쓰인다고 학습하는 경우와 혼동하지 않아야 한다.
문장 9의 that절은 to-v(to emphasize)의 목적어다.

⁹~ it's **essential to emphasize** that current AI technologies are highly specialized ~.
= ~ it's **essential that** we **(should) emphasize** that current AI technologies are highly specialized ~. (우리가 ~라고 강조하는 것이 필수적이다.)
≠ ~ it's **essential** to emphasize that current AI technologies **(should) be** highly specialized ~. (인공 지능 기술이 ~해야 한다고 강조하는 것이 필수적이다.(×))

Stage **3** 요약하기

◆ 글의 내용을 아래와 같이 요약할 때, 빈칸 (A)~(C)에 들어갈 가장 적절한 말을 <조건>에 맞게 쓰시오.

It's crucial to (A) ______________ misconceptions about current AI, as it (B) ______________ to generalize its capabilities beyond its (C) ______________ domain.

조건 1. <보기>의 단어 중에서 골라 쓸 것
2. 필요하면 문맥과 어법에 맞게 변형할 것
3. 각각 한 단어로 작성할 것
보기 specialize / imagine / correct / universal / fail

19

Punctuation 문장 부호

요즘은 소셜 미디어나 블로그에 누구나 글을 쓸 기회가 있어서
자신을 표현하고 홍보할 수 있습니다.
글쓰기에 대한 조언도 꾸준히 출제됩니다.

문장 부호(punctuation)는 글의 이해를 돕지만 잘못 사용하면
내용 전달을 방해하므로 용법(usage)을 잘 익혀서 활용해야 합니다.

주요 문장 부호

- **.** period/full stop: 마침표
- **,** comma: 콤마
- **-** hyphen: 하이픈
- **—** em dash: 대시
- **:** colon: 콜론
- **;** semi-colon: 세미콜론
- **!** exclamation mark: 느낌표
- **?** question mark: 물음표
- **( )** parentheses: 소괄호
- **" "** double quotation marks: 큰따옴표
- **' '** single quotation marks: 작은따옴표

Words & PHRASES

✦표시 다의어는
지문 속 의미를
다의어 Check✔
에서 고르세요.

☐ mistakenly	잘못 (판단하여)	• mistaken 잘못 알고 있는, 잘못된
☐ in the act of	~을 하는 중에, ~하려는 참에	
☐ nonliteral	문자 그대로가 아닌; 비유적인(↔ literal 문자 그대로의; 직역의)	**cf.** literally 글자 그대로; 사실상
☐ sense✦	감각; 의미; 감지하다	
☐ term	기간; 학기; 용어	
☐ intend O to-v	O가 v하기를 의도하다	
☐ alert	경계하는; 경보; (위험 등을) 알리다, 경고하다	
☐ employ✦	고용하다; 사용하다	
☐ phrase	어구, 구절	
☐ metaphorical	은유의, 비유의	• metaphor 은유, 비유
☐ quote	인용하다; 인용구(= quotation); 인용 부호	**cf.** scare quotes 주의 환기용 인용 부호
☐ distract	산만하게 하다, 집중이 안 되게 하다	• distraction 집중을 방해하는 것
☐ serve as	~로 쓰일 수 있다; ~의 역할을 하다; ~의 효과를 낳다	• serve (음식을) 제공하다; 도움이 되다; 일하다
☐ statement	진술(서), 성명(서); 문장; 표현	
☐ in this regard	(방금 언급한) 이 점에 있어서, 이와 관련하여	
☐ slate	(석)판, 플레이트	
☐ context	문맥, 맥락; 상황	
☐ anew	새로, (처음부터) 다시	
☐ expression	표현; 표정	• express 표현하다, 나타내다

Writers often mistakenly believe they are being helpful when, in the act of using a word or phrase in a nonliteral **sense**[+], they use the term in quotation marks intended to alert readers, "This usage is not being **employed**[+] in its original sense!" ① However, because readers generally are able to understand that the use of a word or phrase is metaphorical, such symbols — in this role called scare quotes — are a distracting device. ② They serve as a powerful tool in writing as they change the meaning slightly, adding depth to a statement. ③ For instance, consider the statement: "In this regard, many companies are starting with a 'clean slate.'" ④ It's clear from the context that these companies are beginning anew, rather than literally starting with a freshly wiped surface. ⑤ Avoid such unnecessary marks, except when introducing a metaphorical expression that cannot be understood within the context alone.

다의어 Check

지문 속 ✦표시 어휘의 문맥상 의미는?

1 sense
ⓐ 의미
ⓑ 감각

2 employ
ⓐ 사용하다
ⓑ 고용하다

INTRO

첫 문장으로 보아, 앞으로 전개될 내용으로 가장 적절한 것을 고르시오.

① the literal usage of words or phrases
② the appropriate usage of quotation marks

윗글에서 전체 흐름과 관계 없는 문장을 고르시오.

①   ②   ③   ④   ⑤

OUTRO

위 문제에서 선택한 정답 문장의 내용을 고르시오.

① 인용 부호는 강력한 글쓰기 도구다.
② 인용 부호는 독자의 집중력을 방해할 수 있다.

Stage 2 한 문장씩 뜯어보기

◆ 주어진 질문에 답하시오.

[1]Writers often **mistakenly believe** they are being helpful when, in the act of using a word or phrase in a nonliteral sense, they use the term in quotation marks intended to alert readers, "This usage is not being employed in its original sense!"

도입부에서 mistakenly believe와 같은 표현이 나오면 이를 바로잡는 내용이 뒤에 등장한다고 예측하고 읽어 내려간다.

1 문장 1을 간단히 표현할 때 빈칸에 알맞은 것은?

→ Writers often misuse quotation marks to signal when usage is not ____________.

ⓐ literal
ⓑ unique
ⓒ helpful

[2]**However**, because readers generally are able to understand that the use of a word or phrase is (a) **metaphorical**, such symbols — in this role (b) calling scare quotes — are a (c) distracting device.

However는 글쓴이의 주장을 이끌 수도 있지만, 단순히 앞과 반대되는 내용을 이끌기도 한다.

대용어는 어구의 반복을 피하고자 할 때 사용되는 말을 뜻한다. 대명사를 볼 때와 마찬가지로, 대용어가 어떤 어구를 대신하는지를 파악하면서 읽어야 한다.

2 밑줄 친 (a) metaphorical과 같은 의미로 쓰인 단어를 문장 1에서 찾아 쓰시오.

3 밑줄 친 (b) calling, (c) distracting이 어법상 옳으면 ○, 틀리면 ✕로 표시하고 바르게 고치시오. (한 단어로 고칠 것)

(b):

(c):

4 문장 2를 간단히 표현할 때 빈칸에 알맞은 것은?

→ Scare quotes are ____________.

ⓐ flexible
ⓑ unavoidable
ⓒ unnecessary

[3]They serve as a powerful tool in writing as they change the meaning slightly, adding depth to a statement.

5 문장 3을 간단히 표현할 때 빈칸에 알맞은 것은?

→ Scare quotes are ____________.

ⓐ useful
ⓑ impractical
ⓒ confusing

⁴For instance, consider the statement: "In this regard, many companies are starting <u>with a 'clean slate.'</u>"

⁵It's clear from the context that these companies are beginning anew, **rather than** literally starting with a freshly wiped surface.

6 문장 4의 밑줄 친 <u>with a 'clean slate'</u>와 같은 의미로 쓰인 단어를 문장 5에서 찾아 쓰시오. (한 단어)

7 문장 4~5를 한 문장으로 표현할 때 빈칸에 알맞은 것은?

→ The example statement can be understood without _______________.

ⓐ a clean slate
ⓑ quotation marks
ⓒ the context

⁶**Avoid** such unnecessary marks, except when introducing a metaphorical expression that cannot be understood within the context alone.

Stage 3 요약하기

◆ 글의 내용을 아래와 같이 요약할 때, 빈칸 (A)~(C)에 들어갈 가장 적절한 말을 <조건>에 맞게 쓰시오.

Writers often (A) _____________ scare quotes to indicate (B) _____________ expression, but they are generally unnecessary when the context is (C) _____________.

> (조건) <보기>의 단어 중에서 골라 그대로 쓸 것
> (보기) novel / clear / misuse / avoid / nonliteral / difficult

20

Immune System 면역계

면역계는 건강을 지키는 데 아주 중요한 요소입니다. 건강을 유지하려면 면역계가 감염이나 질병의 위험에서 우리를 보호할 수 있을 정도로 충분히 기능해야 합니다.

바이러스(viruses)나 세균(germs), 박테리아(bacteria), 미생물(microorganisms) 등이 침입하면 면역계는 이와 같은 병원체(pathogens)를 인식하고 제거하여 감염(infection)이나 질병(disease)으로부터 몸을 보호합니다.

면역계가 약해지면 감기나 알레르기에 취약해지므로 건강한 식습관과 규칙적인 운동, 충분한 수면으로 일상에서 면역력을 강화해야 합니다.

Words & PHRASES

✦표시 다의어는 지문 속 의미를 **다의어 Check✔** 에서 고르세요.

☐ detect	발견하다, 알아내다	• detection 발견
☐ immunity	면역(력); 면제, 면책	• immune 면역을 지닌, 면역의; 면제된
☐ mechanism	기계 장치; (목적 달성을 위한) 방법, 메커니즘; 작동 원리	
☐ place a high value on	~을 높이 평가하다, ~을 중요시하다	
☐ adaptability	적응성, 적응력, 순응성(= flexibility)	• adapt 조정하다; 적응하다; 각색하다 • adaptive 적응하는 • adaptation 적응; 각색
☐ diversity	다양성(= variety)	• diverse 다양한, 가지각색의
☐ ever-changing	계속 변화하는	
☐ prone to-v[to A]	《부정적》 v하기[A를 하기] 쉬운, v하는[A를 하는] 경향이 있는(= liable to-v[to A])	**cf.** inclined to-v v하고 싶어지는, v하는 경향이 있는
☐ cell✦	작은 방; 감방; 세포	
☐ symptom✦	증상; (불길한) 징조	
☐ swelling	부기, (몸의) 부어오른 곳	• swell 붓다; 증가하다; 팽창하다
☐ redness	붉음, 빨강	
☐ needless to say	말할 필요도 없이, 말하나 마나	
☐ desirable	바람직한	
[선택지]		
☐ double-edged sword	양날의 검; (긍정과 부정의) 양면성을 지닌 상황[결정]	
☐ guardian	보호자, 수호자	
☐ interfere with	~을 방해하다, ~을 해치다	
☐ viral	바이러스에 의한	

By continuously detecting viruses and bacteria in the environment, immunity has developed strong mechanisms to keep us healthy, working with our body's other signals. In fact, no other system in the body places such a high value on adaptability. We should keep in mind that if our immune systems can't adapt and respond to the diversity of our ever-changing environment, we're in trouble. Although it may seem surprising, our immune system both helps us stay healthy and can make us sick. If it's not strong enough, we become more prone to infection, but if it's too strong, it can attack our own healthy **cells**[+] or react to harmless chemicals in our body. It can also struggle to control the normal **symptoms**[+] (such as swelling and redness) that happen when we get hurt or sick. Needless to say, these are not desirable outcomes.

다의어 Check 

지문 속 ✚표시 어휘의 문맥상 의미는?

1 cell
ⓐ 작은 방
ⓑ 세포

2 symptom
ⓐ (불길한) 징조
ⓑ 증상

INTRO

 **Q**　윗글의 중심 소재는 무엇인지 고르시오.

① diseases from viruses and bacteria
② the body's environmental signals
③ the body's defense system

 **Q**　윗글의 제목으로 가장 적절한 것을 고르시오.

① Tips to Keep Our Immune System Balanced
② The Immune System: A Double-Edged Sword
③ Why Our Immune System Is Our Best Guardian
④ How an Adaptive Immune System Interferes with Health
⑤ Emergency Alert: The Immune System Is Under Viral Attack

Stage 2 한 문장씩 뜯어보기

◆ 주어진 질문에 답하시오.

> [1] By continuously detecting viruses and bacteria in the environment, immunity has developed strong mechanisms to keep us healthy, working with our body's other signals.

> [2] **In fact**, no other system in the body places such a high value on adaptability.

1 문장 2를 아래와 같이 바꿔 쓸 때 빈칸에 알맞은 것을 쓰시오. (본문에 나온 어휘를 변형할 것)

→ Immune system places the ______________ value on adaptability within the human body.

TIP ★ **in fact ((첨언)) (사실은, 실은)**

앞서 말한 내용에 자세한 설명을 덧붙인다.(= actually, in reality, as a matter of fact)

cf. 간혹, 앞선 내용과 반대되는 말을 강조할 때도 쓰인다.

He claims that he supported the bill. **In fact**, he voted against it.

그는 그 법안을 지지했다고 주장한다. 사실은, 그는 그것에 반대 투표를 했다.

> [3] We should keep in mind that if our immune systems can't adapt and respond to the diversity of our ever-changing environment, we're in trouble.

2 문장 1~3을 한 문장으로 표현할 때 빈칸에 알맞은 것은?

→ Maintaining our health relies on the ______________ of the immune system.

ⓐ adjustment
ⓑ powerfulness
ⓒ simplicity

> [4] Although it may seem surprising, our immune system both helps us **stay** healthy and can make us **sick**.

❙ however 등의 연결어 없이 앞과 반대되는 내용이 전개되기도 한다. 문맥이 바뀌는 흐름을 잘 파악해야 한다.

TIP ★ **원형부정사(v)/형용사 목적격보어**

SVOC문형의 동사 help는 목적격보어로 to-v, v 모두 가질 수 있다.

목적격보어 자리에 목적어의 '성질, 상태'를 설명할 때는 형용사가 온다.

[4] ~, our immune system [both] helps us **stay** healthy [and] can make us **sick**.
　　　　　　　　　　　　　　　　　　V1　O1　C1(v)　　　　　　V2　　O2 C2(형용사)

⁵If <u>it</u>'s not strong enough, we become more prone to infection, but if <u>it</u>'s too strong, <u>it</u> can attack our own healthy cells or react to harmless chemicals in our body.

3 밑줄 친 <u>it</u>이 공통으로 가리키는 것을 본문에서 찾아 쓰시오. (두 단어)

⁶It can also struggle to control the normal symptoms (such as swelling and redness) that happen when we get hurt or sick.

⁷**Needless to say**, these are not desirable outcomes.

4 문장 5~7을 간단히 표현할 때 빈칸에 알맞은 것은?

→ the potential ______________ consequences of an immune system

ⓐ practical
ⓑ negative
ⓒ long-term

5 문장 4~7로 보아, 이후에 이어질 문장을 아래와 같이 쓸 때 빈칸에 알맞은 것은?

→ Therefore, a(n) ______________ supports effective operation of our immune system.

ⓐ uncontrolled symptom
ⓑ harmless environment
ⓒ appropriate balance

Stage 3 요약하기

◆ 글의 내용을 아래와 같이 요약할 때, 빈칸 (A), (B)에 들어갈 가장 적절한 말을 <조건>에 맞게 쓰시오.

A(n) (A) ____________ functioning immune system is crucial for (B) ____________ overall health, well-being, and defense against illnesses.

> 조건 1. <보기>의 단어 중에서 골라 쓸 것
> 2. 필요하면 문맥과 어법에 맞게 변형할 것
> 3. 각각 한 단어로 작성할 것
> 보기 ensure / proper / harmful

21

Hope 희망

희망은 어려운 상황에서도 계속 앞으로 나아가게 합니다.
단순히 바람이나 기대를 넘어서, 목표를 향해 나아가는 동기가 됩니다.

종교와 문학에서 희망을 자주 말하는 이유는
그만큼 강한 힘이기 때문이겠죠.

소설 <Les Miserables(레미제라블)>에서 장 발장은
수많은 고난을 겪고도 끝까지 희망을 잃지 않았고,
누구에게나 힘든 시기는 오기 마련이지만 그 속에서도
희망을 품고 나아간다면 더 의미 있는 삶을 살게 될 것입니다.

Words & PHRASES

✛ 표시 다의어는
지문 속 의미를
다의어 Check✔
에서 고르세요.

☐ emotional	정서적인, 감정적인	• emotion 정서, 감정(= feeling)
☐ spiritual	정신의, 정신적인	• spirit 정신, 영혼; 활기
☐ confirm	사실임을 보여주다; (예약 등을) 확인[확정]하다	• confirmation 확인, 확정; 확증
☐ patience	인내, 참을성; 끈기	
☐ index	색인, (책 등의) 찾아보기 목록; 지표, 지수	《복》 indexes/indices
☐ freshman	(대학, 고등학교의) 신입생	
☐ peer	또래; 유심히 보다, 응시하다	
☐ range	범위, 범주; (범위에) 이르다	
☐ intellectual	지적인, 지성의; 지식인	
☐ have to do with	~와 관계[관련]가 있다	
☐ persistence	고집, 끈기; 지속됨	• persist (끈질기게) 계속하다; 지속되다
☐ willingness	기꺼이 하는 마음; 의지	▶ be willing to-v 기꺼이 v하다
☐ keep (on) v-ing	v를 계속하다(= continue)	▶ keep from v-ing v하는 것을 참다, v하지 않다
☐ hypothetical	가설[가정]의; 가상적인	• hypothesis 가설, 가정; 추측
☐ aim for	~을 목표로 하다	
☐ represent✛	대표하다; (~에) 해당[상응]하다; 표현하다, 나타내다	
☐ come up with✛	~을 생각해 내다(= hit on[upon]); ~을 제안하다; ~을 따라잡다	
☐ delay	지연, 지체; 연기; 지연시키다	
☐ denial	부인, 부정; 거절(= refusal)	• deny 부인[부정]하다; 거절하다
☐ endure	참다, 견디다(= bear)	

정답 및 해설 p. 42

Without hope, we would try nothing and do nothing, because we wouldn't have the emotional and spiritual strength to make the necessary effort and wait for the results. In fact, scientific research has confirmed a connection between hope and patience. Students who score high on a hope index do better as college freshmen than their low-hope peers, though they have the same range of intellectual abilities. The reason has to do with persistence—hope gave them the willingness to keep on trying. In another study, high-hope and low-hope students were given a hypothetical situation: You were aiming for a B in a course. On your first test, which **represents**[+] 30 percent of your final grade, you got a D. What do you do? The high-hope students **came up with**[+] all kinds of ideas to raise their grade; low-hope students gave up. It is important to remember that a delay is not a denial. With hope, we can endure the darkest times and become stronger than ever before.

다의어 Check ✔

지문 속 ✦표시 어휘의 문맥상 의미는?

1 represent
ⓐ 대표하다
ⓑ ~에 해당하다

2 come up with
ⓐ ~을 생각해 내다
ⓑ ~을 따라잡다

INTRO

1. 밑줄 친 어구의 a delay가 의미하는 것을 고르시오.
① 원하는 결과가 지연되는 것
② 원하는 결과를 포기하는 것

2. 밑줄 친 어구의 a denial이 의미하는 것을 고르시오.
① 결과의 성취를 부정하는 것
② 원하는 결과를 얻지 못하는 것

Q 밑줄 친 a delay is not a denial이 윗글에서 의미하는 바로 가장 적절한 것을 고르시오.
① Accepting failure early on prevents unnecessary effort.
② Hopeful individuals use challenges as opportunities for growth.
③ There's still a chance to achieve the desired outcome in the future.
④ Persistence can lead to improved performance in various areas.
⑤ Successful people are the ones who make things happen.

◆ 주어진 질문에 답하시오.

> [1]Without **hope**, we would try nothing and do nothing, because we wouldn't have **the emotional and spiritual strength to make** the necessary effort and **wait for** the results.

첫 문장에서 중심 소재인 희망(hope)을 언급한다.

1 밑줄 친 부분을 아래와 같이 바꿔 쓸 때 빈칸에 알맞은 말을 쓰시오. (한 칸에 한 단어)

→ But ___________ hope

→ If ___________ ___________ ___________ ___________ hope

→ Were ___________ ___________ ___________ hope

TIP★ 명사+to부정사

to-v가 명사 뒤에서 수식할 때 'v할, v하는, v한' 등으로 해석한다.

[1]~ we wouldn't have *the emotional and spiritual strength* (**to make** the necessary
            감정적, 정신적 힘   (필요한 노력을 하고 결과를 기다릴)
effort and **(to) wait for** the results).

> [2]**In fact**, scientific research has confirmed a connection between hope and patience.

In fact 이후 이어지는 연구 결과는 주로 주제문을 뒷받침하는 논거에 해당한다.

> [3]Students who score high on a hope index (a) <u>does</u> better (b) <u>as</u> college freshmen than their low-hope peers, though they have the same range of intellectual abilities.

2 밑줄 친 (a) <u>does</u>, (b) <u>as</u>가 어법상 옳으면 ◯, 틀리면 ✕로 표시하고 바르게 고치시오.

(a):

(b):

> [4]The reason has to do with persistence — hope gave them the willingness to keep from trying.

3 문장 4에서 문맥상 <u>어색한</u> 단어 하나를 찾아 바르게 고치시오.

고치기 전:

→ 고친 후:

4 문장 2~4를 한 문장으로 표현할 때 빈칸에 알맞은 것은?

→ Hopeful students outperform peers in college due to their ______________.

ⓐ connections　　　　ⓑ intelligence　　　　ⓒ patience

5In another study, high-hope and low-hope students were given a hypothetical situation: You were aiming for a B in a course.

6On your first test, which represents 30 percent of your final grade, you got a D. **7**What do you do?

8The high-hope students came up with all kinds of ideas to raise their grade; low-hope students gave up.

5 문장 5~8을 한 문장으로 표현할 때 빈칸에 알맞은 것은?

→ High-hope students __________ difficulties, while low-hope peers tend to give up.

ⓐ challenge　　　　ⓑ avoid　　　　ⓒ ignore

9It is **important** to remember that a delay is not a denial.

10With hope, we **can** endure the darkest times and become stronger than ever before.

6 윗글의 내용과 관련이 깊은 속담으로 알맞은 것은?

ⓐ Every cloud has a silver lining.
ⓑ Actions speak louder than words.
ⓒ Don't put all of your eggs in one basket.

Stage **3**　요약하기

◆ 글의 내용을 아래와 같이 요약할 때, 빈칸 (A)~(C)에 들어갈 가장 적절한 말을 <조건>에 맞게 쓰시오.

Hope fosters (A) ____________, enabling individuals to beat (B) ____________ and improve outcomes, unlike those with low hope who tend to (C) ____________ easily.

> (조건) <보기>의 단어 중에서 골라 그대로 쓸 것
> (보기) develop / desire / obstacles / give up / rewards / persistence

Energy Sources 에너지원

전 세계는 에너지 문제 때문에 환경 오염, 경제 불안정, 사회 불평등의 어려움을 겪고 있습니다.

• **재생 불가능 에너지:**
석유(oil), 석탄(coal), 천연가스(natural gas)를 포함한
화석 연료(fossil fuel)와 원자력 에너지(nuclear energy)는
탄소 배출(carbon emission)로 인한 온실가스(greenhouse gas) 증가와
지구 온난화(global warming)를 유발합니다.

• **재생 가능 에너지:**
태양열(solar power), 풍력(wind power), 수력(hydropower)을
포함한 에너지로 지속 가능(sustainable)합니다.
하지만 초기 비용이 많이 들고 넓은 공간과 자원이 필요합니다.

Words & PHRASES

✦표시 다의어는
지문 속 의미를
다의어 Check✔
에서 고르세요.

☐ be desperate for	~을 간절히 원하다(= be eager for)	• desperate 간절히 원하는; 필사적인
☐ increasingly	점점 더, 갈수록 더	
☐ minimize	최소화하다; 축소하다(↔ maximize 극대화하다)	
☐ fossil fuel	화석 연료	
☐ nuclear	(원자)핵의; 원자력의; 핵무기의	
☐ address✦	주소; 연설(하다); (문제를) 다루다	
☐ potential	잠재력; 가능성; 잠재적인; ~이 될 가능성이 있는	
☐ carbon emission	탄소 배출	• emission 발산, 배출(물), 방출
☐ associated with	~와 관련된	**cf.** associate A with B 　A를 B와 관련짓다
☐ physicist	물리학자	• physics 물리학
☐ turn A into B	A를 B로 바꾸다	
☐ practical	실용적인; 현실적인	
☐ challenging	도전적인; 힘든; 저항하는	
☐ be unlikely to-v	v할 것 같지 않다(↔ be likely to-v v할 것 같다)	
☐ generate	발생시키다, 만들어내다	
☐ given that	~을 고려하면, ~을 감안하면	
☐ current✦	현재의, 지금의; 통용되는, 유행하는; 흐름; 경향	
[선택지]		
☐ extra	추가의; 각별히, 특별히	
☐ caution	경고, 주의; 조심; 경고하다, 주의시키다	
☐ immediate	즉각적인; 당면한	

The world is increasingly desperate for sources of a large amount of clean energy that can minimize the climate crisis created by burning fossil fuels. Many are considering nuclear fusion as a new solution to **address**[+] the need for clean energy. Nuclear fusion has the potential to produce energy with near-zero carbon emissions, without creating the dangerous radioactive waste associated with today's nuclear fission reactors. Physicists have been studying fusion power since the 1950s, but turning it into a practical energy source has remained challenging. Most experts agree that we're unlikely to be able to generate large-scale energy from nuclear fusion before around 2050 (some people might say 2060). Given that the global temperature rise over the **current**[+] century may be largely determined by what we do — or fail to do — about carbon emissions, fusion can _______________________.

*(nuclear) fusion: 핵융합
**radioactive waste: 방사성 폐기물
***nuclear fission reactor: 핵분열 원자로

다의어 Check ✔

지문 속 ✦표시 어휘의 문맥상 의미는?

1 address
ⓐ 연설하다
ⓑ 다루다

2 current
ⓐ 현재의
ⓑ 통용되는

INTRO

빈칸 문장에서 빈칸 앞부분의 의미로 알맞은 것을 고르시오.

① 지구 온도 상승이 우리에게 달린 상황임을 고려하면
② 탄소 배출을 당장 해결할 수 없음을 고려하면

Q 윗글의 빈칸에 들어갈 말로 가장 적절한 것을 고르시오.

① reduce costs
② improve air quality
③ have potential risks
④ require extra caution
⑤ be no immediate solution

◆ 주어진 질문에 답하시오.

[1]The world is increasingly desperate for sources of a large amount of clean energy that can minimize the climate crisis created by burning fossil fuels.

[2]**Many are considering** nuclear fusion as a new solution to address the need for clean energy.

[3]Nuclear fusion has the potential to produce energy with near-zero carbon emissions, without (a) <u>create</u> the dangerous radioactive waste (b) <u>associate</u> with today's nuclear fission reactors.

1 밑줄 친 (a) <u>create</u>, (b) <u>associate</u>를 어법상 알맞은 형태로 바꿔 쓰시오. (각각 한 단어)

(a):

(b):

2 다음 중 nuclear fusion source의 특성으로 언급되지 <u>않은</u> 것은?

ⓐ safe

ⓑ carbon-free

ⓒ long-term

[4]Physicists have been studying fusion power since the 1950s, but turning it into a practical energy source has remained challenging.

3 문장 4를 간단히 표현할 때 빈칸에 알맞은 것을 문장 4에서 찾아 쓰시오. (한 단어)

→ Fusion power is not yet _______________.

[5]Most experts agree that we're unlikely to be able to generate large-scale energy from nuclear fusion before around 2050 (some people might say 2060).

4 문장 5에서 핵융합을 설명한 내용으로 알맞은 것은?

ⓐ It's uncertain when it will be possible.

ⓑ Experts' concerns will soon disappear.

ⓒ The technology will be completed soon.

[6]**Given that** the global temperature rise over the current century may be largely determined by what we do — or fail to do — about carbon emissions, fusion can be no immediate solution.

5 문장 6에 함축된 글쓴이의 주장으로 알맞은 것은?

ⓐ 다른 대체 에너지원을 개발할 필요가 있다.
ⓑ 핵융합 에너지는 가장 이상적인 에너지원이다.
ⓒ 핵융합 에너지는 더 이상 미래의 이야기가 아니다.

TIP★ **given (that)** (~을 고려하면)

given (that)의 형태는 과거분사(p.p.)이지만 전치사 또는 접속사 표현으로 자주 사용된다.
given 뒤에 이어지는 명사나 that 명사절이 판단의 근거가 된다.

Given that it's a holiday weekend, traffic will probably be heavier than usual.
주말 연휴라는 것을 고려하면, 교통은 아마 평소보다 더 혼잡할 것이다.
cf. **Given** enough time, he could solve the problem. (분사구문)
충분한 시간이 주어지면, 그는 문제를 풀 수 있을 것이다.

Stage 3 요약하기

◆ 글의 내용을 아래와 같이 요약할 때, 빈칸 (A)~(C)에 들어갈 가장 적절한 말을 <조건>에 맞게 쓰시오.

Nuclear fusion can produce (A) __________ energy, but due to the (B) __________ of generating the energy, it likely won't impact the urgent climate crisis in the (C) __________ future.

조건) <보기>의 단어 중에서 골라 그대로 쓸 것
보기) near / polluted / convenience / clean / difficulty / distant

23

Agriculture

Food 식량

식량 공급(food supply)이 부족하거나 가격이 높아 음식을 구하기 어려울 때 식량 위기(food crisis)가 발생합니다. 식량 위기에 대비하는 식량 안전 보장(food security)이 점점 더 중요해지고 있습니다.

기후 변화는 식량 문제의 주요 원인입니다. 급격한 기온 상승, 폭우와 가뭄으로 농작물이 제대로 자라지 못하면 수확량이 감소하기 때문입니다.

그런데 최근에는 농업이 기후 변화의 해결책으로 주목받기도 합니다. 오리나 지렁이를 이용하는 유기농업(organic farming)은 비료와 농약을 사용하지 않아 친환경적이고 토양 관리(soil management) 효과도 있기 때문입니다.

Words & PHRASES

✦ 표시 다의어는 지문 속 의미를 **다의어 Check✔** 에서 고르세요.

☐ advocate	지지[옹호]하다; 지지[옹호]자; 변호사	• advocacy 지지, 옹호; 변호
☐ management	(사업체, 조직의) 관리, 경영, 운영	• manage 관리하다, 경영하다 • manage to-v (간신히) v해내다
☐ approach	다가가다; 접근하다; 접근(법)	
☐ organic	유기농의; 유기체의, 생물의	
☐ overall	전반적인, 종합적인; 전반[종합]적으로	
☐ challenge✦	도전; (어려운) 문제; 이의; 도전하다; 이의를 제기하다	
☐ condition	(건강) 상태; 조건; 《복》 상황, 환경	
☐ extreme	극심한, 극단적인; 지나친; 극단; 《복》 위기; 곤경	
☐ rely on	~에 의지[의존]하다, ~을 믿다(= depend[count] on)	
☐ solely	단독으로; 오로지	• sole 단독의, 혼자의; 유일한
☐ considerable	상당한, 많은(= substantial)	cf. considerate 사려 깊은, 배려하는
☐ restricted	제한된, 한정된(= limited)	• restrict 제한[한정]하다
☐ intense	극심한, 강도 높은; 치열한	
☐ attention	주의, 주목; 관심	
☐ implement	실행하다, 시행하다(= enforce)	
☐ security	안전, 안보; 안도감(↔ insecurity 불안정, 위험; 불안)	• secure 안심하는; 안전한; 안전하게 하다
☐ scale	규모, 범위; 등급; 기준	
☐ tune✦	곡조; (악기를) 조율하다; (기계를) 정비하다; (환경에) 맞추다, 조정하다	• tuning 조율, 조정
☐ local	(특정) 지역의, 현지의	

I am an advocate of better soil management, which includes various approaches such as organic farming. However, I will speak a sometimes unpopular opinion: with hunger threatening nearly a billion people every single day, I do not believe we can feed the world with organic farming. The overall **challenge** is too big and the conditions in the areas hardest hit are too extreme to rely solely on these methods, which require considerable training, restricted use of fertilizer and seed, and intense management. I agree with the opinion that attention to soil quality *everywhere* is essential — from the largest US corn farms to the smallest area of land around a poor farmer in Guatemala or Ghana. That effort involves various farming techniques that can be implemented by any size farmer almost anywhere. But in the end, improving food security for the billion people will require the use of the best practices at many different scales, **tuned** to local conditions, to achieve success.

*hard-hit: 큰 타격을 입은 **fertilizer: 비료

다의어 Check 

지문 속 ✦표시 어휘의 문맥상 의미는?

1 challenge
 ⓐ 이의
 ⓑ (어려운) 문제

2 tune
 ⓐ (기계를) 정비하다
 ⓑ 환경에 맞추다

INTRO 
윗글의 중심 소재는 무엇인지 고르시오.

① food security
② organic farming
③ soil management

윗글에서 필자가 주장하는 바로 가장 적절한 것을 고르시오.

① 농업에서 비료 사용을 좀 더 제한해야 한다.
② 유기농업을 활성화할 장려책을 마련해야 한다.
③ 농업 생산성을 더욱 높여서 기아 문제를 해결해야 한다.
④ 식량 안보를 위해 지역에 적합한 농법을 활용해야 한다.
⑤ 전 세계가 토양 관리를 우선 과제로 여겨야 한다.

◆ 주어진 질문에 답하시오.

¹I am an **advocate of** better soil management, which includes various approaches such as organic farming.

²However, I will speak a sometimes <u>unpopular opinion</u>: with hunger threatening nearly a billion people every single day, I **do not believe** we can feed the world with organic farming.

> advocate of (~의 지지자), do not believe ~
>
> 글쓴이의 찬반 입장을 나타내는 표현이다. advocate of의 경우, 단순 동의를 넘어서 훨씬 더 적극적으로 지지하고 때로는 참여하는 것을 의미한다.

1 밑줄 친 <u>unpopular opinion</u>의 의미로 알맞은 것은?

ⓐ A billion people are threatened by hunger.
ⓑ Better and more soil management is needed.
ⓒ Organic farming isn't sufficient to solve hunger.

³The overall challenge is **too** big and the conditions in the areas hardest hit are **too** extreme **to rely** solely on these methods, which require considerable training, restricted use of fertilizer and seed, and intense management.

> too ~ to-v
>
> 1. (결과가) 너무 ~해서 v할 수 없는
> 2. (정도가) v하기에는 너무 ~한
>
> 문맥에 따라 적절히 해석하며, 두 가지 다 가능할 수도 있다.

2 문장 3의 앞부분을 아래와 같이 바꿔 쓸 때 빈칸에 알맞은 것은?

→ The challenge is so serious that we ______________ only on these methods.

ⓐ entirely focus
ⓑ cannot depend
ⓒ might rely

3 문장 1~3의 내용으로 보아, 필자가 앞으로 주장할 내용으로 가장 적절한 것은?

ⓐ 유기농업을 전 세계적으로 도입해야 한다.
ⓑ 유기농업 이외의 방법을 찾아야 한다.
ⓒ 현대 농업은 토양 관리에 소홀하다.

⁴**I agree with** the opinion <u>which</u> attention to soil quality *everywhere* is essential — from the largest US corn farms to the smallest area of land around a poor farmer in Guatemala or Ghana.

> I agree with ~
>
> 글쓴이의 주관을 나타내는 표현이 등장하면 글의 주제일 가능성이 높으나, 이후 반대되는 내용이 등장하지 않는지 확인해야 한다.

4 밑줄 친 <u>which</u>가 어법상 옳으면 ○, 틀리면 ✕로 표시하고 바르게 고치시오.

[5]That effort involves various farming techniques that can be implemented by any size farmer almost anywhere.

[6]But in the end, (a) <u>improve</u> food security for the billion people will require the use of the best practices at many different scales, (b) <u>tuned</u> to local conditions, (c) <u>to achieve</u> success.

5 밑줄 친 (a)~(c)가 어법상 옳으면 ○, 틀리면 ×로 표시하고 바르게 고치시오.

(a):

(b):

(c):

6 글의 주제문에 해당하는 문장의 번호를 쓰시오. (하나만 쓸 것)

Stage 3   요약하기

◆ 글의 내용을 아래와 같이 요약할 때, 빈칸 (A)~(C)에 들어갈 가장 적절한 말을 <조건>에 맞게 쓰시오.

Various farming techniques need to be (A) ____________ to local conditions instead of sticking to (B) ____________ organic farming methods in areas with harsh soil conditions, aiming to (C) ____________ food problems.

(조건) 1. <보기>의 단어 중에서 골라 쓸 것
2. 필요하면 문맥과 어법에 맞게 변형할 것
3. 각각 한 단어로 작성할 것

(보기) solve / exclude / potential / customize / impractical

24

Memory 기억

기억의 원리를 분석하고 기억력의 향상 방법을 다루는 글이 출제될 수 있습니다.

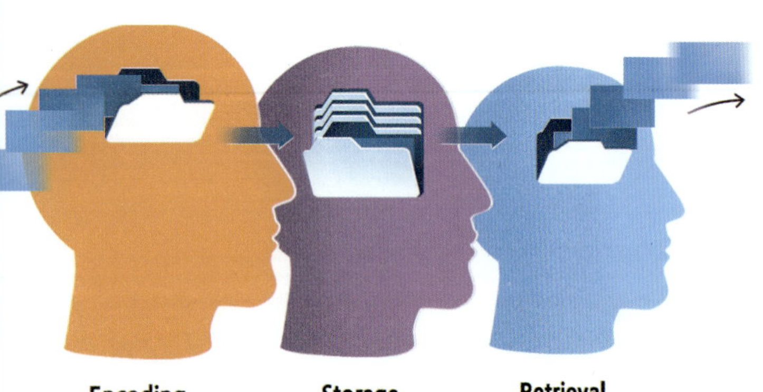

어떤 정보를 기억하고(remember, recall) 암기할(memorize) 때 머릿속에서는 여러 단계의 복잡한 과정이 진행됩니다.

영어 단어를 암기할 때는 어떤 일이 일어날까요?

- **부호화**(encoding): 단어를 보고 암기해야 할 소리와 뜻을 입력합니다.
- **저장**(storage): 암기한 단어가 단기기억(short-term[working] memory)에 짧게 머물다가 사라지거나, 반복 학습을 통해 장기기억(long-term memory)에 오랫동안 저장됩니다.
- **인출**(retrieval): 장기기억에 저장된 정보를 꺼내어 단어를 생각해 냅니다. 망각(forgetfulness)이 일어나면 단어를 잊어 버리게 됩니다.

Words & PHRASES

✦표시 다의어는
지문 속 의미를
다의어 Check ✔
에서 고르세요.

□ think of A as B	A를 B로 여기다[생각하다](= regard[view] A as B)	
□ video clip	비디오 클립 《짧은 동영상》	
□ replay	재경기(하다); 재생하다, 다시 보다	
□ on demand	요구[필요]에 따라	
□ further	더 멀리; 더 먼; 그 이상의	
□ physical✦	신체의; 물질의, 물질[물리]적인	
□ state	상태; 국가; 말하다	
□ distortion	비틀림; 왜곡	• distort 비틀다, 찌그러트리다; 왜곡하다
□ exaggerate	과장하다	• exaggeration 과장
□ relevant to A	A에 관련된	
□ ultimately	궁극적으로, 결국	
□ shape	모양; 모양으로 만들다; (영향을 미쳐) 형성하다	
□ identity✦	신원; 정체성; 동일함, 일치	
□ challenge	도전; (어려운) 문제; 이의; 도전하다; 이의를 제기하다	
□ be capable of	~을 할 수 있다	
□ construct	건설하다(= build); 구성하다	• construction 건축; 건설; 구조

> Not only do memories change into new ones like this; we also pick and choose what to remember.

We often think of memories as high-quality video clips, safely stored in the brain to replay on demand. But this couldn't be further from the truth. (①) Our feelings and **physical**[+] state during an event can influence how we remember it. (②) Every time we think or talk about past experiences, we change our own memories, creating distortions by exaggerating certain details that are relevant to our current beliefs and emotional state. (③) In the case of our own, personal histories, which ultimately shape who we are, we remember the things that enable us to have the **identity**[+] we most desire. (④) If you want to be a nonconformist, you'll remember more clearly the times you challenged the rules than those when you followed them. (⑤) And we are also capable of constructing completely false memories of things that never happened.

*nonconformist: 일반적 규범을 따르지 않는 사람

다의어 Check ✔

지문 속 ✦표시 어휘의 문맥상 의미는?

1 physical
ⓐ 물리적인
ⓑ 신체의

2 identity
ⓐ 정체성
ⓑ 동일함

INTRO

Q 네모 안에 주어진 문장으로 보아, 앞 내용으로 가장 적절한 것을 고르시오.

① 기억은 사라지거나 새롭게 바뀐다는 것
② 우리는 기억하고 싶은 것을 고른다는 것

Q 글의 흐름으로 보아, 주어진 문장이 들어가기에 가장 적절한 곳을 고르시오.

①　　　②　　　③　　　④　　　⑤

OUTRO

Q 위에서 고른 정답 뒤에 바로 이어지는 내용으로 가장 적절한 것을 고르시오.

① a way to change memory for personal gain
② an example of what we choose to remember
③ a case of an identity we want to have

◆ 주어진 질문에 답하시오.

[1]We often think of memories as high-quality video clips, safely stored in the brain to replay on demand.

> 첫 문장에서 사람들의 일반적 생각, 근거 없는 믿음(myth)을 제시한다.

[2]But this couldn't be further from the truth.

> 역접 연결사(But) 이후 첫 문장의 내용을 반박하고, 구체적인 사실(truth)이 이어진다.

1 문장 1~2의 의미로 알맞은 것은?

ⓐ Memories can be brought up whenever we want.
ⓑ Memory is securely preserved, similar to a video file.
ⓒ Memory is different from saving and playing videos.

[3]Our feelings and physical state during an event can influence how we remember it.

[4]Every time we think or talk about past experiences, we change our own memories, creating distortions by exaggerating certain details that are relevant to our current beliefs and emotional state.

2 문장 1~4를 한 문장으로 표현할 때 빈칸에 알맞은 것은?

→ Our memories are not as ______________ as we might think.

ⓐ fixed
ⓑ changeable
ⓒ emotional

TIP★ **시간의 부사절을 나타내는 특이한 형태의 접속사**
- every[each] time: ~할 때마다(= whenever)
- the moment[minute]: ~하자마자(= as soon as, on v-ing, the instant)
- by the time: ~할 무렵에는; ~할 때까지는

[5]Not only do memories change into new ones like this; we **also** pick and choose what to remember.

> not only A but (also) B
> (A뿐만 아니라 B도)
> A보다는 B를 강조하는 구문이므로, B에 대한 서술이 이어질 것을 예측할 수 있다. 여기서는 세미콜론 (;)이 but의 역할을 한다.

TIP★ **부정어(구)+(조)동사+주어 ~**
<주어+(조)동사 ~>의 문장에서 '강조' 등의 이유로 부정어(구)를 포함한 특정 어구가 문장 맨 앞으로 이동하여 <(조)동사+주어>의 어순이 되는 경우가 있다.
(부정어 not, no, never, little, few, hardly, scarcely, rarely, seldom, only 등)

[5]Memories do **not only** change into new ones ~

[6]In the case of our own, personal histories, which ultimately shape who we are, we remember the things that enable us to have **the identity we most desire**.

[7]**If** you want to be a nonconformist, you'll remember more clearly **the times you challenged the rules** than (a) <u>those</u> when you followed (b) <u>them</u>.

3 밑줄 친 (a) <u>those</u>, (b) <u>them</u>이 지칭하는 것을 각각 찾아 쓰시오. (두 단어)

(a):

(b):

TIP ★ **관계대명사, 관계부사의 생략**

1. 목적격 관계대명사는 자주 생략된다.

[6]~ that enable us to have *the identity* [(**which**[**that**]) we most desire ●].
　　　　　　　　　　　선행사　　　　　　　　S'　　　V'

2. 관계부사의 선행사가 the time, the place, the reason 등의 일반적 어구일 때, 선행사나 관계부사를 생략하는 경우가 많다.

[7]~ you'll remember more clearly *the times* [(**when**) you challenged the rules] ~

[8]And we are also capable of constructing completely false memories of things that never happened.

4 윗글에서 기억에 대한 설명으로 언급되지 <u>않은</u> 것은?

ⓐ 당시의 기분과 신체 상태가 기억에 영향을 미친다.

ⓑ 기억을 떠올리거나 말할 때마다 세부 내용이 변경된다.

ⓒ 무엇을 기억할지를 우리가 선택하는 것은 아니다.

ⓓ 없었던 일을 기억하는 것은 가능하다.

Stage **3**　요약하기

◆ 글의 내용을 아래와 같이 요약할 때, 빈칸 (A)~(C)에 들어갈 가장 적절한 말을 <조건>에 맞게 쓰시오.

Memories are not settled recordings but rather (A) ___________ constructs influenced by emotions, beliefs, and selective recall, even leading to the creation of (B) ___________ memories or shaping our personal (C) ___________.

조건　<보기>의 단어 중에서 골라 그대로 쓸 것

보기　static / identities / flawless / false / knowledge / dynamic

25

Self-Improvement

Reading 독서

독서의 중요성은 누구나 알고 있지만 영상이 넘쳐나는 시대에 독서를 실천하기란 쉽지 않죠.
책을 효과적으로 읽는 방법을 알면 독서 활동에 도움이 될 거예요!

독서 방법과 독서 종류는 아래와 같이 다양합니다.
- **skimming**: (내용을 대강 파악하기 위해) 훑어보기, 대충 읽기
- **scanning**: 특정 정보를 찾아 읽기(신문, 책의 목차 등)
- **speed-reading**: 속독(법)
- **intensive reading**: 정독, 자세히 읽음(= deep reading)
- **extensive reading**: 다독, 다양한 종류를 읽음

Words & PHRASES

✦표시 다의어는
지문 속 의미를
다의어 Check✔
에서 고르세요.

☐ **likely**	~할 것 같은; 그럴듯한	▶ be likely to-v v할 것 같다 be unlikely to-v v할 것 같지 않다
☐ **explore**	탐험하다; 탐색하다; 연구하다	• exploration 탐험; 탐색; 연구
☐ **born of A**	A에서 생겨난[유래한]	
☐ **labo(u)r**	노동; 노력; 분만; 일하다	
☐ **diversion✦**	(방향) 바꾸기[전환]; 머리를 식히는 활동, 오락	• divert 방향을 바꾸게 하다, 전환하다
☐ **intellectual**	지적인, 지성의; 지식인	• intellectually 지적으로
☐ **spiritual**	정신의, 정신적인	
☐ **make demands on**	(시간, 돈, 노력 등)을 들게 하다	
☐ **additionally**	게다가, 추가로(= in addition, moreover)	
☐ **be meant to be**	(일반적으로) ~인 것으로 여겨지다; ~이 되어야 하다	
☐ **rush through**	~을 서둘러 처리하다	
☐ **deserve**	~을 받을 만하다; ~을 해야 마땅하다	
☐ **habitual**	습관적인	
☐ **skim**	(기름 등을) 걷어내다; 대충 읽다, 훑어보다	
☐ **be inferior to A**	A보다 못하다[열등하다](↔ be superior to A A보다 뛰어나다)	
☐ **critic**	비평가, 평론가	
☐ **caution**	경고, 주의; 조심; 경고하다, 주의시키다	
☐ **fool A into v-ing**	A를 속여서 v하게 하다	
☐ **lastly**	마지막으로, 끝으로	
☐ **engage with**	~와 관계를 맺다, ~와 상호 작용하다	▶ engage in ~에 관여[참여, 종사]하다
☐ **jot down**	(급히) 적다	
☐ **wander✦**	(이리저리) 걸어 다니다, 헤매다; (정신이) 산만해지다	• wanderer 배회하는 사람, 방랑자
[선택지]		
☐ **maximize**	극대화하다, 최대한 활용하다 (↔ minimize 최소화하다)	

Practice makes perfect, but pleasure makes practice more likely. Therefore, read something enjoyable. If a book is so painful that you avoid reading it, put it down and pick up one that brings you pleasure. Life is too short, and books are too plentiful not to explore other options. On the other hand, the greatest pleasures are often born of labor. A book that requires nothing from you might offer the same **diversion**[+] as a television sitcom, but it is unlikely to provide intellectual or spiritual rewards long after the cover is closed. Therefore, as you seek books that you will enjoy reading, look for ones that make demands on you. Additionally, read slowly. Just as a fine meal should be savored, good books are meant to be enjoyed fully, not rushed through. Certainly, some reading material may deserve a quick read, but habitual skimming is to the mind what a steady diet of fast food is to the body. Speed-reading is inferior to deep reading; one critic cautions that reading fast is simply a "way of fooling yourself into thinking you're learning something." Lastly, consider the following point: read with a pen or highlighter in hand, taking notes on paper. Engaging actively with the text is easier when you jot down questions or thoughts about what is happening on the page. It helps to keep your mind focused and prevents **wandering**[+].

*savor: 음미하다

다의어 Check ✔

지문 속 ✦표시 어휘의 문맥상 의미는?

1 diversion
ⓐ (방향) 바꾸기
ⓑ 머리를 식히는 활동

2 wander
ⓐ 산만해지다
ⓑ (이리저리) 걸어 다니다

 **INTRO**

Q 윗글의 중심 소재는 무엇인지 고르시오.

① 독서 목적
② 독서 방법
③ 독서 토론

 **Q**

윗글의 제목으로 가장 적절한 것을 고르시오.

① Reading with Your Pen Is Fun!
② Choose Difficult Books for Growth
③ Reading Books: The Key to Learning
④ Does Reading for Pleasure Make a Difference?
⑤ How Can You Maximize Your Book Experience?

Stage 2 한 문장씩 뜯어보기

◆ 주어진 질문에 답하시오.

[1] Practice makes perfect, but pleasure makes practice more likely.

[2] **Therefore, read** something enjoyable.

[3] If a book is so painful that you avoid reading it, put it down and pick up one that brings you pleasure.

[4] Life is too short, and books are too plentiful not to explore other options.

1 문장 1~4를 한 문장으로 표현할 때 빈칸에 알맞은 것은?
→ Read the books you can _______________.
ⓐ practice　　　　　ⓑ avoid　　　　　ⓒ enjoy

> 결과를 나타내는 연결어 (therefore) 다음에 명령문이 이어지므로, 앞 문장은 제안의 근거가 된다.

[5] **On the other hand**, the greatest pleasures are often born of labor.

[6] A book that requires nothing from you might offer the same diversion as a television sitcom, but it is unlikely to provide intellectual or spiritual rewards long after the cover is closed.

[7] Therefore, as you seek books that you will enjoy reading, look for ones that make demands on you.

2 문장 5~7을 한 문장으로 표현할 때 빈칸에 알맞은 것은?
→ Choose books that _______________ you.
ⓐ interest　　　　　ⓑ change　　　　　ⓒ challenge

> on the other hand
> 앞뒤 문장이 서로 반대거나 대조를 이루는 역접 관계임을 나타낸다.

[8] **Additionally**, read slowly.

[9] **Just as** a fine meal should be savored, good books are meant to be enjoyed fully, not rushed through.

[10] Certainly, some reading material may deserve a quick read, but habitual skimming **is to** the mind **what** a steady diet of fast food **is to** the body.

> additionally
> 정보나 설명을 추가, 나열할 때 쓴다.

> just as ~ (꼭 ~인 것처럼)
> 다른 대상에 비유하여 이해를 돕는 설명을 제시한다.
> • just as[just like that] ~, (so) ... (꼭 ~인 것처럼 …하다)
> • it's the same for ~, it's similar to ~ (~와 마찬가지다)

3 문장 10을 간단히 표현할 때 빈칸에 알맞은 것은?

→ Habitual skimming _______________ the mind.

ⓐ warns　　　　　ⓑ harms　　　　　ⓒ satisfies

<blockquote>

11 Speed-reading is inferior to deep reading; one critic cautions that reading fast is simply a "way of fooling yourself into thinking you're learning something."

</blockquote>

4 문장 8~11을 한 문장으로 표현할 때 빈칸에 알맞은 것은?

→ Read slowly; it's like enjoying a fine meal, not _______________ for fast food.

ⓐ hurrying　　　　　ⓑ fooling　　　　　ⓒ thinking

<blockquote>

12 Lastly, consider the following point: read with a pen or highlighter in hand, taking notes on paper.

13 Engaging actively with the text is easier when you jot down questions or thoughts about what is happening on the page.

14 It helps to keep your mind focused and prevents wandering.

</blockquote>

5 문장 12~14를 한 문장으로 표현할 때 빈칸에 알맞은 것은?

→ Note-taking when reading improves _______________.

ⓐ questions　　　　　ⓑ concentration　　　　　ⓒ distractions

Stage 3　요약하기

◆ 글의 내용을 아래와 같이 요약할 때, 빈칸 (A)~(C)에 들어갈 가장 적절한 말을 <조건>에 맞게 쓰시오.

<blockquote>

Reading (A) _______________ books motivates practice, but the true value lies in intellectually engaging books; enjoy them (B) _______________ and take notes to (C) _______________ focus.

</blockquote>

조건　1. <보기>의 단어를 한 번씩만 사용할 것
　　　2. 필요하면 문맥과 어법에 맞게 변형할 것
　　　3. 각각 한 단어로 작성할 것

보기　increase / slow / enjoy

A is to B what[as] X is to Y (A의 B에 대한 관계는 X의 Y에 대한 관계와 같다)

Lastly (마지막으로, 끝으로)

동등한 내용을 여러 개 열거하는 구조에서 마지막 요소가 등장한다는 신호이다.

26

Climate Change 기후 변화

기후 변화는 홍수, 가뭄, 식량 부족, 해수면 상승, 생물종의 멸종 등 수많은 문제를 불러옵니다.
기후 위기의 원인과 해결책, 기후 변화를 일으킨 행동을 반성하는 내용이 출제됩니다.

기후 위기(climate crisis)의 주요 원인은
온실가스 배출(greenhouse gas emission)입니다.
인간의 여러 가지 활동이 배출 요인으로 작용합니다.

- **burning of fossil fuels**: 화석연료 연소
- **deforestation**: 삼림 파괴
- **industrialization and agriculture**: 산업화와 농업
- **waste disposal**: 쓰레기 처리

기후 변화에 대응하려면 재생 가능한(renewable) 에너지를 개발하고
지속 가능한(sustainable) 생활을 추구해야 합니다.

Words & PHRASES

✦ 표시 다의어는
지문 속 의미를
다의어 Check ✔
에서 고르세요.

☐ **fix** ✦	고정하다; 고치다	
☐ **shallow**	얕은; 얄팍한, 피상적인	
☐ **claim**	(~이 사실이라고) 주장하다; 요구하다; 주장; 요구	
☐ **run**	뛰다; 관리[운영]하다; (기계 등이) 작동하다	
☐ **be up to A**	A에 달려있다; A가 할 일이다	
☐ **radiation**	(빛, 열 등의) 복사; 방사선	• radiate (빛, 열 등을) 방출하다, 내뿜다
☐ **mercury**	수은; 《M-》 수성	
☐ **treatment** ✦	취급, 대우; 치료(제)	• treat 다루다, 대하다; 치료하다; 대접
☐ **desirability**	바람직함	• desirable 바람직한, 호감 가는
☐ **along the lines**	~하는 바와 같이, ~하는 방식으로	
☐ **seed**	씨, 씨앗; (씨앗을) 뿌리다	
☐ **iron**	철, 쇠; 철분	
☐ **install**	(장치를) 설치[설비]하다	• installation 설치, 설비; (기계) 장치
☐ **reflect**	(거울 등으로) 비추다; (빛, 열을) 반사하다; 반영하다; 숙고하다	• reflection 반사; 반영; 심사숙고
☐ **make sense**	말이 되다, 의미가 통하다, 이해되다; 합리적이다, 타당하다	
[선택지]		
☐ **optimistic**	낙관적인(↔ pessimistic 비관적인)	
☐ **address**	주소; 연설(하다); (문제를) 다루다	
☐ **unexplored**	탐험되지 않은; (철저히) 검토되지 않은	

In 2008, Wallace S. Broecker and Robert Kunzig, author of *Mapping the Deep*, published a survey of climate science called *Fixing Climate*. "Fix" is a dangerous verb, short, shallow, and easy. Can human beings really "**fix**⁺" the climate they are currently busy breaking? Do we understand enough even now to do it as easily as Kunzig's claim — "the planet is ours to run, and it is up to us to run it wisely" — suggests? The history of science tells us that once radiation was used as a panacea, and mercury was given as a **treatment**⁺ for various illnesses. We need to ask sharp questions about the desirability of environmental engineering along the lines some climate scientists have suggested. Is it really a good idea to seed the ocean with iron to increase the numbers of plankton? Would installing some giant mirrors in the sky to reflect sunlight back make sense?

*panacea: 만병통치약 **plankton: 플랑크톤 《바다 생물들의 먹이》

다의어 Check ✔

지문 속 ✚표시 어휘의 문맥상 의미는?

1 fix
ⓐ 고정하다
ⓑ 고치다

2 treatment
ⓐ 치료제
ⓑ 취급

INTRO Q 윗글의 중심 소재는 무엇인지 고르시오.
① 기후 문제 해결의 노력
② 기후 변화의 주요 원인
③ 기후 위기의 예상 결과

Q 윗글의 주제로 가장 적절한 것을 고르시오.
① misunderstandings about science history
② a desirable solution to avoid harmful material
③ optimistic views on environmental engineering
④ doubts about the efforts to address climate change
⑤ historically unexplored treatments for various illnesses

Stage 2 한 문장씩 뜯어보기

◆ 주어진 질문에 답하시오.

[1] In 2008, Wallace S. Broecker and **Robert Kunzig, author** of *Mapping the Deep*, published a survey of climate science called *Fixing Climate*.

명사, 명사 ~ (동격)

[2] "Fix" is a dangerous verb, short, shallow, and easy.

[3] **Can** human beings really "fix" **the climate they are** currently busy breaking**?**

의문문이 함축하는 의미를 파악해야 한다. 도입부의 의문문은 읽는 이의 호기심을 불러일으킬 때가 많다. 여기서는 질문의 내용과 반대되는 의미를 전달한다.

TIP★ <명사(A)+S′+V′~> (S′가 V′하는 A)

명사나 대명사 뒤에 수식하는 <S′+V′~>가 이어지고 절 안에서 목적어 등이 없다면 그 사이에 목적격 관계대명사가 생략된 것이다.

명사 A 뒤에 S′에 해당하는 또 다른 명사나 대명사가 오게 되어 <명사+(대)명사 ~> 형태가 만들어진다.

The car [(that) **she drives**] belongs to her father.

그녀가 운전하는 차는 그녀의 아버지 것이다.

[4] **Do** we understand enough even now to do it as (a) <u>easy</u> as Kunzig's claim — "the planet is ours to run, and it is up to us to run it (b) <u>wisely</u>" — suggests**?**

1 밑줄 친 (a), (b)가 어법상 옳으면 ○, 틀리면 ✕로 표시하고 바르게 고치시오.

(a):

(b):

2 문장 3~4가 함축하는 의미로 알맞은 것은?

ⓐ 기후 문제는 인간이 간단하게 해결할 수 없다.

ⓑ 기후 문제는 기술 발전으로 좀 더 쉽게 해결할 수 있다.

ⓒ 기후 문제는 지구의 자정능력으로 해결될 것이다.

[5] The history of science tells us that once radiation was used as a panacea, and mercury was given as a treatment for various illnesses.

3 문장 5를 간단히 표현할 때 빈칸에 알맞은 것은?

→ The past treatments for illnesses show the ＿＿＿＿＿＿＿ of our knowledge.

ⓐ certainty

ⓑ advancements

ⓒ limitations

⁶We **need to ask** sharp questions about the desirability of environmental engineering along the lines some climate scientists have suggested.

4 문장 6을 간단히 표현할 때 빈칸에 알맞은 것은?

→ We need to ______________ the proposals of environmental engineering.

ⓐ explain
ⓑ question
ⓒ follow

⁷**Is** it really a good idea to seed the ocean with iron to increase the numbers of plankton?

5 밑줄 친 가주어 it의 진주어를 찾아 쓰시오. (두 단어)

⁸**Would** installing some giant mirrors in the sky to reflect sunlight back make sense?

6 밑줄 친 to reflect가 어법상 옳으면 ○, 틀리면 ×로 표시하고 바르게 고치시오.

7 글의 주제문에 해당하는 문장의 번호를 쓰시오.

Stage 3 요약하기

◆ 글의 내용을 아래와 같이 요약할 때, 빈칸 (A)~(C)에 들어갈 가장 적절한 말을 <조건>에 맞게 쓰시오.

It is necessary to (A) ______________ every measure for climate change because we're not fully (B) ______________ of what the (C) ______________ of the solutions could be.

조건 <보기>의 단어 중에서 골라 그대로 쓸 것
보기 impact / accept / doubt / tired / aware / duration

27

History

Human Evolution 인간 진화

인류가 지금까지 생존하고 발전한 이유는 무엇일까요?
인류의 기원을 탐구하는 연구에서 빠지지 않고 다뤄지는 주제입니다.

인류 발전의 주요한 이유로 꼽히는 것은 다음과 같습니다.

• 두뇌 발달: 도구를 만들고 사용하는 능력은 사냥과 방어에 도움을 주었습니다.

• 유전자 변이: 특정 지역의 기후와 식량에 맞는 유전자 특성을 갖게 되었습니다. 고지대에 사는 사람은 낮은 산소 농도에 적응합니다.

• 사회와 문화의 발달: 서로 협력하는 집단생활을 통해 복잡한 사회를 형성했습니다. 농업과 함께 시작된 정착 생활은 문명의 발달을 이루었습니다.

Words & PHRASES

✦표시 다의어는
지문 속 의미를
다의어 Check✔
에서 고르세요.

☐ perspective✦	관점, 시각; 전망, 경치; 원근법	
☐ evolution	진화; 발전	• evolutionary 진화의; 발전의
☐ capacity✦	용량, (최대) 수용량(= volume); 능력(= ability)	**cf.** capability 능력, 역량
☐ distinctive	뚜렷이 구별되는, 독특한	
☐ enormous	거대한, 엄청난(= huge)	
☐ advantage	유리한 점, 장점, 이점	• advantageous 유리한, 이로운
☐ come from	~에서 생겨나다(= originate); ~ 출신이다	
☐ imagine	상상하다; 생각하다	• imaginary 가상의, 상상에만 존재하는 • imagination 상상(력)
☐ create	창조[창작]하다	• creative 창의적인 • creativity 창의성
☐ innovation	혁신, 쇄신	• innovate 혁신하다, 쇄신하다
☐ be all about	~이 최고[전부]다; ~이 중요하다	
☐ right-angle	직각(의)	
☐ single	단 하나의; 개개의	
☐ primitive	원시(사회)의, 초기의; 원시적인	
☐ theory	이론, 학설	• theoretical 이론(상)의, 이론적인
[선택지]		
☐ trial and error	시행착오	
☐ alternative	대체의, 대안적인; 대안(= option)	
☐ scenario	(미래의 가능한 일을 묘사한) 시나리오; (영화) 시나리오, 각본	

From the **perspective**[+] of human evolution, our great **capacity**[+] is not just that we learn about the world. The thing that really makes us distinctive is that we can ________________________. That's really where our enormous evolutionary advantage comes from. We understand the world, but that also lets us imagine and create new worlds. That's what innovation, technology, and science are all about. Think about everything that's in your room right now: there's a right-angle desk, electric lights, and a computer. Every single thing in your room is imaginary from the perspective of a primitive man. We live in a world that we created from our own minds. Once you start to think like this, you realize that the reason we want to build theories about the world is so that we can imagine other ways the world could be.

다의어 Check ✅

지문 속 [+]표시 어휘의 문맥상 의미는?

1 perspective
ⓐ viewpoint
ⓑ scenery

2 capacity
ⓐ volume
ⓑ ability

INTRO

Q　빈칸 문장으로 보아, 찾아야 할 내용으로 알맞은 것을 고르시오.

① 인간의 독특한 능력
② 인간에게 없는 능력

Q　윗글의 빈칸에 들어갈 말로 가장 적절한 것을 고르시오.

① work by trial and error
② use complex language
③ imagine alternative scenarios
④ take risks beyond our capacities
⑤ understand signals used by others

Stage 2   한 문장씩 뜯어보기

◆ 주어진 질문에 답하시오.

[1] From the perspective of human evolution, our great capacity is not just that we learn about the world.

1 문장 1의 내용으로 보아, 앞으로 전개될 내용으로 가장 적절한 것은?

ⓐ 인간의 또 다른 능력
ⓑ 인간 진화의 한계
ⓒ 인간의 학습 과정

[2] **The thing that really** makes us distinctive is that we can imagine alternative scenarios.

[3] That's really where our enormous evolutionary advantage comes from.

2 밑줄 친 <u>That</u>이 의미하는 내용으로 알맞은 것은?

ⓐ the history of human evolution
ⓑ the capacity to learn about the world
ⓒ imagination of other realities

[4] We understand the world, but that also lets us imagine and create new worlds.

3 문장 2~4를 한 문장으로 표현할 때 빈칸에 알맞은 것은?

→ Our evolutionary advantage _______________ our ability to imagine and create new worlds.

ⓐ brings out
ⓑ stems from
ⓒ shows off

[5] That's what <u>innovation, technology, and science</u> are all about.

4 밑줄 친 부분이 함축하는 의미를 아래와 같이 표현할 때 빈칸에 알맞은 것은?

→ _______________ that we have created through our capacity to imagine

ⓐ outcomes
ⓑ problems
ⓒ causes

The thing that really ~
강한 주장을 나타내는 표현일 가능성이 있으므로, 이어지는 설명이 이 문장을 뒷받침하는 세부 내용인지 판단해 본다.

⁶Think about everything that's in your room right now: there's a right-angle desk, electric lights, and a computer.

⁷Every single thing in your room is ___________ from the perspective of a primitive man.

For example과 같은 연결어 없이 Think about 이후 예시가 이어지며 주제문을 뒷받침한다.

5 문맥상 빈칸에 들어갈 말로 알맞은 것은?
- ⓐ real
- ⓑ believable
- ⓒ imaginary

⁸We live in a world that we created from our own minds.

⁹Once you start to think like this, you realize that the reason we want to build theories about the world is **so that** we can imagine other ways the world could be.

6 밑줄 친 동사 is의 주어를 찾아 쓰시오. (두 단어)

TIP★ so that ~ (~하기 위해서, ~하도록)
목적을 나타내는 so that ~ 절은 보통 부사절로 쓰지만, <the reason ... is so that ~>의 형태로 보어절 역할도 할 수 있다. '…의 이유는 ~임'을 설명한다.

The reason I save money is **so that** I can travel more.
내가 저축하는 이유는 여행을 더 할 수 있기 위해서다.

cf. 같은 의미인 in order that ~은 보어절로 쓰지 않는다.
The reason I save money is **in order that** I can travel more. (✕)

Stage 3 요약하기

◆ 글의 내용을 아래와 같이 요약할 때, 빈칸 (A), (B)에 들어갈 가장 적절한 말을 <조건>에 맞게 쓰시오.

Our evolutionary advantage is our distinctive ability to (A) ___________ and create new worlds, a skill that drives innovation and the exploration of (B) ___________ possibilities.

조건 <보기>의 단어 중에서 골라 그대로 쓸 것
보기 alternative / research / imagine / primitive

28

Self-Improvement

Project Success 프로젝트 성공

프로젝트가 성공하려면 명확한 목표 설정, 팀원 간의 협력, 효과적인 의사소통이 필요합니다.

대학이나 직장에서 문제를 해결하고 성과를 내기 위한
크고 작은 프로젝트를 수행할 기회가 많습니다.

시간과 예산을 체계적으로 계획하고 배분하여
맡은 역할을 충실히 수행해야 프로젝트를 성공시킬 수 있습니다.

Words & PHRASES

✦표시 다의어는
지문 속 의미를
다의어 Check✔
에서 고르세요.

□ rehearse	예행연습[리허설]을 하다	• rehearsal 예행연습, 리허설
□ piece	한 부분[조각]; 작품	
□ obligated	의무가 있는(= obliged)	• oblige 의무적으로 ~하게 하다; 강요하다 • obligation 의무
□ composer	(특히 클래식 음악) 작곡가	• compose 작곡하다; 작성하다; 구성하다
□ do (A) a favo(u)r	(A에게) 호의를 베풀다	• favo(u)r 호의, 친절; 지지; 찬성하다
□ company✦	회사; 단체; 함께 있음	
□ payroll	급여 대상자 명단; 급여 지급 총액	
□ rent	집세, 임대[임차]료; 빌리다; 빌려주다	
□ eventually	결국(= in the end)	
□ commitment	약속; 헌신, 전념; 의무, 책임	• commit to A A에 헌신[기여]하다; A에 전념하다
□ acceptable	받아들일 수 있는	• accept 받아들이다, 수락하다 • acceptance 받아들임, 수락; 승인
□ stick with	~의 곁에 머물다; ~을 계속[고수]하다	
□ work	일(하다); (기계가) 작동하다; 효과가 있다	
□ hindsight	(일이 끝난 후에) 사정을 다 알게 됨; 뒤늦은 깨달음 (↔ foresight 예지력, 선견지명)	▶ in hindsight 지나고 보니, 돌이켜보면

I once spent six weeks rehearsing sixteen dancers on a bad piece of music called "The Hollywood Kiss" because I felt obligated to a composer who had done a favor for me. I had a **company**[+] of dancers on full payroll, so I was obliged to keep them busy. I was obligated to the studio I had rented and the staff I had hired. But obligation, I eventually saw, is not the same as commitment, and it's certainly not an acceptable reason to stick with something that isn't working. So, after six weeks of going nowhere, I gave up the project. Despite the most meticulous planning — or more likely because of it — I wasted six weeks of everyone's time. In hindsight, I should have listened to the CEO who told me, "You only need one good reason to commit to an idea, not four hundred. But if you have four hundred reasons to say yes and one good reason to say no, the answer is probably no."

*meticulous: 꼼꼼한, 세심한

다의어 Check ✔

지문 속 [+]표시 어휘의 문맥상 의미는?

1 company
　ⓐ 회사
　ⓑ 단체

 **INTRO**

 **Q**　윗글의 중심 소재는 무엇인지 고르시오.
① 프로젝트 계획 과정
② 프로젝트 기한 엄수
③ 프로젝트 진행 여부

Q　**윗글의 요지로 가장 적절한 것을 고르시오.**
① 의무와 전념은 프로젝트 성공을 이끄는 핵심 요인이다.
② 의무감보다는 프로젝트 실행의 정당성을 파악해야 한다.
③ 뜻대로 되지 않는 일도 인내하며 기다리면 성과를 낼 수 있다.
④ 너무 꼼꼼한 계획은 오히려 프로젝트를 실패로 이끌 수도 있다.
⑤ 개인 간의 이해관계가 얽힌 프로젝트는 시작하지 않는 것이 낫다.

◆ 주어진 질문에 답하시오.

[1]I once spent six weeks rehearsing sixteen dancers on a bad piece of music called "The Hollywood Kiss" because I felt obligated to a composer who **had done** a favor for me.

I 도입부가 글쓴이의 경험으로 시작되어 흥미를 불러일으키고 주목도를 높인다.

[2]I had a company of dancers on full payroll, so I was obliged to keep them busy.

[3]I was obligated to the studio I **had rented** and the staff I **had hired**.

TIP 대과거(had p.p.)
과거에 일어난 두 가지 일 중 '먼저 일어난 일'임을 나타내기 위해 대과거로 표현하기도 한다.

By the time the concert *started*, everyone **had** already **found** their seats.
콘서트가 시작할 때쯤에는 모두가 이미 자신의 자리를 찾았다.

[4]But obligation, **I eventually saw**, is not the same as commitment, and it's certainly not an acceptable reason to stick with something that isn't working.

I I eventually saw에서 saw는 무엇을 보았다는 의미가 아니고, 글쓴이의 이해, 깨달음을 의미한다.

1 문장 4를 간단히 표현할 때 빈칸에 알맞은 것을 본문에서 찾아 쓰시오.

→ ＿＿＿＿＿＿＿ shouldn't be the reason to stick with something that isn't working.

[5]So, after six weeks of going nowhere, I gave up the project.

2 밑줄 친 going nowhere의 의미로 알맞은 것은?
ⓐ having no object
ⓑ making no progress
ⓒ achieving results

[6]Despite the most meticulous planning — or more likely because of it — I wasted six weeks of everyone's time.

[7]In hindsight, I **should have listened** to the CEO who told me, "You only need one good reason to commit to an idea, not four hundred.

TIP **should[ought to] have p.p.**

1. ~했어야 했는데 (하지 않았다)

You **should have brought** an umbrella; it's raining hard.

당신은 우산을 가져왔어야 했는데, 비가 많이 온다.

2. 당연히 ~했을 것이다 《과거의 추측, 가능성》

I didn't check the results yet, but the team **should have won** the game.

아직 결과를 확인하지 않았지만, 그 팀은 당연히 경기에서 이겼을 것이다.

cf. shouldn't have p.p. (~하지 말았어야 했는데 (했다))

I **shouldn't have eaten** so much cake; now I feel sick.

나는 그렇게 많은 케이크를 먹지 말았어야 했는데. 이제 속이 안 좋다.

[8]But if you have four hundred reasons to say yes and one good reason to say no, the answer is probably no."

3 문장 7~8을 한 문장으로 표현할 때 빈칸에 알맞은 것은?

→ One good reason to say no ______________ hundreds of others to say yes.

ⓐ commits to

ⓑ outweighs

ⓒ finds you

Stage 3 요약하기

◆ 글의 내용을 아래와 같이 요약할 때, 빈칸 (A)~(C)에 들어갈 가장 적절한 말을 <조건>에 맞게 쓰시오.

Feeling obligated can be (A) ______________ for a project. When you have one convincing reason not to (B) ______________ an idea, you can't (C) ______________ feeling forced into it for motivation.

조건 <보기>의 단어 중에서 골라 그대로 쓸 것

보기 helpful / rely on / commit to / turn away / discontinue / harmful

29

Rational vs. Emotional 이성적 vs. 감성적

이성적 사고와 감성적 사고는 의사소통과 의사결정에 영향을 줍니다.
특정 상황에서는 한쪽이 더 효과적일 수 있지만, 보통 이성적 사고와 감성적 사고를 적절히 결합할 필요가 있습니다.

MBTI가 유행하면서 사람들은 서로 다른 사고방식을 이해하게 되었습니다.
이성적 사고는 논리적 추론(logical reasoning)과 사실을 중요시하고,
감성적 사고는 느낌과 감정(feelings and emotions), 감각에 가치를 둡니다.

친구가 아플 때 어떤 사람은 병원에 가거나 약을 먹으라고 말하고
또 어떤 사람은 아파서 힘든 마음에 공감하고 친구를 위로해 줍니다.

서로 다른 방식으로 도움이 되므로 무엇이 우위에 있다고 말할 수는 없습니다.

Words & PHRASES

✦ 표시 다의어는
지문 속 의미를
다의어 Check✔
에서 고르세요.

☐ state✦	상태; 국가; 말하다	
☐ intensify	강화하다; 심해지다, 격렬해지다	• intensity 강렬함, 강도
☐ rationally	이성적으로, 합리적으로	
☐ by nature	선천적으로; 본래(= naturally)	
☐ creature	생물; 동물; 《형용사 뒤에서》 사람	
☐ rid A of B	A에서 B를 없애다[빼앗다]	
☐ temporarily	일시적으로, 잠깐(↔ permanently 영구적으로)	• temporary 일시적인, 잠깐의
☐ be engaged in	~에 참여[종사]하다; ~으로 바쁘다	
☐ argument	논쟁, 말다툼(= debate); 주장; 논거; 논증	
☐ put emphasis on	~을 강조하다, ~에 중점을 두다(= place emphasis on)	
☐ reason	이유, 논거; 이성; 판단하다, 추론하다	
☐ exclude	제외하다, 배제하다(↔ include 포함하다)	
☐ sound✦	소리; 들리다; 타당한; (신체, 정신이) 건강한, 온전한	
☐ intellectual	지적인, 지성의; 지식인	
☐ substance	물질; 본질, 실체	
☐ conclusion	결론; 결말	• conclude 결론을 내리다; 끝나다
☐ appeal	호소(하다); 관심을 끌다, 매력적이다	
☐ devote A to v-ing	A를 v하는 데 바치다[쏟다]	
☐ case	경우; 실정, 사실; 사건; 소송	
☐ worth v-ing	v할 가치가 있는	
[선택지]		
☐ empathy	감정이입, 공감	

There is a basic truth of human psychology that one does not have to learn from a textbook: The more strongly our emotional **state**[+] intensifies, the more difficult it is to think clearly and behave rationally. We are by nature emotional creatures, and to imagine that we could completely rid ourselves of our emotions — even temporarily, while we are engaged in argument — would be unrealistic. It is a matter of putting the emphasis on reason, then, and not of attempting to exclude emotion entirely. What should move people in a **sound**[+] argument is its intellectual substance, the ideas and their interconnections. A conclusion should be accepted not because we feel good about it but because we see that it is true. There is a simple rule to be followed here: Never appeal directly to people's emotions. Devote your efforts to bringing them to the point where they can see for themselves what is the case. The only thing really worth feeling good about is _______________.

*interconnection: 상호 연관성

다의어 Check ✔

지문 속 +표시 어휘의 문맥상 의미는?

1 state
ⓐ nation
ⓑ condition

2 sound
ⓐ physically healthy
ⓑ reasonable

INTRO

Q 빈칸 문장으로 보아, 찾아야 할 내용으로 알맞은 것을 고르시오.
① 무엇에 만족을 느껴야 하는가
② 무엇을 만족시켜야 하는가

Q 윗글의 빈칸에 들어갈 말로 가장 적절한 것을 고르시오.
① the kindness
② the harmony
③ the empathy
④ the honesty
⑤ the truth

◆ 주어진 질문에 답하시오.

---

[1] There is a basic truth of human psychology that one does not have to learn from a textbook: **The stronger** our emotional state intensifies, **the more difficult** it is to think clearly and behave rationally.

---

1 밑줄 친 stronger가 어법상 옳으면 ○, 틀리면 ×로 표시하고 바르게 고치시오.

> **TIP★** **the+비교급 ~, the+비교급 …** (~하면 할수록 더욱 …하다)
> 형용사나 부사가 the+비교급의 형태로 쓰여 앞으로 이동한다. 형용사와 부사 중 무엇이 올바른지는 원래 문장 구조에 따라 판단한다.
>
> **The more** junk food you have, **the more unhealthy** you're likely to become.
> 정크 푸드를 더 많이 먹을수록 건강이 더 나빠질 것이다.
> ← You have **much** junk food.
> ← You're likely to become **unhealthy**.

---

[2] We are by nature emotional creatures, and to imagine that we could completely rid ourselves of our emotions — even temporarily, while we are engaged in argument — would be unrealistic.

---

2 밑줄 친 would be의 주어에 해당하는 부분의 처음 두 단어를 쓰시오.

3 문장 1~2를 한 문장으로 표현할 때 빈칸에 알맞은 것은?

→ ______________ are likely to have a strong effect on humans.

ⓐ Natures
ⓑ Emotions
ⓒ Arguments

---

[3] It is a matter of putting the emphasis on reason, **then**, and <u>not</u> of attempting to exclude emotion entirely.

❮ then (그러면, 그렇다면)
논리적인 결과를 나타낸다.

---

4 밑줄 친 not의 앞뒤로 의미상 생략된 말을 모두 포함하여 다시 쓰시오.

5 문장 3의 의미로 알맞은 것은?
ⓐ 감정은 완전히 배제해야 한다.
ⓑ 이성과 감정을 모두 고려해야 한다.
ⓒ 감정보다는 이성에 중점을 두어야 한다.

⁴What should move people in a sound argument is its intellectual substance, the ideas and their interconnections.

⁵A conclusion **should** be accepted **not** because we feel good about it **but** because we see that it is true.

6 문장 4~5를 간단히 표현할 때 알맞은 것은?
ⓐ 상대방의 주장에 공감해야 한다.
ⓑ 사람들을 감정적으로 움직여야 한다.
ⓒ 주장할 때는 감정보다 사실이 중요하다.

⁶There is a simple rule to be followed here: Never appeal directly to people's emotions.

⁷Devote your efforts to bring them to the point where they can see for themselves what is the case.

7 문장 7에서 어법상 **틀린** 단어 하나를 찾아 바르게 고치시오.
고치기 전:
→ 고친 후:

⁸The only thing really worth feeling good about is the truth.

Stage 3 요약하기

◆ 글의 내용을 아래와 같이 요약할 때, 빈칸 (A), (B)에 들어갈 가장 적절한 말을 <조건>에 맞게 쓰시오.

It is vital to focus on (A) ______________ in argument, and to encourage individuals to independently recognize facts rather than being (B) ____________ by emotions.

조건　1. <보기>의 단어 중에서 골라 쓸 것
2. 필요하면 문맥과 어법에 맞게 변형할 것
3. 각각 한 단어로 작성할 것
보기　influence / impulse / reason / ignore

30

Words

Keystone 쐐기돌

건축에서 '쐐기돌'은 아치를 쌓은 후 마지막으로 틈에 끼워 넣는 돌을 말합니다.
꼭대기 중앙에 위치한 쐐기 모양의 돌은 아치의 장식이기도 하지만
건축 마무리 단계에서 아치 구조를 단단하고 안정감 있게 해줍니다.

keystone은 체계 또는 구조의 안정성,
그리고 나아가 필수적이고 중심적인 것을 의미하기도 합니다.

사업이나 사회 체계에서 핵심이 되는 개인이나 집단을
쐐기돌이라고 비유하여 표현할 수 있습니다.

이들은 조직이나 공동체가 기능하는 데 중요한 역할을 합니다.

Words & PHRASES

✦ 표시 다의어는
지문 속 의미를
다의어 Check✔
에서 고르세요.

☐ **biologist**	생물학자	• biology 생물학 • biological 생물학의; 생물체의
☐ **term**	기간; 학기; 용어; 《복》 조건	
☐ **keystone**	《건축》 (아치 꼭대기의) 쐐기돌; (계획, 주장의) 핵심	
☐ **species**	《생물》 종(種)	▶ endangered species 멸종 위기종
☐ **seashore**	해안, 해변	
☐ **predator**	포식자, 포식 동물	*cf.* prey (동물의) 먹이, 사냥감; 희생자
☐ **starfish**	불가사리	
☐ **overabundance**	과잉, 과다	• abundance 풍부(함) • abundant 풍부한
☐ **sharp✦**	날카로운, 예리한; (변화가) 급격한; 예민한, 영리한	
☐ **biodiversity**	생물 다양성	• diverse 다양한, 가지각색의 • diversity 다양성(= variety)
☐ **refer to A**	A를 언급하다; A를 나타내다[가리키다]; A를 참조하다	
☐ **structure**	구조(물); 체계; 조직하다, 구성하다	
☐ **ecosystem**	생태계	
☐ **brink**	가장자리, 끝; (위기의) 직전	▶ bring A to the brink A를 벼랑[위기]으로 몰고 가다
☐ **agriculture**	농업(= farming)	
☐ **account for✦**	~을 설명하다(= explain); (부분, 비율을) 차지하다; ~의 이유가 되다	
☐ **conservation**	보호, 보존	
☐ **recovery**	회복; 되찾음	• recover (건강 등을) 회복하다; (손실 등을) 되찾다
☐ **associated**	관련된, 연관된(= connected); 연합[조합]의	
☐ **consumption**	소비	• consume 소비하다 • consumer 소비자
[선택지]		
☐ **invisible**	보이지 않는, 볼 수 없는(↔ visible 볼 수 있는); 무형의	

Biologists are familiar with the term "keystone species," which was first used in 1969 after Robert Paine's research on the seashore. Paine found that by removing the predator — the purple starfish — from the seashore, he could cause an overabundance of its prey, mussels, and a **sharp**[+] decline in biodiversity. Therefore, a "keystone species" is one that has a much greater effect than you would expect from its numbers. While a keystone species refers to a specific species that structures an ecosystem, "keystone consumers" are a specific group of humans that structure a market for a particular resource. High demand by a few individuals can bring flora and fauna to the brink. In the case of water, agriculture **accounts for**[+] 80% of use in the U.S.; large-scale farms are the keystone consumers. Conservation efforts focusing on farms could lead to a recovery of the associated resource. Our lives depend on protecting keystone species and reducing keystone consumption.

*mussel: 홍합　**flora and fauna: (한 지역의) 동식물군

 **다의어 Check** ✔

지문 속 ✦표시 어휘의 문맥상 의미는?

1 sharp
ⓐ (변화가) 급격한
ⓑ 영리한

2 account for
ⓐ ~을 설명하다
ⓑ (부분, 비율을) 차지하다

 **INTRO**

Q 윗글의 중심 소재는 무엇인지 고르시오.
① conflicting concepts of keystone
② keystone species and consumers
③ the hidden role of keystone species

 **Q** 윗글의 제목으로 가장 적절한 것을 고르시오.
① Our Efforts: Structuring a New Market for Resources
② The Invisible Keystone: Hidden Forces in Ecosystems
③ Conservation Success: No More Endangered Species
④ The Key to Fostering Biodiversity: Unlimited Resources
⑤ Maintaining Balance: Keystone Species and Consumers

◆ 주어진 질문에 답하시오.

[1] Biologists are familiar with the term "**keystone species,**" **which was first used** in 1969 after Robert Paine's research on the seashore.

첫 문장에서 핵심어 keystone species를 소개했다.

[2] Paine found that by removing the predator — the purple starfish — from the seashore, he could cause an overabundance of its prey, mussels, and a sharp decline in biodiversity.

~ the term "keystone species," which was first used in 1969 ~.
콤마(,) 뒤에 이어지는 관계사절이 keystone species를 부가 설명한다.

1 문장 2를 간단히 표현할 때 빈칸에 알맞은 것은?

→ Removing the predator from the seashore _____________ a loss of biodiversity.

ⓐ stemmed from   ⓑ resulted in   ⓒ dealt with

[3] **Therefore**, a (a) "keystone species" is one that has a much greater effect (b) than you would expect from its numbers.

therefore는 흔히 글의 '결론'을 이끌지만, 세부 내용의 '결과'일 수도 있으므로 주의해야 한다.

2 문장 2~3으로 보아, 밑줄 친 (a) "keystone species"에 해당하는 것은?

ⓐ other animals on the seashore
ⓑ the predator, the purple starfish
ⓒ the prey, mussels

3 밑줄 친 (b)의 의미로 알맞은 것은?

ⓐ if you predict the result using numbers
ⓑ because the species has a bigger body than others
ⓒ even though the species might not be numerous

[4] **While** a keystone species refers to a specific species that structures an ecosystem, "keystone consumers" are a specific group of humans that structure a market for a particular resource.

while (~인 데 반하여)
a keystone species와 keystone consumers를 비교, 대조한다.

[5] High demand by **a few individuals** can bring flora and fauna to the brink.

a few individuals는 문장 4의 keystone consumers를 가리킨다.

4 문장 4~5로 보아, 문장 4의 밑줄 친 a particular resource의 의미로 알맞은 것은?

ⓐ keystone consumers가 소비하는 특정 자원
ⓑ keystone consumers가 시장에 투입한 자원
ⓒ keystone consumers가 충분하다고 여기는 자원

[6]**In the case of** water, agriculture accounts for 80% of use in the U.S.; large-scale farms are the keystone consumers.

[7]Conservation efforts focusing on farms could lead to a recovery of the associated resource.

5 밑줄 친 the associated resource에 해당하는 것을 문장 6에서 찾아 쓰시오.

[8]Our lives depend on protecting keystone species and reduce keystone consumption.

6 문장 8에서 어법상 틀린 단어 하나를 찾아 바르게 고치시오.

고치기 전:

→ 고친 후:

Stage 3   요약하기

◆ 글의 내용을 아래와 같이 요약할 때, 빈칸 (A)~(C)에 들어갈 가장 적절한 말을 <조건>에 맞게 쓰시오.

Protecting keystone species and reducing the (A) ___________ of keystone consumers are essential for maintaining ecological (B) __________ and the (C) ___________ of resources.

조건)   1. <보기>의 단어 중에서 골라 쓸 것
       2. 필요하면 문맥과 어법에 맞게 변형할 것
       3. 각각 한 단어로 작성할 것

보기)   balance / recover / impact / disappear

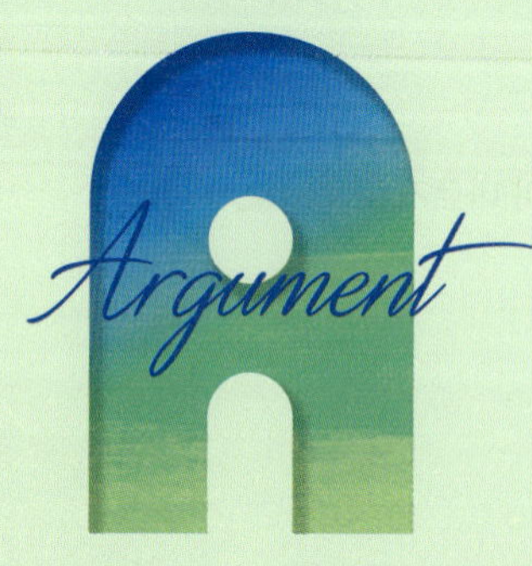

Be logical about personal viewpoints and supporting evidence!

01~30

함께 풀면 좋은
기출문제

01 Nature vs. Nurture

1

소재 연계

다음 빈칸에 들어갈 말로 가장 적절한 것은?　　　<고1>

In a study at Princeton University in 1992, research scientists looked at two different groups of mice. One group was made intellectually superior by modifying the gene for the glutamate receptor. Glutamate is a brain chemical that is necessary in learning. The other group was genetically manipulated to be intellectually inferior, also done by modifying the gene for the glutamate receptor. The smart mice were then raised in standard cages, while the inferior mice were raised in large cages with toys and exercise wheels and with lots of social interaction. At the end of the study, although the intellectually inferior mice were genetically handicapped, they were able to perform just as well as their genetic superiors. This was a real triumph for nurture over nature. Genes are turned on or off ________________________.

*glutamate: 글루타민산염　**manipulate: 조작하다

① by themselves for survival
② free from social interaction
③ based on what is around you
④ depending on genetic superiority
⑤ so as to keep ourselves entertained

2

소재 연계

다음 빈칸에 들어갈 말로 가장 적절한 것은?　　　<고2>

The growing field of genetics is showing us what many scientists have suspected for years — ________________________________. This information helps us better understand that genes are under our control and not something we must obey. Consider identical twins; both individuals are given the same genes. In midlife, one twin develops cancer, and the other lives a long healthy life without cancer. A specific gene instructed one twin to develop cancer, but in the other the same gene did not initiate the disease. One possibility is that the healthy twin had a diet that turned off the cancer gene — the same gene that instructed the other person to get sick. For many years, scientists have recognized other environmental factors, such as chemical toxins (tobacco for example), can contribute to cancer through their actions on genes. The notion that food has a specific influence on gene expression is relatively new.

① identical twins have the same genetic makeup
② our preference for food is influenced by genes
③ balanced diet is essential for our mental health
④ genetic engineering can cure some fatal diseases
⑤ foods can immediately influence the genetic blueprint

02 Use of Fire

1

밑줄 친 the omnivore's paradox가 다음 글에서 의미하는 바로 가장 적절한 것은? <고2>

Humans are omnivorous, meaning that they can consume and digest a wide selection of plants and animals found in their surroundings. The primary advantage to this is that they can adapt to nearly all earthly environments. The disadvantage is that no single food provides the nutrition necessary for survival. Humans must be flexible enough to eat a variety of items sufficient for physical growth and maintenance, yet cautious enough not to randomly ingest foods that are physiologically harmful and, possibly, fatal. This dilemma, the need to experiment combined with the need for conservatism, is known as the omnivore's paradox. It results in two contradictory psychological impulses regarding diet. The first is an attraction to new foods; the second is a preference for familiar foods.

① irony of wanting but disliking nutritious food
② conflict between vegetarians and meat eaters
③ sacrificing quality of food for quantity of food
④ difficulty in judging whether something is edible
⑤ need to be both flexible and cautious about foods

2

다음 글의 밑줄 친 부분 중, 문맥상 낱말의 쓰임이 적절하지 않은 것은? <고1>

Hunting can explain how humans developed reciprocal altruism and social exchange. Humans seem to be unique among primates in showing extensive reciprocal relationships that can last years, decades, or a lifetime. Meat from a large game animal comes in quantities that ① exceed what a single hunter and his immediate family could possibly consume. Furthermore, hunting success is highly ② variable; a hunter who is successful one week might fail the next. These conditions ③ encourage food sharing from hunting. The costs to a hunter of giving away meat he cannot eat immediately are ④ high because he cannot consume all the meat himself and leftovers will soon spoil. The benefits can be large, however, when those who are given his food return the generous favor later on when he has failed to get food for himself. In essence, hunters can ⑤ store extra meat in the bodies of their friends and neighbors.

*reciprocal altruism: 상호 이타주의 **primates: 영장류

03 Verbal Ping-Pong

1

소재 연계

다음 글에서 전체 흐름과 관계 <u>없는</u> 문장은?　　　　<고1>

Public speaking is audience centered because speakers "listen" to their audiences during speeches. They monitor audience feedback, the verbal and nonverbal signals an audience gives a speaker. ① Audience feedback often indicates whether listeners understand, have interest in, and are ready to accept the speaker's ideas. ② This feedback assists the speaker in many ways. ③ It helps the speaker know when to slow down, explain something more carefully, or even tell the audience that she or he will return to an issue in a question-and-answer session at the close of the speech. ④ It is important for the speaker to memorize his or her script to reduce onstage anxiety. ⑤ Audience feedback assists the speaker in creating a respectful connection with the audience.

*verbal: 언어적인

2

글 구조 연계

글의 흐름으로 보아, 주어진 문장이 들어가기에 가장 적절한 곳은?　　　　<고1>

> As the sticks approach each other, the air immediately in front of them is compressed and energy builds up.

Sound and light travel in waves. An analogy often given for sound is that of throwing a small stone onto the surface of a still pond. Waves radiate outwards from the point of impact, just as sound waves radiate from the sound source. (①) This is due to a disturbance in the air around us. (②) If you bang two sticks together, you will get a sound. (③) When the point of impact occurs, this energy is released as sound waves. (④) If you try the same experiment with two heavy stones, exactly the same thing occurs, but you get a different sound due to the density and surface of the stones, and as they have likely displaced more air, a louder sound. (⑤) And so, a physical disturbance in the atmosphere around us will produce a sound.

*analogy: 비유　**radiate: 사방으로 퍼지다

04 Leadership

1

소재 연계

다음 글의 요지로 가장 적절한 것은?　　　<고1>

When we think of leaders, we may think of people such as Abraham Lincoln or Martin Luther King, Jr. If you consider the historical importance and far-reaching influence of these individuals, leadership might seem like a noble and high goal. But like all of us, these people started out as students, workers, and citizens who possessed ideas about how some aspect of daily life could be improved on a larger scale. Through diligence and experience, they improved upon their ideas by sharing them with others, seeking their opinions and feedback and constantly looking for the best way to accomplish goals for a group. Thus we all have the potential to be leaders at school, in our communities, and at work, regardless of age or experience.

*diligence: 근면

① 훌륭한 리더는 고귀한 목표를 위해 희생적인 삶을 산다.
② 위대한 인물은 위기의 순간에 뛰어난 결단력을 발휘한다.
③ 공동체를 위한 아이디어를 발전시키는 누구나 리더가
　될 수 있다.
④ 다른 사람의 의견을 경청하는 자세는 목표 달성에 가장
　중요하다.
⑤ 근면하고 경험이 풍부한 사람들은 경제적으로 성공할
　수 있다.

2

소재 연계

다음 빈칸에 들어갈 말로 가장 적절한 것은?　　　<고2>

Followers can be defined by their position as subordinates or by their behavior of going along with leaders' wishes. But followers also have power to lead. Followers empower leaders as well as vice versa. This has led some leadership analysts like Ronald Heifetz to avoid using the word *followers* and refer to the others in a power relationship as "citizens" or "constituents." Heifetz is correct that too simple a view of followers can produce misunderstanding. In modern life, most people wind up being both leaders and followers, and the categories can become quite _____________. Our behavior as followers changes as our objectives change. If I trust your judgment in music more than my own, I may follow your lead on which concert we attend (even though you may be formally my subordinate in position). But if I am an expert on fishing, you may follow my lead on where we fish, regardless of our formal positions or the fact that I followed your lead on concerts yesterday.

*vice versa: 반대로, 거꾸로

① rigid　　　　　　② unfair
③ fluid　　　　　　④ stable
⑤ apparent

1

다음 글의 제목으로 가장 적절한 것은?　　　　〈고1〉

Think, for a moment, about something you bought that you never ended up using. An item of clothing you never ended up wearing? A book you never read? Some piece of electronic equipment that never even made it out of the box? It is estimated that Australians alone spend on average $10.8 billion AUD (approximately $9.99 billion USD) every year on goods they do not use — more than the total government spending on universities and roads. That is an average of $1,250 AUD (approximately $1,156 USD) for each household. All the things we buy that then just sit there gathering dust are waste — a waste of money, a waste of time, and waste in the sense of pure rubbish. As the author Clive Hamilton observes, "The difference between the stuff we buy and what we use is waste."

① Spending Enables the Economy
② Money Management: Dos and Don'ts
③ Too Much Shopping: A Sign of Loneliness
④ 3R's of Waste: Reduce, Reuse, and Recycle
⑤ What You Buy Is Waste Unless You Use It

2

글의 흐름으로 보아, 주어진 문장이 들어가기에 가장 적절한 곳은?　　　　〈고1〉

Yet libraries must still provide quietness for study and reading, because many of our students want a quiet study environment.

Acoustic concerns in school libraries are much more important and complex today than they were in the past. (①) Years ago, before electronic resources were such a vital part of the library environment, we had only to deal with noise produced by people. (②) Today, the widespread use of computers, printers, and other equipment has added machine noise. (③) People noise has also increased, because group work and instruction are essential parts of the learning process. (④) So, the modern school library is no longer the quiet zone it once was. (⑤) Considering this need for library surroundings, it is important to design spaces where unwanted noise can be eliminated or at least kept to a minimum.

*acoustic: 소리의

06 How to Educate

1

다음 글의 내용을 한 문장으로 요약하고자 한다. 빈칸 (A), (B)에 들어갈 말로 가장 적절한 것은?　　　　　　　　<고1>

Nancy Lowry and David Johnson conducted an experiment to study a teaching environment where fifth and sixth graders were assigned to interact on a topic. With one group, the discussion was led in a way that built an agreement. With the second group, the discussion was designed to produce disagreements about the right answer. Students who easily reached an agreement were less interested in the topic, studied less, and were less likely to visit the library to get additional information. The most noticeable difference, though, was revealed when teachers showed a special film about the discussion topic — during lunch time! Only 18 percent of the agreement group missed lunch time to see the film, but 45 percent of the students from the disagreement group stayed for the film. The thirst to fill a knowledge gap — to find out who was right within the group — can be more powerful than the thirst for slides and jungle gyms.

↓

> According to the experiment above, students' interest in a topic ______(A)______ when they are encouraged to ______(B)______ .

	(A)		(B)
①	increases	……	differ
②	increases	……	approve
③	increases	……	cooperate
④	decreases	……	participate
⑤	decreases	……	argue

2

다음 빈칸에 들어갈 말로 가장 적절한 것은?　　　　　<고1>

Recently I was with a client who had spent almost five hours with me. As we were parting for the evening, we reflected on what we had covered that day. Even though our conversation was very collegial, I noticed that my client was holding one leg at a right angle to his body, seemingly wanting to take off on its own. At that point I said, "You really do have to leave now, don't you?" "Yes," he admitted. "I am so sorry. I didn't want to be rude but I have to call London and I only have five minutes!" Here was a case where my client's language and most of his body revealed nothing but positive feelings. His feet, however, were ________________________________, and they clearly told me that as much as he wanted to stay, duty was calling.

*collegial: 평등하게 책임을 지는

① a signal of his politeness
② the subject of the conversation
③ expressing interest in my words
④ the most honest communicators
⑤ stepping excitedly onto the ground

07 Early Adopter

1

밑줄 친 become unpaid ambassadors가 다음 글에서 의미하는 바로 가장 적절한 것은? <고1 응용>

Why do you care how a customer reacts to a purchase? Good question. By understanding post-purchase behavior, you can understand the influence and the likelihood of whether a buyer will repurchase the product (and whether she will keep it or return it). You'll also determine whether the buyer will encourage others to purchase the product from you. Satisfied customers can become unpaid ambassadors for your business, so customer satisfaction should be on the top of your to-do list. People tend to believe the opinions of people they know. People trust friends over advertisements any day. They know that advertisements are paid to tell the "good side" and that they're used to persuade them to purchase products and services. By reflecting early adopters' feedback and by continually monitoring your customer's satisfaction after the sale, you have the ability to avoid negative word-of-mouth advertising.

① recommend products to others for no gain
② offer manufacturers feedback on products
③ become people who don't trust others' words
④ get rewards for advertising products overseas
⑤ buy products without worrying about the price

2

글의 흐름으로 보아, 주어진 문장이 들어가기에 가장 적절한 곳은? <고1>

> This may have worked in the past, but today, with interconnected team processes, we don't want all people who are the same.

Most of us have hired many people based on human resources criteria along with some technical and personal information that the boss thought was important. (①) I have found that most people like to hire people just like themselves. (②) In a team, some need to be leaders, some need to be doers, some need to provide creative strengths, some need to be inspirers, some need to provide imagination, and so on. (③) In other words, we are looking for a diversified team where members complement one another. (④) When putting together a new team or hiring team members, we need to look at each individual and how he or she fits into the whole of our team objective. (⑤) The bigger the team, the more possibilities exist for diversity.

*criteria: 《복》 기준

08 Design Philosophy

1

다음 빈칸에 들어갈 말로 가장 적절한 것은?　　　<고1>

If you've ever made a poor choice, you might be interested in learning how to break that habit. One great way to trick your brain into doing so is to sign a "Ulysses Contract." The name of this life tip comes from the Greek myth about Ulysses, a captain whose ship sailed past the island of the Sirens, a tribe of dangerous women who lured victims to their death with their irresistible songs. Knowing that he would otherwise be unable to resist, Ulysses instructed his crew to stuff their ears with cotton and tie him to the ship's mast to prevent him from turning their ship towards the Sirens. It worked for him and you can do the same thing by ________________________________. For example, if you want to stay off your cellphone and concentrate on your work, delete the apps that distract you or ask a friend to change your password!

*lure: 유혹하다 **mast: 돛대

① letting go of all-or-nothing mindset
② finding reasons why you want to change
③ locking yourself out of your temptations
④ building a plan and tracking your progress
⑤ focusing on breaking one bad habit at a time

2

다음 빈칸에 들어갈 말로 가장 적절한 것은?　　　<고1>

Houses in flames, crops stolen, and hasty graves for the dead. This was the legacy of Attila's Huns, sweeping across northern Italy and causing massive destruction to the remains of the Roman Empire. But they unintentionally left another, more positive legacy as well. Refugees from burning cities were desperate to find safe refuge. As things got worse, more Roman citizens streamed to the wetlands to avoid the mass killings and destruction on the mainland. Over the next few centuries they transformed the tough surroundings into an architectural wonder: Venice! Built out of misfortune, Venice eventually turned into one of the richest and most beautiful cities in the world. Thus ________________________________.

① harsh necessity can be the mother of glorious invention
② excessive greed can give rise to unexpected disasters
③ a good beginning does not always make a good ending
④ an ounce of prevention is well worth a pound of cure
⑤ humans are powerless before the forces of nature

Socratic Wisdom

1

소재 연계

(A), (B), (C)의 각 네모 안에서 문맥에 맞는 낱말로 가장 적절한 것은? <고1>

From the beginning of human history, people have asked questions about the world and their place within it. For early societies, the answers to the most basic questions were found in (A) religion / science . Some people, however, found the traditional religious explanations inadequate, and they began to search for answers based on reason. This (B) consistency / shift marked the birth of philosophy, and the first of the great thinkers that we know of was Thales of Miletus. He used reason to inquire into the nature of the universe, and encouraged others to do likewise. He passed on to his followers not only his answers but also the process of thinking (C) rationally / irrationally , together with an idea of what kind of explanations could be considered satisfactory.

(A)	(B)	(C)
① religion	consistency	rationally
② religion	shift	irrationally
③ religion	shift	rationally
④ science	shift	irrationally
⑤ science	consistency	rationally

2

소재 연계

다음 빈칸에 들어갈 말로 가장 적절한 것은? <고1>

When reading another scientist's findings, think critically about the experiment. Ask yourself: Were observations recorded during or after the experiment? Do the conclusions make sense? Can the results be repeated? Are the sources of information reliable? You should also ask if the scientist or group conducting the experiment was unbiased. Being unbiased means that you have no special interest in the outcome of the experiment. For example, if a drug company pays for an experiment to test how well one of its new products works, there is a special interest involved: The drug company profits if the experiment shows that its product is effective. Therefore, the experimenters aren't ______________. They might ensure the conclusion is positive and benefits the drug company. When assessing results, think about any biases that may be present!

① inventive
② objective
③ untrustworthy
④ unreliable
⑤ decisive

10 Art History

1
소재 연계

다음 글의 주제로 가장 적절한 것은? <고1>

Sometimes, we are fascinated when our assumptions are turned inside out and around. The artist Pablo Picasso, for example, used Cubism as a way to help us see the world differently. In his famous work *Three Musicians*, he used abstract forms to shape the players in such an unexpected way that when you first see this artwork, you assume that nothing makes sense. Yet when you look at the painting a second time, the figures come together. Picasso's work challenges your assumptions about how space and objects are used. His artwork helps you see the world differently and reminds you there are alternative ways of using shape, objects, and colors. The reward for this is the intrinsic pleasure you get by looking at this work.

① emotional intelligence enhanced by appreciating Cubist artworks
② inner pleasure driven by viewing the world from different angles
③ abstract style formed by balancing reality with fantasy
④ artists' guild organized by cooperating with cultural institutions
⑤ great challenges experienced by musicians in the modern world

2
글 구조 연계

주어진 글 다음에 이어질 글의 순서로 가장 적절한 것은? <고1>

Up until about 6,000 years ago, most people were farmers. Many lived in different places throughout the year, hunting for food or moving their livestock to areas with enough food.

(A) For example, priests wanted to know when to carry out religious ceremonies. This was when people first invented clocks — devices that show, measure, and keep track of passing time.

(B) There was no need to tell the time because life depended on natural cycles, such as the changing seasons or sunrise and sunset. Gradually more people started to live in larger settlements, and some needed to tell the time.

(C) Clocks have been important ever since. Today, clocks are used for important things such as setting busy airport timetables — if the time is incorrect, aeroplanes might crash into each other when taking off or landing!

① (A) – (C) – (B)
② (B) – (A) – (C)
③ (B) – (C) – (A)
④ (C) – (A) – (B)
⑤ (C) – (B) – (A)

11 Snapchat

1

다음 글에서 전체 흐름과 관계 <u>없는</u> 것은? <고1>

Given the widespread use of emoticons in electronic communication, an important question is whether they help Internet users to understand emotions in online communication. ① Emoticons, particularly character-based ones, are much more ambiguous relative to face-to-face cues and may end up being interpreted very differently by different users. ② Nonetheless, research indicates that they are useful tools in online text-based communication. ③ One study of 137 instant messaging users revealed that emoticons allowed users to correctly understand the level and direction of emotion, attitude, and attention expression and that emoticons were a definite advantage in nonverbal communication. ④ In fact, there have been few studies on the relationships between verbal and nonverbal communication. ⑤ Similarly, another study showed that emoticons were useful in strengthening the intensity of a verbal message, as well as in the expression of sarcasm.

*ambiguous: 모호한 **verbal: 언어적인 ***sarcasm: 풍자

2

다음 글의 내용을 한 문장으로 요약하고자 한다. 빈칸 (A), (B)에 들어갈 말로 가장 적절한 것은? <고1>

While there are many evolutionary or cultural reasons for cooperation, the eyes are one of the most important means of cooperation, and eye contact may be the most powerful human force we lose in traffic. It is, arguably, the reason why humans, normally a quite cooperative species, can become so noncooperative on the road. Most of the time we are moving too fast — we begin to lose the ability to keep eye contact around 20 miles per hour — or it is not safe to look. Maybe our view is blocked. Often other drivers are wearing sunglasses, or their car may have tinted windows. (And do you really want to make eye contact with those drivers?) Sometimes we make eye contact through the rearview mirror, but it feels weak, not quite believable at first, as it is not "face-to-face."

*tinted: 색이 옅게 들어간

↓

> While driving, people become ______(A)______ , because they make ______(B)______ eye contact.

	(A)		(B)
①	uncooperative	……	little
②	careful	……	direct
③	confident	……	regular
④	uncooperative	……	direct
⑤	careful	……	little

12 Time Management

1

소재 연계

다음 글에서 필자가 주장하는 바로 가장 적절한 것은? <고1>

It is difficult for any of us to maintain a constant level of attention throughout our working day. We all have body rhythms characterised by peaks and valleys of energy and alertness. You will achieve more, and feel confident as a benefit, if you schedule your most demanding tasks at times when you are best able to cope with them. If you haven't thought about energy peaks before, take a few days to observe yourself. Try to note the times when you are at your best. We are all different. For some, the peak will come first thing in the morning, but for others it may take a while to warm up.

*alertness: 기민함

① 부정적인 감정에 에너지를 낭비하지 말라.
② 자기 신체 능력에 맞게 운동량을 조절하라.
③ 자기 성찰을 위한 아침 명상 시간을 확보하라.
④ 생산적인 하루를 보내려면 일을 균등하게 배분하라.
⑤ 자신의 에너지가 가장 높은 시간을 파악하여 활용하라.

2

소재 연계

다음 빈칸에 들어갈 말로 가장 적절한 것은? <고1>

If you want the confidence that comes from achieving what you set out to do each day, then it's important to understand ___________________.
Over-optimism about what can be achieved within a certain time frame is a problem. So work on it. Make a practice of estimating the amount of time needed alongside items on your 'things-to-do' list, and learn by experience when tasks take a greater or lesser time than expected. Give attention also to fitting the task to the available time. There are some tasks that you can only set about if you have a significant amount of time available. There is no point in trying to gear up for such a task when you only have a short period available. So schedule the time you need for the longer tasks and put the short tasks into the spare moments in between.

*gear up: 준비를 갖추다, 대비하다

① what benefits you can get
② how practical your tasks are
③ how long things are going to take
④ why failures are meaningful in life
⑤ why your leisure time should come first

13 Negotiating Skills

1

소재 연계

다음 글의 요지로 가장 적절한 것은? <고1>

We all negotiate every day, whether we realize it or not. Yet few people ever learn *how* to negotiate. Those who do usually learn the traditional, win-lose negotiating style rather than an approach that is likely to result in a win-win agreement. This old-school, adversarial approach may be useful in a one-off negotiation where you will probably not deal with that person again. However, such transactions are becoming increasingly rare, because most of us deal with the same people repeatedly — our spouses and children, our friends and colleagues, our customers and clients. In view of this, it's essential to achieve successful results for ourselves and maintain a healthy relationship with our negotiating partners at the same time. In today's interdependent world of business partnerships and long-term relationships, a win-win outcome is fast becoming the *only* acceptable result.

*adversarial: 적대적인

① 협상 상대의 단점뿐 아니라 장점을 철저히 분석해야 한다.
② 의사소통 과정에서 서로의 의도를 확인하는 것이 바람직하다.
③ 성공적인 협상을 위해 다양한 대안을 준비하는 것이 중요하다.
④ 양측에 유리한 협상을 통해 상대와 좋은 관계를 유지해야 한다.
⑤ 원만한 인간관계를 위해 상호독립성을 인정하는 것이 필요하다.

2

소재 연계

다음 빈칸에 들어갈 말로 가장 적절한 것은? <고1>

A study in the *Journal of Experimental Social Psychology* suggests a way to make negotiations go smoother. In this study, when college students who negotiated the purchase of a motorcycle over an online instant messenger believed they were physically far apart (more than 15 miles), negotiations were easier and showed more compromise than when participants believed they were closer (a few feet). The experimenters explain that when people are farther apart, they consider the factors in a more abstract way, focusing on the main issues rather than getting hung up on less important points. So next time you have to work out a complex deal, the researchers say, it may be worthwhile to ________________________.

① begin from a distance
② set a clear time limit
③ hide your true intentions
④ deal with smaller problems first
⑤ become familiar with each other

14 Decision Making

1

(A), (B), (C)의 각 네모 안에서 문맥에 맞는 낱말로 가장 적절한 것은? <고1>

Feeling and emotion are crucial for everyday decision making. The neuroscientist Antonio Damasio studied people who were perfectly normal in every way except for brain injuries that damaged their emotional systems. As a result, they were (A) able / unable to make decisions or function effectively in the world. While they could describe exactly how they should have been functioning, they couldn't determine where to live, what to eat, and what products to buy and use. This finding (B) contradicts / supports the common belief that decision making is the heart of rational, logical thought. But modern research shows that the affective system provides critical (C) assistance / interference to your decision making by helping you make rapid selections between good and bad, reducing the number of things to be considered.

(A)	(B)	(C)
① able	…… contradicts	…… assistance
② unable	…… contradicts	…… assistance
③ unable	…… contradicts	…… interference
④ unable	…… supports	…… interference
⑤ able	…… supports	…… interference

2

다음 빈칸에 들어갈 말로 가장 적절한 것은? <고1>

Most of us are suspicious of rapid cognition. We believe that the quality of the decision is directly related to the time and effort that went into making it. That's what we tell our children: "Haste makes waste." "Look before you leap." "Stop and think." "Don't judge a book by its cover." We believe that we are always better off gathering as much information as possible and spending as much time as possible in careful consideration. But there are moments, particularly in time-driven, critical situations, when _________________________, when our snap judgments and first impressions can offer better means of making sense of the world. Survivors have somehow learned this lesson and have developed and sharpened their skill of rapid cognition.

*cognition: 인식

① haste does not make waste
② it is never too late to learn
③ many hands make light work
④ slow and steady wins the race
⑤ you don't judge by appearances

15 Two-Edged Sword

1

<소재 연계>

다음 빈칸에 들어갈 말로 가장 적절한 것은? <고1>

Research has confirmed that athletes are less likely to participate in unacceptable behavior than are non-athletes. However, moral reasoning and good sporting behavior seem to decline as athletes progress to higher competitive levels, in part because of the increased emphasis on winning. Thus winning can be _____________________ in teaching character development. Some athletes may want to win so much that they lie, cheat, and break team rules. They may develop undesirable character traits that can enhance their ability to win in the short term. However, when athletes resist the temptation to win in a dishonest way, they can develop positive character traits that last a lifetime. Character is a learned behavior, and a sense of fair play develops only if coaches plan to teach those lessons systematically.

*trait: 특성

① a piece of cake
② a one-way street
③ a bird in the hand
④ a fish out of water
⑤ a double-edged sword

2

<소재 연계>

다음 빈칸에 들어갈 말로 가장 적절한 것은? <고1>

All improvement in your life begins with an improvement in your _____________________.
If you talk to unhappy people and ask them what they think about most of the time, you will find that almost without fail, they think about their problems, their bills, their negative relationships, and all the difficulties in their lives. But when you talk to successful, happy people, you find that they think and talk most of the time about the things that they want to be, do, and have. They think and talk about the specific action steps they can take to get them. They dwell continually on vivid, exciting pictures of what their goals will look like when they are realized, and what their dreams will look like when they come true.

① mental pictures
② physical competence
③ cooperative attitude
④ learning environment
⑤ academic achievements

16 Polarization

1

소재 연계

다음 글의 요지로 가장 적절한 것은? <고1>

It's important that you think independently and fight for what you **believe in**, but there comes a time when it's wiser to stop fighting for your **view** and move on to accepting what a trustworthy **group** of people think is best. This can be extremely difficult. But it's smarter, and ultimately better for you to be open-minded and have faith that the conclusions of a trustworthy **group** of people are better than whatever you think. If you can't understand their **view**, you're probably just blind to their way of thinking. If you continue doing what you think is best when all the evidence and trustworthy people are against you, you're being dangerously confident. The truth is that while most people can become incredibly open-minded, some can't, even after they have repeatedly encountered lots of pain from betting that they were right when they were not.

① 대부분의 사람들은 진리에 도달하지 못하고 고통을 받는다.

② 맹목적으로 다른 사람의 의견을 받아들이는 것은 위험하다.

③ 남을 설득하기 위해서는 타당한 증거로 주장을 뒷받침해야 한다.

④ 믿을 만한 사람이 누구인지 판단하려면 열린 마음을 가져야 한다.

⑤ 자신의 의견이 최선이 아닐 수 있다는 것을 인정하는 것이 필요하다.

2

소재 연계

다음 글에서 전체 흐름과 관계 <u>없는</u> 문장은? <고1>

Internet activist Eli Pariser noticed how **online** search algorithms encourage our human tendency to grab hold of everything that confirms **the beliefs** we already hold, while quietly ignoring information that doesn't match those **beliefs**. ① We set up a so-called "filter-bubble" around ourselves, where we are constantly exposed only to that material that we agree with. ② We are never challenged, never giving ourselves the opportunity to acknowledge the existence of diversity and difference. ③ Creating a difference that others don't have is a way to succeed in your field, leading to the creation of innovations. ④ In the best case, we become naive and sheltered, and in the worst, we become **radicalized** with **extreme views**, unable to imagine life outside our particular bubble. ⑤ The results are disastrous: intellectual isolation and the real distortion that comes with **believing** that the little world we create for ourselves is *the* world.

*naive: 세상을 모르는
**radicalize: 과격하게 만들다
***distortion: 왜곡

17 Collective Intelligence

1

주어진 글 다음에 이어질 글의 순서로 가장 적절한 것은?　<고1>

> Collaboration is the basis for most of the foundational arts and sciences.

(A) For example, his sketches of human anatomy were a collaboration with Marcantonio della Torre, an anatomist from the University of Pavia. Their collaboration is important because it marries the artist with the scientist.

(B) It is often believed that Shakespeare, like most playwrights of his period, did not always write alone, and many of his plays are considered collaborative or were rewritten after their original composition. Leonardo Da Vinci made his sketches individually, but he collaborated with other people to add the finer details.

(C) Similarly, Marie Curie's husband stopped his original research and joined Marie in hers. They went on to collaboratively discover radium, which overturned old ideas in physics and chemistry.

*anatomy: 해부학적 구조

① (A) – (C) – (B)　　② (B) – (A) – (C)
③ (B) – (C) – (A)　　④ (C) – (A) – (B)
⑤ (C) – (B) – (A)

2

다음 빈칸에 들어갈 말로 가장 적절한 것은?　<고1>

It is common to assume that creativity concerns primarily the relation between actor(creator) and artifact(creation). However, from a sociocultural standpoint, the creative act is never "complete" in the absence of a second position — that of an audience. While the actor or creator him/herself is the first audience of the artifact being produced, this kind of distantiation can only be achieved by ________________________________. This means that, in order to be an audience to your own creation, a history of interaction with others is needed. We exist in a social world that constantly confronts us with the "view of the other." It is the view we include and blend into our own activity, including creative activity. This outside perspective is essential for creativity because it gives new meaning and value to the creative act and its product.

*artifact: 창작물

① exploring the absolute truth in existence
② following a series of precise and logical steps
③ looking outside and drawing inspiration from nature
④ internalizing the perspective of others on one's work
⑤ pushing the audience to the limits of its endurance

18 AI (Artificial Intelligence)

1

소재 연계

다음 글의 제목으로 가장 적절한 것은? <고1>

The loss of many traditional jobs in everything from art to healthcare will partly be offset by the creation of new human jobs. Primary care doctors who focus on diagnosing known diseases and giving familiar treatments will probably be replaced by AI doctors. But precisely because of that, there will be much more money to pay human doctors and lab assistants to do groundbreaking research and develop new medicines or surgical procedures. AI might help create new human jobs in another way. Instead of humans competing with AI, they could focus on servicing and using AI. For example, the replacement of human pilots by drones has eliminated some jobs but created many new opportunities in maintenance, remote control, data analysis, and cyber security.

*offset: 상쇄하다

① What Makes Robots Smarter?
② Is AI Really a Threat to Your Job?
③ Watch Out! AI Can Read Your Mind
④ Future Jobs: Less Work, More Gains
⑤ Ongoing Challenges for AI Development

2

소재 연계

다음 빈칸에 들어갈 말로 가장 적절한 것은? <고1>

Creativity is a skill we usually consider uniquely human. For all of human history, we have been the most creative beings on Earth. Birds can make their nests, ants can make their hills, but no other species on Earth comes close to the level of creativity we humans display. However, just in the last decade we have acquired the ability to do amazing things with computers, like developing robots. With the artificial intelligence boom of the 2010s, computers can now recognize faces, translate languages, take calls for you, write poems, and beat players at the world's most complicated board game, to name a few things. All of a sudden, we must face the possibility that our ability to be creative is not ______________.

① unrivaled
② learned
③ universal
④ ignored
⑤ challenged

19 Punctuation

1

소재 연계

다음 글에서 필자가 주장하는 바로 가장 적절한 것은? <고1>

Have you ever heard anyone say, "I had to carry the ball"? The expression "to carry the ball" means to take responsibility for getting something done. We use clichés like this every day in our speech. These expressions are colorful and often appealing in their economy and ability to convey an image or description of an emotion or situation. Someone may be "cold as ice" or "busy as a bee." A story may be "too funny for words." These expressions in speech do little harm. In writing, however, clichés suffer the fate of the familiar becoming boring. Your reader has heard and read these expressions so often that they tend to "bounce off" the reader so swiftly that they lose their appeal. Therefore, if you want your writing to be stronger and more effective, try not to use clichés. Clichés in writing ultimately diminish the strength and effectiveness of your message.

*bounce off: ~을 맞고 튕겨 나가다

① 형식보다 내용에 초점을 두어 글을 써라.
② 글을 쓸 때 상투적 문구 사용을 자제하라.
③ 독자의 연령층에 적합한 소재를 활용하라.
④ 글의 목적에 맞는 적절한 어휘를 선택하라.
⑤ 발표할 때 가급적 간결한 표현을 사용하라.

2

글 구조 연계

다음 글의 제목으로 가장 적절한 것은? <고1>

Many people make a mistake of only operating along the safe zones, and in the process they miss the opportunity to achieve greater things. They do so because of a fear of the unknown and a fear of treading the unknown paths of life. Those that are brave enough to take those roads less traveled are able to get great returns and derive major satisfaction out of their courageous moves. Being overcautious will mean that you will miss attaining the greatest levels of your potential. You must learn to take those chances that many people around you will not take, because your success will flow from those bold decisions that you will take along the way.

*tread: 밟다

① More Courage Brings More Opportunities
② Travel: The Best Way to Make Friends
③ How to Turn Mistakes into Success
④ Satisfying Life? Share with Others
⑤ Why Is Overcoming Fear So Hard?

20 Immune System

1

소재 연계

다음 글의 주제로 가장 적절한 것은?　　　　　　<고1>

Nearly everything has to go through your mouth to get to the rest of you, from food and air to bacteria and viruses. A healthy mouth can help your body get what it needs and prevent it from harm — with adequate space for air to travel to your lungs, and healthy teeth and gums that prevent harmful microorganisms from entering your bloodstream. From the moment you are created, oral health affects every aspect of your life. What happens in the mouth is usually just the tip of the iceberg and a reflection of what is happening in other parts of the body. Poor oral health can be a cause of a disease that affects the entire body. The microorganisms in an unhealthy mouth can enter the bloodstream and travel anywhere in the body, posing serious health risks.

*microorganism: 미생물

① the way the immune system fights viruses
② the effect of unhealthy eating habits on the body
③ the difficulty in raising awareness about oral health
④ the importance of oral health and its impact on the body
⑤ the relationship between oral health and emotional well-being

2

소재 연계

다음 글의 제목으로 가장 적절한 것은?　　　　　　<고1>

If you want to protect yourself from colds and flu, regular exercise may be the ultimate immunity-booster. Studies have shown that moderate aerobic exercise can more than halve your risk for respiratory infections and other common winter diseases. But when you feel sick, the story changes. "Exercise is great for prevention, but it can be lousy for therapy," says David Nieman, the director of the Human Performance Lab. Research shows that moderate exercise has no effect on the duration or severity of the common cold. If you have the flu or other forms of fever-causing systemic infections, exercise can slow recovery and, therefore, is a bad idea. Your immune system is working overtime to fight off the infection, and exercise, a form of physical stress, makes that task harder.

*respiratory: 호흡기의 **lousy: 나쁜

① Signs You're Exercising Too Much
② Exercising When Sick: A Good Move?
③ Power Foods That Boost Your Immunity
④ Why You Should Start Working Out Now
⑤ Cold Symptoms: Sore Throat, Cough, and More

21 Hope

1

다음 글의 요지로 가장 적절한 것은?　　　　〈고1〉

소재 연계

Rather than attempting to punish students with a low grade or mark in the hope it will encourage them to give greater effort in the future, teachers can better motivate students by considering their work as incomplete and then requiring additional effort. Teachers at Beachwood Middle School in Beachwood, Ohio, record students' grades as *A, B, C,* or *I* (Incomplete). Students who receive an *I* grade are required to do additional work in order to bring their performance up to an acceptable level. This policy is based on the belief that students perform at a failure level or submit failing work in large part because teachers accept it. The Beachwood teachers reason that if they no longer accept substandard work, students will not submit it. And with appropriate support, they believe students will continue to work until their performance is satisfactory.

① 학생에게 평가 결과를 공개하는 것은 학습 동기를 떨어 뜨린다.

② 학생에게 추가 과제를 부여하는 것은 학업 부담을 가중 시킨다.

③ 지속적인 보상은 학업 성취도에 장기적으로 부정적인 영향을 준다.

④ 학생의 자기 주도적 학습 능력은 정서적으로 안정된 학습 환경에서 향상된다.

⑤ 학생의 과제가 일정 수준에 도달하도록 개선 기회를 주면 동기 부여에 도움이 된다.

2

다음 빈칸에 들어갈 말로 가장 적절한 것은?　　　　〈고1〉

소재 연계

Since a great deal of day-to-day academic work is boring and repetitive, you need to be well motivated to keep doing it. A mathematician sharpens her pencils, works on a proof, tries a few approaches, gets nowhere, and finishes for the day. A writer sits down at his desk, produces a few hundred words, decides they are no good, throws them in the bin, and hopes for better inspiration tomorrow. To produce something worthwhile — if it ever happens — may require years of such ＿＿＿＿＿＿＿＿ labor. The Nobel Prize-winning biologist Peter Medawar said that about four-fifths of his time in science was wasted, adding sadly that "nearly all scientific research leads nowhere." What kept all of these people going when things were going badly was their passion for their subject. Without such passion, they would have achieved nothing.

*proof: (수학) 증명

① cooperative
② productive
③ fruitless
④ dangerous
⑤ irregular

22 Energy Sources

1

다음 글의 주제로 가장 적절한 것은?　　　　　　<고1>

The use of renewable sources of energy to produce electricity has increasingly been encouraged as a way to harmonize the need to secure electricity supply with environmental protection objectives. But the use of renewable sources also comes with its own consequences, which require consideration. Renewable sources of energy include a variety of sources such as hydropower and ocean-based technologies. Additionally, solar, wind, geothermal and biomass renewable sources also have their own impact on the environment. Hydropower dams, for example, have an impact on aquatic ecosystems and, more recently, have been identified as significant sources of greenhouse emissions. Wind, solar, and biomass also cause negative environmental impacts, such as visual pollution, intensive land occupation and negative effects on bird populations.

*geothermal: 지열의 **biomass: 에너지로 사용 가능한 생물체

① environmental side effects of using renewable energy sources
② practical methods to meet increasing demand for electricity
③ negative impacts of the use of traditional energy sources
④ numerous ways to obtain renewable sources of energy
⑤ effective procedures to reduce greenhouse emissions

2

다음 글에서 필자가 주장하는 바로 가장 적절한 것은?　　<고2>

The introduction of new technologies clearly has both positive and negative impacts for sustainable development. Good management of technological resources needs to take them fully into account. Technological developments in sectors such as nuclear energy and agriculture provide examples of how not only environmental benefits but also risks to the environment or human health can accompany technological advances. New technologies have profound social impacts as well. Since the industrial revolution, technological advances have changed the nature of skills needed in workplaces, creating certain types of jobs and destroying others, with impacts on employment patterns. New technologies need to be assessed for their full potential impacts, both positive and negative.

① 기술 혁신을 저해하는 과도한 법률적 규제를 완화해야 한다.
② 기술의 도입으로 인한 잠재적인 영향들을 충분히 고려해야 한다.
③ 혁신적 농업 기술을 적용할 때는 환경적인 측면을 검토해야 한다.
④ 기술 진보가 가져온 일자리 위협에 대한 대비책을 마련해야 한다.
⑤ 기술 발전을 위해서는 혁신적 사고와 창의성이 뒷받침되어야 한다.

23 Food

1

소재 연계

글의 흐름으로 보아, 주어진 문장이 들어가기에 가장 적절한 곳은?

<고1>

> More recently, **agriculture** has in many places lost its **local** character, and has become incorporated into the global economy.

Earlier **agricultural** systems were integrated with and co-evolved with technologies, beliefs, myths and traditions as part of an integrated social system. (①) Generally, people planted a variety of crops in different areas, in the hope of obtaining a reasonably stable **food supply**. (②) These systems could only be maintained at low population levels, and were relatively non-destructive (but not always). (③) This has led to increased pressure on **agricultural** land for exchange commodities and export goods. (④) More land is being diverted from **local food** production to "cash crops" for export and exchange; fewer types of crops are raised, and each crop is raised in much greater quantities than before. (⑤) Thus, ever more land is converted from forest (and other natural systems) for **agriculture** for export, rather than using land for subsistence crops.

*subsistence crop: 자급자족용 작물

2

소재 연계

글의 흐름으로 보아, 주어진 문장이 들어가기에 가장 적절한 곳은?

<고1>

> Leaving the contribution of that strategy to one side, the danger of creating more uniform crops is that they are more at risk when it comes to disasters.

The decline in the diversity of our **food** is an entirely human-made process. The biggest loss of crop diversity came in the decades that followed the Second World War. (①) In an attempt to save millions from extreme **hunger**, crop scientists found ways to produce grains such as rice and wheat on an enormous scale. (②) And thousands of traditional varieties were replaced by a small number of new super-productive ones. (③) The strategy worked spectacularly well, at least to begin with. (④) Because of it, grain production tripled, and between 1970 and 2020 the human population more than doubled. (⑤) Specifically, a global **food** system that depends on just a narrow selection of plants has a greater chance of not being able to survive diseases, pests and climate extremes.

*pest: 해충

24 Memory

1

다음 빈칸에 들어갈 말로 가장 적절한 것은?　　　　　〈고1〉

Not only does memory underlie our ability to think at all, it defines the content of our experiences and how we preserve them for years to come. Memory ________________________. If I were to suffer from heart failure and depend upon an artificial heart, I would be no less myself. If I lost an arm in an accident and had it replaced with an artificial arm, I would still be essentially *me*. As long as my mind and memories remain intact, I will continue to be the same person, no matter which part of my body (other than the brain) is replaced. On the other hand, when someone suffers from advanced Alzheimer's disease and his memories fade, people often say that he "is not himself anymore," or that it is as if the person "is no longer there," though his body remains unchanged.

*intact: 손상되지 않은

① makes us who we are
② has to do with our body
③ reflects what we expect
④ lets us understand others
⑤ helps us learn from the past

2

글의 흐름으로 보아, 주어진 문장이 들어가기에 가장 적절한 곳은?　　　　　〈고1〉

What we need is a reliable and reproducible method for measuring the relative hotness or coldness of objects rather than the rate of energy transfer.

We often associate the concept of temperature with how hot or cold an object feels when we touch it. In this way, our senses provide us with a qualitative indication of temperature. (①) Our senses, however, are unreliable and often mislead us. (②) For example, if you stand in bare feet with one foot on carpet and the other on a tile floor, the tile feels colder than the carpet *even though both are at the same temperature*. (③) The two objects feel different because tile transfers energy by heat at a higher rate than carpet does. (④) Your skin "measures" the rate of energy transfer by heat rather than the actual temperature. (⑤) Scientists have developed a variety of thermometers for making such quantitative measurements.

*thermometer: 온도계

25 Reading

1

다음 빈칸에 들어갈 말로 가장 적절한 것은?　　<고1>

A key to engagement and achievement is providing students with ______________________.
My scholarly work and my teaching have been deeply influenced by the work of Rosalie Fink. She interviewed twelve adults who were highly successful in their work, including a physicist, a biochemist, and a company CEO. All of them had dyslexia and had had significant problems with reading throughout their school years. While she expected to find that they had avoided reading and discovered ways to bypass it or compensate with other strategies for learning, she found the opposite. "To my surprise, I found that these dyslexics were enthusiastic readers... they rarely avoided reading. On the contrary, they sought out books." The pattern Fink discovered was that all of her subjects had been passionate in some personal interest. The areas of interest included religion, math, business, science, history, and biography. What mattered was that they read voraciously to find out more.

*dyslexia: 난독증　**voraciously: 탐욕스럽게

① examples from official textbooks
② relevant texts they will be interested in
③ enough chances to exchange information
④ different genres for different age groups
⑤ early reading experience to develop logic skills

2

주어진 글 다음에 이어질 글의 순서로 가장 적절한 것은?　<고1>

> The habit of reading books multiple times encourages people to engage with them emotionally. If they only read a book once, they tend to only focus on the events and stories in it.

(A) The same effect can be seen with familiar holiday destinations. Re-visiting a place can also help people better understand both the place and themselves. Considering the immense benefits, don't hesitate to give re-consuming a try.

(B) By enjoying the emotional effects of the book more deeply, people become more in touch with their own feelings. Despite their familiarity with the stories, re-reading brings renewed understanding of both the book and themselves.

(C) But with a second read-through, the repeated experience brings back the initial emotions caused by the book, and allows people to appreciate those emotions at their leisure.

① (A) – (C) – (B)　　② (B) – (A) – (C)
③ (B) – (C) – (A)　　④ (C) – (A) – (B)
⑤ (C) – (B) – (A)

26 Climate Change

1

밑줄 친 a slap in our own face가 다음 글에서 의미하는 바로 가장 적절한 것은? <고1>

When it comes to climate change, many blame the fossil fuel industry for pumping greenhouse gases, the agricultural sector for burning rainforests, or the fashion industry for producing excessive clothes. But wait, what drives these industrial activities? Our consumption. Climate change is a summed product of each person's behavior. For example, the fossil fuel industry is a popular scapegoat in the climate crisis. But why do they drill and burn fossil fuels? We provide them strong financial incentives: some people regularly travel on airplanes and cars that burn fossil fuels. Some people waste electricity generated by burning fuel in power plants. Some people use and throw away plastic products derived from crude oil every day. Blaming the fossil fuel industry while engaging in these behaviors is a slap in our own face.

*scapegoat: 희생양

① giving the future generation room for change
② warning ourselves about the lack of natural resources
③ refusing to admit the benefits of fossil fuel production
④ failing to recognize our responsibility for climate change
⑤ starting to deal with environmental problems individually

2

주어진 글 다음에 이어질 글의 순서로 가장 적절한 것은? <고1>

According to legend, once a vampire bites a person, that person turns into a vampire who seeks the blood of others. A researcher came up with some simple math, which proves that these highly popular creatures can't exist.

(A) In just two-and-a-half years, the original human population would all have become vampires with no humans left. But look around you. Have vampires taken over the world? No, because there's no such thing.

(B) If the first vampire came into existence that day and bit one person a month, there would have been two vampires by February 1st, 1600. A month later there would have been four, the next month eight, then sixteen, and so on.

(C) University of Central Florida physics professor Costas Efthimiou's work breaks down the myth. Suppose that on January 1st, 1600, the human population was just over five hundred million.

① (A) – (C) – (B) ② (B) – (A) – (C)
③ (B) – (C) – (A) ④ (C) – (A) – (B)
⑤ (C) – (B) – (A)

27 Human Evolution

1

소재 연계

다음 글의 제목으로 가장 적절한 것은?　　〈고1〉

Diversity, challenge, and conflict help us maintain our imagination. Most people assume that conflict is bad and that being in one's "comfort zone" is good. That is not exactly true. Of course, we don't want to find ourselves without a job or medical insurance or in a fight with our partner, family, boss, or coworkers. One bad experience can be sufficient to last us a lifetime. But small disagreements with family and friends, trouble with technology or finances, or challenges at work and at home can help us think through our own capabilities. Problems that need solutions force us to use our brains in order to develop creative answers. Navigating landscapes that are varied, that offer trials and occasional conflicts, is more helpful to creativity than hanging out in landscapes that pose no challenge to our senses and our minds. Our two million-year history is packed with challenges and conflicts.

① Technology: A Lens to the Future
② Diversity: A Key to Social Unification
③ Simple Ways to Avoid Conflicts with Others
④ Creativity Doesn't Come from Playing It Safe
⑤ There Are No Challenges That Can't Be Overcome

2

소재 연계

다음 빈칸에 들어갈 말로 가장 적절한 것은?　　〈고1〉

The mind is essentially a survival machine. Attack and defense against other minds, gathering, storing, and analyzing information — this is what it is good at, but it is not at all creative. All true artists create from a place of no-mind, from inner stillness. Even great scientists have reported that their creative breakthroughs came at a time of mental quietude. The surprising result of a nationwide inquiry among America's most famous mathematicians, including Einstein, to find out their working methods, was that thinking "plays only a subordinate part in the brief, decisive phase of the creative act itself." So I would say that the simple reason why the majority of scientists are not creative is not because they don't know how to think, but because they don't know how to ______ _______________!

*quietude: 정적 **subordinate: 부수적인

① organize their ideas
② interact socially
③ stop thinking
④ gather information
⑤ use their imagination

28 Project Success

1

다음 글의 요지로 가장 적절한 것은? <고1>

소재 연계

A goal-oriented mind-set can create a "yo-yo" effect. Many runners work hard for months, but as soon as they cross the finish line, they stop training. The race is no longer there to motivate them. When all of your hard work is focused on a particular goal, what is left to push you forward after you achieve it? This is why many people find themselves returning to their old habits after accomplishing a goal. The purpose of setting goals is to win the game. The purpose of building systems is to continue playing the game. True long-term thinking is goal-less thinking. It's not about any single accomplishment. It is about the cycle of endless refinement and continuous improvement. Ultimately, it is your **commitment** to the process that will determine your progress.

① 발전은 한 번의 목표 성취가 아닌 지속적인 개선 과정에 의해 결정된다.
② 결승선을 통과하기 위해 장시간 노력해야 원하는 바를 얻을 수 있다.
③ 성공을 위해서는 구체적인 목표를 설정하는 것이 중요하다.
④ 지난 과정을 끊임없이 반복하는 것이 성공의 지름길이다.
⑤ 목표 지향적 성향이 강할수록 발전이 빠르게 이루어진다.

2

밑줄 친 "There is no there there."가 다음 글에서 의미하는 바로 가장 적절한 것은? <고1>

글 구조 연계

I believe the second decade of this new century is already very different. There are, of course, still millions of people who equate success with money and power — who are determined to never get off that treadmill despite the cost in terms of their well-being, relationships, and happiness. There are still millions desperately looking for the next promotion, the next million-dollar payday that they believe will satisfy their longing to feel better about themselves, or silence their dissatisfaction. But both in the West and in emerging economies, there are more people every day who recognize that these are all dead ends — that they are chasing a broken dream. That we cannot find the answer in our current definition of success alone because — as Gertrude Stein once said of Oakland — "There is no there there."

① People are losing confidence in themselves.
② Without dreams, there is no chance for growth.
③ We should not live according to others' expectations.
④ It is hard to realize our potential in difficult situations.
⑤ Money and power do not necessarily lead you to success.

29 Rational vs. Emotional

1

소재 연계

다음 빈칸에 들어갈 말로 가장 적절한 것은?　　　<고1>

In philosophy, the best way to understand the concept of an **argument** is to contrast it with an opinion. An opinion is simply a belief or attitude about someone or something. We express our opinions all the time: We love or hate certain films or different types of food. For the most part, people's opinions are based almost always upon their **feelings**. They don't feel they have to support their opinions with any kind of evidence. An **argument** is something a bit different from this. It is made to convince others that one's claims are true. Thus, it is an attempt to _________________ _________________. **Arguments** are the building blocks of philosophy, and the good philosopher is one who is able to create the best **arguments** based on a solid foundation.

① present **reasons** in support of one's claims
② develop one's own taste in each area
③ compare one's opinions with others'
④ look into a deeper meaning of a topic
⑤ build up knowledge from one's experiences

2

소재 연계

글의 흐름으로 보아, 주어진 문장이 들어가기에 가장 적절한 곳은?　　　<고1>

> However, as society becomes more diverse, the likelihood that people share assumptions and values diminishes.

The way we communicate influences our ability to build strong and healthy communities. Traditional ways of building communities have emphasized debate and **argument**. (①) For example, the United States has a strong tradition of using town hall meetings to deliberate important issues within communities. (②) In these settings, advocates for each side of the issue present **arguments** for their positions, and public issues have been discussed in such public forums. (③) Yet for debate and **argument** to work well, people need to come to such forums with similar assumptions and values. (④) The shared assumptions and values serve as a foundation for the discussion. (⑤) As a result, forms of communication such as **argument** and debate become polarized, which may drive communities apart as opposed to bringing them together.

30 Keystone

1

소재 연계

다음 빈칸에 들어갈 말로 가장 적절한 것은?　<고1>

Interestingly, in nature, ________________________
______________. The distinction between predator and prey offers a clarifying example of this. The key feature that distinguishes predator species from prey species isn't the presence of claws or any other feature related to biological weaponry. The key feature is *the position of their eyes*. Predators evolved with eyes facing forward — which allows for binocular vision that offers accurate depth perception when pursuing prey. Prey, on the other hand, often have eyes facing outward, maximizing peripheral vision, which allows the hunted to detect danger that may be approaching from any angle. Consistent with our place at the top of the food chain, humans have eyes that face forward. We have the ability to gauge depth and pursue our goals, but we can also miss important action on our periphery.

*depth perception: 거리 감각　**periphery: 주변

① eyes facing outward are linked with the success of hunting
② the more powerful species have a narrower field of vision
③ humans' eyes facing forward enable them to detect danger
④ eyesight is closely related to the extinction of weak species
⑤ animals use their eyesight to identify members of their species

2

소재 연계

다음 글의 내용을 한 문장으로 요약하고자 한다. 빈칸 (A)와 (B) 에 들어갈 말로 가장 적절한 것은?　<고3>

Certain species are more crucial to the maintenance of their ecosystem than others. Such species, called keystone species, are vital in determining the nature and structure of the entire ecosystem. The fact that other species depend on or are greatly affected by the keystone species is revealed when the keystone species is removed. It is in this sense that we should draw attention to fig trees. Different species of fig trees may be keystone species in tropical rain forests. Although figs collectively produce a continuous crop of fruits, fruit-eating monkeys, birds, bats, and other vertebrates of the forest do not normally consume large quantities of figs in their diets. During the time of year when other fruits are less plentiful, however, fig trees become important in sustaining fruit-eating vertebrates. Should the fig trees disappear, most of the fruit-eating vertebrates would be eliminated. Protecting fig trees in such tropical rain forest ecosystems is an important conservation goal because it increases the likelihood that monkeys, birds, bats, and other vertebrates will survive.

*fig: 무화과　**vertebrate: 척추동물

↓

As a keystone species in tropical rain forests, fig trees support fruit-eating animals' survival when other fruits are ______(A)______ , and thus ______(B)______ their ecosystem.

	(A)		(B)
①	insufficient	······	preserve
②	insufficient	······	create
③	poisonous	······	purify
④	poisonous	······	reshape
⑤	abundant	······	clean

천일문을 앞서가는
천일문
E-BOOK 출시

천일문 × **SCONN**

온라인서점 구매가에서 추가 10% 할인

❶ 본책 ↔ 천일비급 원클릭 이동
서책보다 빠른 정답확인

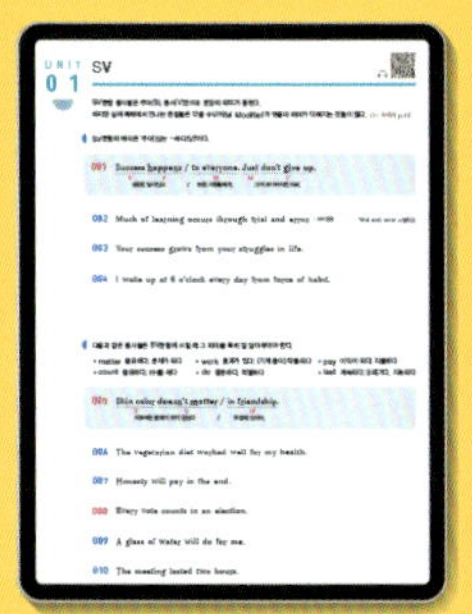
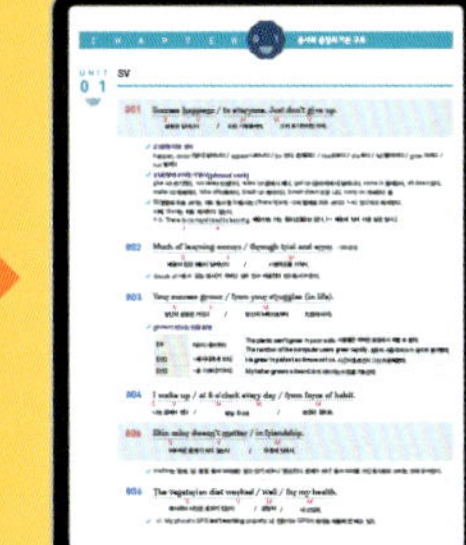

❷ 필기까지 지원되는 스마트한 학습
시간·장소에 구애없이 언제든 학습가능

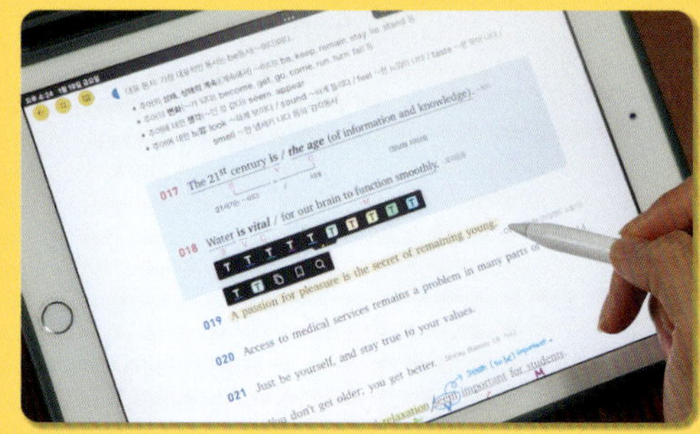

❸ 예문 MP3 재생기능
음성과 문장학습을 한 번에

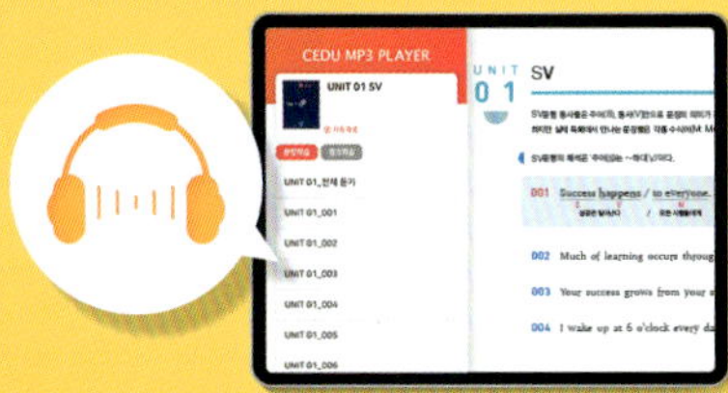

천일문 시리즈 E-BOOK 무료체험
(일부 UNIT에 한해 무료체험 가능)

* 서비스의 자세한 사용 방법은 쎄듀북 홈페이지(www.cedubook.com)를 확인해 주시기 바랍니다.
* 본 서비스는 제휴사와의 서비스 계약에 따라 예고없이 종료될 수 있습니다.

CEDU 쎄듀

더 빨리, 더 많이,
더 오래 남는 어휘

나만의 스마트 단어장 P보카 on 쎄듀런

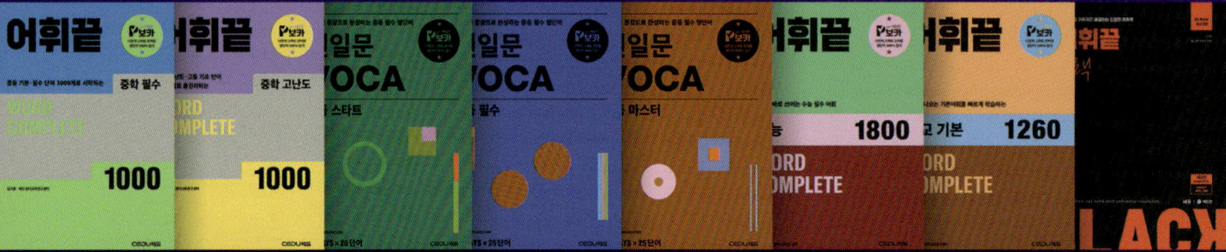

1 '나'에게 딱! 맞는 암기&문제모드만 골라서 학습!

5가지 암기모드

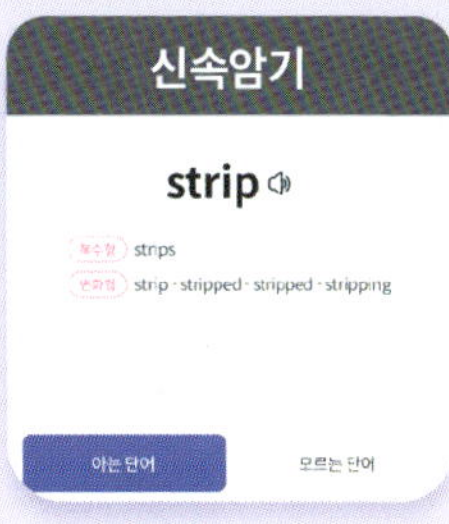

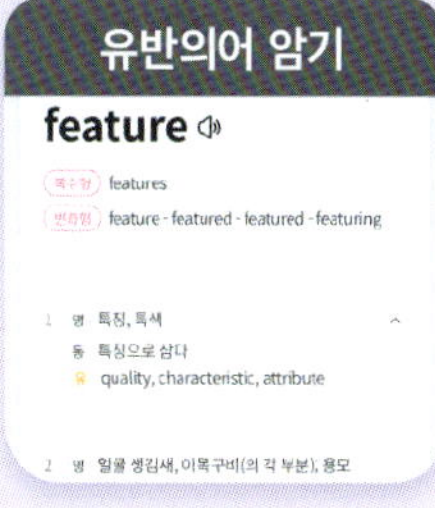

8가지 문제모드

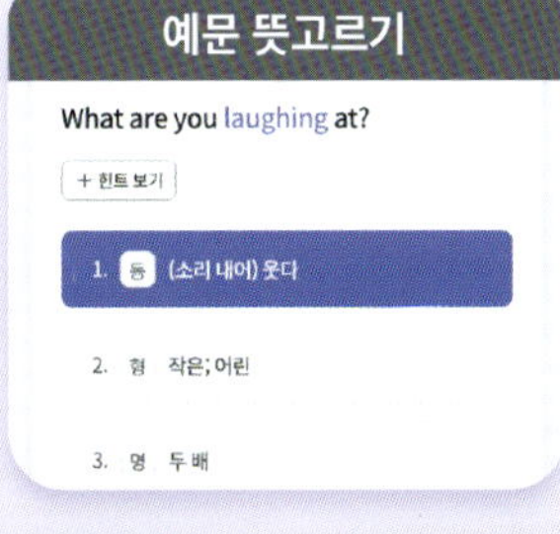

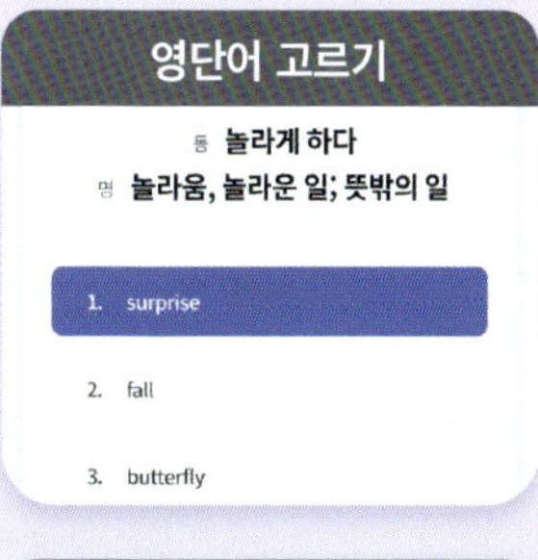

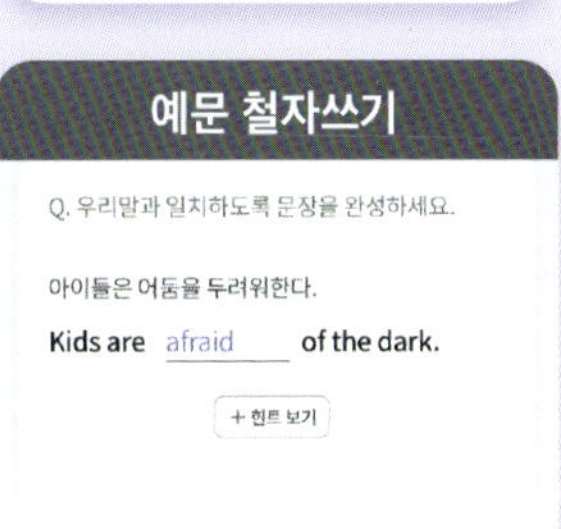

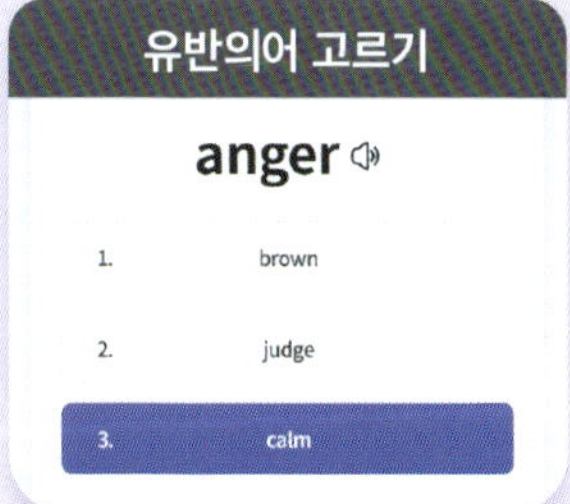

OX퀴즈

 암기모드를 선택하면, 최적의 문제 모드를 자동 추천!

2 자동 생성 단어장! 단어장만 복습하는 다양한 액티비티!

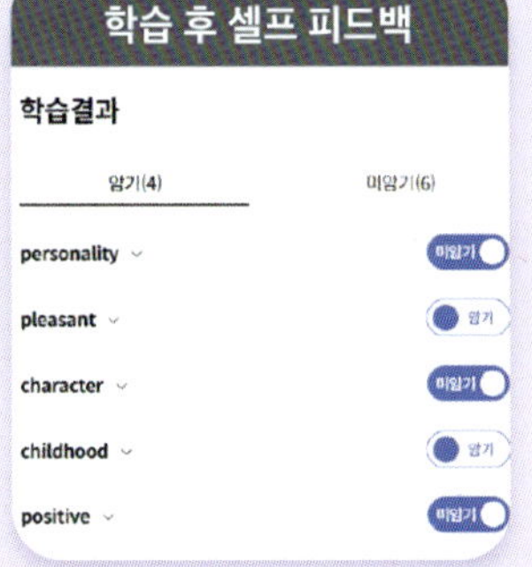

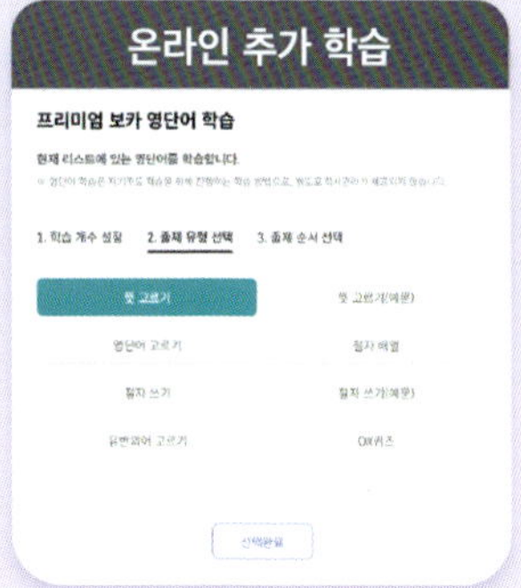

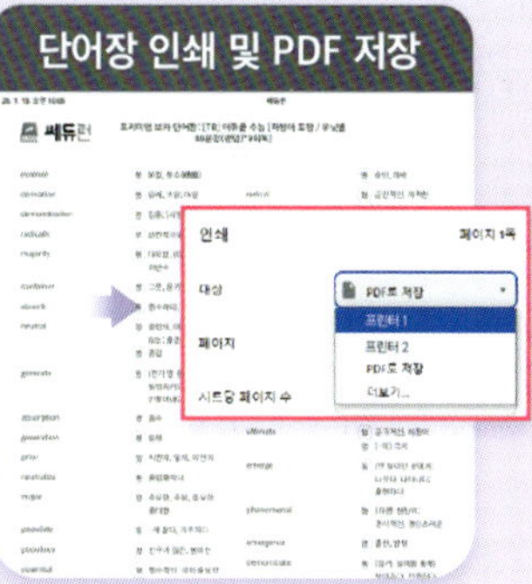

Argument

정답 및 해설

천일문 **독해**

BASIC **A**rgument 주장글

CEDU쎄듀

천일문 독해

BASIC **A**rgument 주장글

정답 및 해설

01 Nature vs. Nurture

Stage 1　　다의어 Check **1** ⓐ　**2** ⓑ
INTRO **Q** ②　**Q** ④

Stage 2　　**1** ×, has　**2** ⓒ　**3** ⓐ　**4** children
5 why these children choose to play with aggressive peers　**6** ⓑ

Stage 3　　(A) environments　(B) affected

---

[1] The distinction (between genetic and environmental influences) /
　　　차이는　　　　　　　　　　유전의 영향과 환경의 영향 사이의
has led to a significant change.
　　　중대한 변화로 이어졌다

[2] During most of the 20th century, / the prevalent view was //
　　　20세기 대부분의 기간 동안　　　　　널리 퍼진 견해는 ~이었다
that all behaviors are influenced / solely by environmental input.
　　모든 행동이 영향을 받는다는 것　　　오로지 환경의 제공에 의해

[3] Now, there's an understanding // that genotype also plays
　　　이제는 (~라는) 이해가 있다　　　　유전자형도 중요한 역할을 한다는
an important role / in influencing our behaviors.
　　　　　　　　　우리의 행동에 영향을 주는 데

[4] Yet, / the picture is much more complicated /
　　그러나　　　　상황은 훨씬 더 복잡하다
than these early perspectives suggested.
　　　　　이 초기 관점이 제시했던 것보다

[5] The interplay (between genotype and environment) / is difficult
　　상호작용은　　　　　　　유전자형과 환경 사이의　　　　측정하기에 어렵다
to measure.

[6] For instance, / studies have shown // that children [who play with
　　예를 들어　　　　연구는 보여주었다　　　아이들이
more aggressive peers] / act more aggressively themselves.
　　더 공격적인 또래와 노는　　　스스로 더 공격적으로 행동한다는 것을

[7] However, / we must ask // why these children choose / to play with
　　하지만　　　우리는 질문해야 한다　　왜 이 아이들이 선택하는지
aggressive peers / to begin with.
공격적인 또래와 노는 것을　　　처음부터

[8] Playing with aggressive peers / may simply be a **reflection**
　　　공격적인 또래와 노는 것은　　　　　　　단순히 **반영**일 수 있다
(of their own characteristics), // so it may trigger pre-existing
　　그들 자신의 특성의　　　　　따라서 그것(공격적인 또래와 노는 것)은 이전부터 존재하는
aggressive tendencies, / or increase aggressive behaviors
　공격적인 성향을 유발할 수도 있다　　혹은 공격적인 행동을 증가시킬 수도 있다
[that were already **present**].
　　　이미 **존재하고** 있던

전문해석 [1] 유전의 영향과 환경의 영향의 차이는 중대한 변화로 이어졌다. [2] 20세기 대부분의 기간 동안 널리 퍼진 견해는 모든 행동이 오로지 환경의 제공에 의해 영향을 받는다는 것이었다. [3] 이제는 유전자형도 우리의 행동에 영향을 주는 데 중요하게 작용함을 이해한다. [4] 그러나 상황은 초기 관점이 제시한 것보다 훨씬 더 복잡하다. [5] 유전자형과 환경 사이의 상호작용은 측정하기 어렵다. [6] 예를 들어 연구에 따르면 더 공격적인 또래와 노는 아이들은 스스로 더 공격적으로 행동한다. [7] 하지만 우리는 왜 이 아이들

Stage 1 정답 찾아가기

Q 빈칸에 들어갈 내용을 찾으려면 공격적인 또래와 노는 것이 의미하는 바를 추론해야 한다. 글의 도입부는 유전자와 환경의 상호작용을 언급하나, Yet 이후에서 그러한 작용이 사실 복잡할 수 있다고 하였다. For instance로 시작하는 예시에서 공격적인 친구와 노는 아이들은 공격성을 발전시킨다고 했는데, 이는 환경의 영향으로 보일 수 있지만 However로 이어지는 다음 내용을 통해 아이들이 이미 가지고 있던 특성이 그러한 친구를 선택하는 데 기여했다고 한다. 따라서 빈칸에 들어갈 말로 가장 적절한 것은 ④ 'their own characteristics(그들 자신의 특성)'이다.

① 그들의 상황　환경의 영향은 빈칸 내용과 상반됨
② 또래의 행동　또래 행동은 환경의 영향에 해당하므로 빈칸 내용과 상반됨
③ 그들의 본보기　주변의 본보기를 따르는 것은 환경의 영향으로 빈칸 내용과 상반됨
⑤ 그들의 현재 마음 상태　아이들의 마음 상태와 친구 선택 사이의 연관성은 언급되지 않음

Stage 2 한 문장씩 뜯어보기

1 ×, has
해설 문장의 주어는 The distinction이며, between ~ influences는 주어를 수식하는 전명구이므로 단수 동사 has로 고치는 것이 알맞다.

3 ⓐ | 유전자와 환경이 서로 어떻게 영향을 미치는지에 대한 **복잡함** ⓑ 인식 ⓒ 단순함
해설 문장 4에서 상황이 더 복잡하다(complicated)고 했고, 문장 5에서 유전자와 환경의 상호작용은 측정하기 어렵다고 했다.

4 children
해설 have shown의 목적어인 that절에서 절의 주어는 children, 동사는 act이다. 관계대명사절 who ~ aggressive peers가 children을 수식한다.

5 why these children choose to play with aggressive peers
해설 ask의 목적어로 why가 이끄는 간접의문을 <주어+동사>의 어순으로 영작한다. 'V하는 것을 선택하다'는 choose to-v로 쓴다.

6 ⓑ | 공격적인 또래와 노는 것은 <u>유전</u>의 요인을 반영할 수도 있다 ⓐ 환경의

이 처음부터 공격적인 또래와 노는 것을 선택하는지 질문해야 한다. [8]공격적인 또래와 노는 것은 단순히 그들 자신의 특성을 반영하는 것일 수 있는데, 그로 인해서 이전부터 존재하는 공격적인 성향을 유발할 수도 있고, 혹은 이미 존재하고 있던 공격적인 행동을 증가시킬 수도 있다.

해설 공격적인 또래와 노는 것이 아이의 이미 존재하는 공격적 행동을 증가시킨다고 했으므로 내재하는 유전적 요인이 있음을 뜻한다.

Stage 3 요약하기

유전자와 (A) 환경이 함께 작용하는 방법을 알아내는 것은 복잡한 상태로 남아 있는데, 이는 아이들의 경우에서 볼 수 있듯 행동이 또래 혹은 그들 자신에 의해 (B) 영향을 받을 수 있다. •figure out 알아내다 complex 복잡한

해설 (B) 또래와 자신에 의해 '영향을 받는다'는 수동의 의미이므로 과거분사 affected로 바꾸어 쓰는 것이 알맞다.

함께 풀면 좋은 기출문제

p. 138

1 ③

해석 1992년 프린스턴 대학의 한 연구에서, 연구 과학자들은 두 개의 다른 쥐 집단을 관찰했다. 한 집단은 글루타민산염 수용체에 대한 유전자를 변형함으로써 우월한 지능을 갖게 되었다. 글루타민산염은 학습에 필요한 뇌 화학 물질이다. 다른 집단도 역시 글루타민산염 수용체에 대한 유전자를 변형함으로써 열등한 지능이 되도록 유전적으로 조작되었다. 그 후 똑똑한 쥐들은 일반 사육장에서 길러졌고, 반면에 열등한 쥐들은 장난감과 운동용 쳇바퀴가 있고 사회적 상호작용이 많은 대형 사육장에서 길러졌다. 연구가 끝날 무렵, 비록 지적 능력이 떨어지는 쥐들이 유전적으로 장애가 있었지만, 그들은 유전적 우월군만큼 잘 수행할 수 있었다. 이것은 천성(선천적 성질)에 대한 양육(후천적 환경)의 진정한 승리였다. 유전자는 여러분 주변에 있는 것에 따라 작동하거나 멈춘다.

어휘 intellectually 지적으로　superior 우월한, 우수한(↔ inferior 열등한) *cf.* superiority 우수성　modify 변형하다　receptor 《생물》 (인체의) 수용체, 감각기　chemical 화학 물질　handicapped 장애가 있는 *cf.* handicap 장애; 불리한 조건　triumph 승리　[선택지] by oneself 스스로　free from ~와 무관한, ~이 없는　entertain 즐겁게 하다

해설 유전적으로 지능이 조작된 쥐 실험을 소개하면서 유전적으로 부족해도 환경에 의해 조절될 수 있음을 설명하고 있다. 빈칸 바로 앞 문장에서도 후천적 환경이 천성을 이긴다고 하므로 빈칸 문장은 '주변 환경에 따라' 유전자가 작동하거나 멈춘다는 내용이어야 한다. 따라서 빈칸에 알맞은 것은 ③ 'based on what is around you(여러분 주변에 있는 것에 따라)'이다.

① 생존을 위해 스스로　글의 내용과 관련 없음

② 사회적 상호작용과 무관하게　사회적 상호작용은 환경의 세부 사항에 해당하고, 환경의 영향에 무관하다는 것은 글의 내용과 상반됨

④ 유전적 우수성에 따라　유전자가 아니라 환경의 영향을 받는다고 하였으므로 글의 내용과 상반됨

⑤ 우리를 즐겁게 하기 위해　글의 내용과 관련 없음

2 ⑤

해석 성장하고 있는 유전학 분야는 많은 과학자가 여러 해 동안 의심해 온 것, 즉 음식이 유전적 청사진에 직접 영향을 줄 수 있다는 것을 우리에게 보여주고 있다. 이 정보는 유전자가 우리의 통제 속에 있는 것이지 우리가 복종해야 하는 것이 아님을 더 잘 이해하도록 도와준다. 일란성 쌍둥이를 생각해 보자. 두 사람은 똑같은 유전자를 부여받는다. 중년에 쌍둥이 중 한 명은 암에 걸리고, 다른 한 명은 암에 걸리지 않고 건강하게 오래 산다(고 생각해 보자). 특정 유전자는 쌍둥이 중 한 명이 암에 걸리게 했지만, 똑같은 그 유전자가 나머지 한 명에게는 그 질병을 발생시키지 않았다. 한 가지 가능성은 쌍둥이 중 건강한 사람이 암 유전자, 즉 나머지 한 명이 병에 걸리게 했던 그 똑같은 유전자를 차단하는 식사를 했다는 것이다. 여러 해 동안 과학자들은 화학적 독소(예를 들어 담배)와 같은 다른 환경적 요인이 유전자에 작용하여 암의 원인이 될 수 있음을 인정해 왔다. 음식이 유전자 발현에 특정한 영향을 미친다는 생각은 비교적 새롭다.

어휘 suspect 의심하다; 용의자　obey 복종하다　identical twins 일란성 쌍둥이 *cf.* identical 동일한　midlife 중년기　instruct (~하도록) 명령[지시]하다; 가르치다　initiate 시작하다　toxin 독소　notion 생각; 개념　expression 《유전》 발현; 표현; 표정　[선택지] makeup 구성, 구조　preference 선호　fatal 치명적인　blueprint 청사진

해설 빈칸을 포함한 첫 문장을 통해 유전학에서 무엇을 의심해 왔는지 찾아야 함을 알 수 있다. 이어지는 일란성 쌍둥이 연구는 유전자가 같아도 암 유전자 발현에 환경적 요인, 특히 음식이나 식사가 영향을 미친다는 내용이다. 따라서 빈칸에 알맞은 것은 ⑤ 'foods can immediately influence the genetic blueprint(음식이 유전적 청사진에 직접 영향을 줄 수 있다)'이다.

① 일란성 쌍둥이는 동일한 유전적 구성을 가지고 있다　언급된 사실이지만 유전학에서 의구심이 드는 내용이 아님

② 음식에 대한 선호는 유전자의 영향을 받는다　유전자가 음식 선호도에 영향을 미치는지는 언급되지 않음

③ 균형 잡힌 식단은 정신 건강에 필수적이다　식단의 중요성을 말하지만 정신 건강에 대한 내용이 아님

④ 유전공학은 일부 치명적인 질병을 치료할 수 있다　유전공학의 치료 효과는 언급되지 않음

02 Use of Fire

Stage 1 **다의어 Check** 1 ⓑ 2 ⓑ
INTRO Q ③ **Q** ⑤

Stage 2 **1** how fire transformed the lives **2** ✕, changes **3** ⓑ **4** ⓐ
5 (a): reducing (b): used

Stage 3 (A) changed (B) energy (C) digest

---

[1] In his book, *Catching Fire*, / Richard Wrangham claims
그의 책 <Catching Fire>에서   리처드 랭엄은 주장한다
// how fire transformed the lives (of our ancestors).
어떻게 불이 삶을 변화시켰는지   우리 조상의

[2] A pound of wood fuel can **release** up to 1,600 kcal of energy /
장작 1파운드는 최대 1,600킬로칼로리 에너지까지 **방출할** 수 있다
when burned in a fire.
불에 연소될 때

[3] While most of that heat energy is lost to the air / in a simple
그 열에너지의 대부분은 공기 중으로 손실되지만   단순한 모닥불에서
campfire, // the energy [that is absorbed by food through cooking]
에너지는   요리를 통해 음식에 흡수되는
/ changes its chemistry and structure, / making it easier to digest.
음식의 화학적 성질과 구조를 바꾼다   그래서 음식을 소화하기 더 쉽게 만든다

[4] Meat becomes more **tender**, / proteins break down, //
고기는 더 **연해진다**   단백질은 분해된다
and indigestible starches are transformed / into digestible
그리고 소화가 잘 안되는 전분은 변형된다   소화가 잘되는 탄수화물로
carbohydrates.

[5] This effect is especially evident with root vegetables, //
이 효과는 특히 뿌리채소에서 분명하다
which contain some starches [that our bodies cannot digest].
그것은 전분을 포함한다   우리 몸이 소화할 수 없는

[6] Cooked potatoes, / for example, / provide twice the calories as
익힌 감자는   예를 들어   생감자의 두 배 열량을 제공한다
raw ones.

[7] In essence, / fire revolutionized our ancestors' diet / by increasing
본질적으로   불은 우리 조상이 먹는 음식에 혁신을 일으켰다   에너지의 양을
the amount of energy (per bite) / and reducing the amount of
증가시켜서   한 입당   그리고 에너지의 양을 감소시켜서
energy (used in digestion).
소화에 이용되는

전문해석 **[1]** 리처드 랭엄은 자신의 책 <Catching Fire>에서 어떻게 불이 우리 조상의 삶을 변화시켰는지 주장한다. **[2]** 장작 1파운드는 불에 연소되면 에너지를 최대 1,600킬로칼로리까지 방출할 수 있다. **[3]** 그 열에너지의 대부분은 단순한 모닥불에서 공기 중으로 손실되지만, 요리를 통해 음식에 흡수되는 에너지는 음식의 화학적 성질과 구조를 바꿔서 음식을 소화하기 더 쉽게 만든다. **[4]** 고기는 더 연해지고 단백질은 분해되며 소화가 잘 안되는 전분은 소화가 잘되는 탄수화물로 변한다. **[5]** 이 효과는 특히 뿌리채소에서 분명한데, 뿌리채소는 우리 몸이 소

Stage 1 **정답 찾아가기**

INTRO Q ① 인류 진화 ② 음식의 화학적 성질 ③ 요리하는 불
• evolution 진화

Q 첫 문장은 불이 조상의 삶을 변화시켰다는 주장으로 글의 소재를 간단히 인급한다. 이어서 불로 요리한 음식이 소화가 더 쉽고, 열량을 더 많이 제공한다고 설명한다. In essence로 시작하는 마지막 문장은 이 내용을 재진술하며 불이 조상의 음식에 긍정적인 영향을 주었다고 언급하므로 글의 주제문이 된다. 따라서 글의 주제로 가장 적절한 것은 ⑤ 'the influence of fire on the human diet (불이 인류의 음식에 주는 영향)'이다.

① 불에서 발생한 열에너지의 낭비 열에너지의 낭비는 세부 사항에 해당함
② 불을 발견한 초기 과정 불을 처음 발견한 과정은 언급되지 않음
③ 우리의 식단을 혁신하는 이유
revolutionize diet라는 어구를 활용한 오답
④ 요리된 음식을 소화하는 것의 어려움
(불로) 요리한 음식은 소화하기 쉽다고 했으므로 글의 내용과 반대됨

Stage 2 **한 문장씩 뜯어보기**

1 how fire transformed the lives
해설 간접의문문은 <의문사(how)+S´(fire)+V´
(transformed)> 어순으로 쓴다.

2 ✕, changes
해설 that이 이끄는 관계대명사절이 주어 the energy를 수식한다. 주어를 서술하는 동사가 있어야 하므로 changing을 changes로 고쳐야 한다.

3 ⓑ | 요리된 음식의 변화 ⓐ 모닥불의 열에너지 ⓒ 소화가 잘되는 영양소 • nutrient 영양소
해설 열에너지를 흡수한 음식의 화학적 성질과 구조가 바뀌는 것을 문장 4에서 구체적으로 설명한다.

4 ⓐ | 소화하다 ⓑ 방출하다 ⓒ 만들다
해설 This effect는 음식에 열을 가하면 소화가 쉬워지는 것을 가리킨다. 따라서 이 효과가 특히 분명히 나타나는 뿌리채소에는 '소화할' 수 없는 전분이 있다고 해야 적절하다. 빈칸 앞에 부정어 cannot을 유의해야 한다.

5 (a): reducing (b): used
해설 (a) 전치사 by의 목적어인 동명사구 increasing ~과 reducing ~이 병렬 연결된 구조다.
(b) 앞에 있는 명사 energy를 수식하여 '이용되는 에너지'라는 뜻이 되어야 하므로 과거분사 used로 바꾸어 쓰는 것이 알맞다.

화할 수 없는 전분을 포함한다. **⁶**예를 들어 익힌 감자는 생감자의 두 배 열량을 제공한다. **⁷**본질적으로 불은 한 입당 에너지의 양을 증가시키고 소화에 이용되는 에너지의 양을 감소시켜서 우리 조상이 먹는 음식에 혁신을 일으켰다.

불은 음식이 더 많은 (B) 에너지를 가지게 하고 (C) 소화하기 더 쉽게 만들어서 사람들이 먹는 방법을 (A) 바꾸었다.

해설 (A) 문맥상 과거에 발생한 일을 말하므로 동사 change를 과거 시제로 써야 한다.

함께 풀면 좋은 기출문제

p. 139

1 ⑤

해석 인간은 주위의 환경에서 발견되는 다양한 종류의 식물과 동물을 먹고 **소화**할 수 있는 잡식성이다. 잡식성인 것의 주요 장점은 지구의 거의 모든 환경에 적응할 수 있다는 것이다. 단점은 단일 **음식**만으로는 생존에 필요한 영양분을 제공하지 못한다는 것이다. 인간은 신체를 성장시키고 유지하는 데 충분한 여러 음식을 섭취할 만큼 융통성이 있어야 하지만, 생리적으로 해롭고 어쩌면 치명적인 **음식**을 무작위로 먹지 않을 만큼 충분히 조심스러워야 한다. 이 딜레마, 다시 말해 시도해 볼 필요와 보수적일 필요가 결합한 것을 '잡식 동물의 역설'이라고 한다. 이것은 **음식**에 대한 두 가지 상반된 심리적 충동을 낳는다. 첫 번째는 새로운 **음식**에 끌리는 것이고, 두 번째는 익숙한 **음식**을 선호하는 것이다.

어휘 omnivorous 잡식성의 *cf.* omnivore 잡식 동물   surrounding 《복》 주위 환경   advantage 장점(↔ disadvantage 단점)   adapt 적응하다   nutrition 영양(분)   flexible 융통성 있는, 유연한   a variety of 여러 가지의, 다양한   sufficient 충분한   physical 신체의; 물리적인   maintenance 유지; 보수   ingest 먹다, 삼키다   physiologically 생리적으로   fatal 치명적인   conservatism 보수성 *cf.* conservative 보수적인   contradictory 상반된, 반대의   impulse 충동   regarding ~에 대하여   attraction ~에 끌리는 것[끌리기]   preference 선호[선택지]   irony 역설   sacrifice 희생하다   quantity 양, 수량   edible 식용의, 먹을 수 있는

해설 인간의 잡식성과 그 장단점을 설명하는 글이다. 인간이 단일 음식만으로는 생존할 수 없기 때문에 다양한 음식을 섭취하면서도 해로운 음식을 피해야 하는 것을 This dilemma, 더 나아가 the omnivore's paradox로 표현했다. 따라서 밑줄 친 부분이 의미하는 것은 두 가지 필요를 언급하는 ⑤ 'need to be both flexible and cautious about **foods**(음식에 대해 융통성이 있으면서도 조심할 필요)'이다.

① 영양소 있는 **음식**을 필요로 하지만 싫어하는 역설
   영양소 있는 음식을 싫어한다는 내용은 언급되지 않음
② 채식주의자와 육식주의자 사이의 갈등
   식물과 동물 섭취를 언급하였지만 각각의 음식만 섭취하는 사람들 사이의 갈등은 언급되지 않음
③ **음식**의 양을 위해 **음식**의 질을 희생하는 것
   음식의 양과 질은 언급되지 않음
④ 어떤 음식이 식용인지 판단하는 것의 어려움
   해롭거나 치명적인 음식을 피해야 한다고 했지만 식용 판단은 언급되지 않음

2 ④

해석 사냥은 인간이 어떻게 상호 이타주의와 사회적 교류를 발전시켰는지 설명할 수 있다. 인간은 영장류 중에서 몇 년, 수십 년, 또는 평생 지속될 수 있는 광범위한 상호 관계를 보여준다는 점에서 특별한 것 같다. 큰 사냥감의 고기는 한 명의 사냥꾼과 그의 직계 가족이 섭취할 수 있는 양을 ① 초과한다. 게다가 사냥 성공은 매우 ② 가변적인데, 어느 한 주에 성공한 사냥꾼은 다음 주에 실패할 수도 있다. 이러한 조건은 사냥으로 얻은 음식을 공유하도록 ③ 장려한다. 사냥꾼이 고기를 직접 다 먹을 수 없고 남은 음식은 곧 상하게 되므로 그가 즉시 먹을 수 없는 고기를 나누어 주는 손실은 ④ 크다(→ 적다). 그러나 그가 스스로 음식을 구하지 못했을 때 그의 음식을 받은 사람들이 후한 호의에 나중에 보답한다면 그 혜택은 클 수 있다. 본질적으로 사냥꾼은 여분의 고기를 친구와 이웃의 몸에 ⑤ 저장할 수 있다.

어휘 extensive 광범위한   last 지속되다   game 사냥감   exceed 초과하다   immediate 직계[직속]의 *cf.* immediately 즉시, 당장에   variable 가변적인, 변동이 심한   condition 조건; 상태   give away 나누어 주다; 양보하다   leftover 남은 음식   spoil (음식 등이) 상하다; 망치다   generous 후한, 관대한   store 저장하다   extra 여분의, 남은

해설 사냥으로 얻은 고기의 양이 너무 많아서 다른 사람에게 나누어 주면 나중에 사냥에 실패해 식량을 얻지 못한 경우 자신이 호의를 베푼 그 사람들에게 보답으로 음식을 받을 수 있게 되므로, 남은 음식이 상해서 버려지는 것보다 손실이 적다. 따라서 ④ high를 low 등으로 고쳐야 한다.

① 사냥감이 크면 고기의 양은 사냥꾼과 가족이 먹는 양을 '초과하는' 것이 자연스럽다.
② 어느 한 주에 사냥에 성공한 사냥꾼이 그다음 주에는 실패할 수도 있다고 했으므로 사냥 성공은 '가변적'이라는 것이 자연스럽다.
③ 사냥으로 얻는 고기의 양은 너무 많고, 이후 사냥에 실패할 수도 있는 상황을 가정한다면 음식을 공유하는 것이 '장려될' 것이다.
⑤ 식량을 다른 사람에게 나누어줌으로써 나중에 사냥에 실패하더라도 도움을 받을 수 있게 되므로, 남은 음식을 친구와 이웃의 몸에 '저장하는' 것과 같다.

03　Verbal Ping-Pong

Stage 1　다의어 Check **1** ⓐ
　　　　　INTRO Q ①　Q ③

Stage 2　**1** ⓑ　**2** ⓒ　**3** ⓐ　**4** enough　**5** ⓐ　**6** ⓒ　**7** 1

Stage 3　(A) balance　(B) long　(C) asking

---

[1] If you want to master the **art** of connection / through conversation,
관계 **기술**을 완전히 익히고 싶다면　　　　　대화를 통한
// just remember to play verbal ping-pong.
말로 탁구 치는 것만 기억해라

[2] I love to talk, / so I have to stop and think all the time:
나는 말하기를 좋아한다　　　그래서 항상 멈추고 생각해야 한다
// "Has the ball been on their side of the table much / during
"상대방 탁자에 공이 많이 있었나?
this conversation?"
이 대화 동안"

[3] If the answer is no, // I quickly say / that I've been doing a lot of
만약 대답이 '아니'라면　　나는 재빨리 말한다　내 이야기만 많이 하고 있었다고
talking about myself, / but I really want to hear about / what's
그렇지만 정말로 듣고 싶다고
happening with them.
상대방에게 어떤 일이 일어나고 있는지

[4] You can't fake it, / though.
거짓으로 꾸며낼 수는 없다　　하지만

[5] Talking for an hour about your life / and ending with, / "Gotta go —
자신의 인생을 한 시간 동안 이야기하는 것은　　　그리고 ~로 끝내는 것(은)　　"가봐야겠다
by the way, how are you?" / is not going to be enough.
그나저나, 넌 어때?"　　　충분하지 않을 것이다

[6] Neither is / asking them a bunch of questions (about their life)
역시 (충분하지) 않다　　많은 질문을 하는 것　상대방의 삶에 대한
/ but not saying anything about yourself.
그러나 자신에 대해서는 아무것도 말하지 않는 것

[7] In order for people to feel connected to you, / they need to know
사람들이 당신과 교감하려면　　　그들은 알아야 한다
// how you're doing, / what you're up to, / and how you've been feeling.
당신이 어떻게 지내는지　　무엇을 하려는지　그리고 기분이 어떤지를

[8] If you hide behind a battery of questions, // a person may feel
만약 수많은 질문 뒤에 숨는다면　　상대방은 느낄지 모른다
/ as if you care about him, / but he won't feel connected to you.
당신이 자신에게 관심이 있는 것처럼　　그러나 당신과 교감하지는 않을 것이다

전문해석 [1] 대화를 통한 관계 기술을 완전히 익히고 싶다면 말로 탁구 치듯 주고받는 것만 기억해라. [2] 나는 말하기를 좋아해서 항상 멈추고 이렇게 생각해야 한다. "지금 대화하는 동안 상대방 탁자에 공이 많이 있었나?" [3] 만약 대답이 '아니'라면, 나는 재빨리 지금껏 내 이야기를 많이 하고 있었지만 상대방에게 어떤 일이 일어나고 있는지 정말로 듣고 싶다고 말한다. [4] 하지만 거짓으로 꾸며낼 수는 없다. [5] 자신의 인생을 한 시간 동안 이야기하고 나서 "가봐야겠다. 그나저나, 넌 어때?"로 끝내는 것은 충분하지 않을 것이다. [6] 상대방의 삶에 대해 많이 질문하지만 자신에 대해서는 아무것도 말하지 않는 것 역시 충분하지 않다. [7] 사람들이 당신과 교감하려면 그들은 당신이 어떻게 지내는지, 무엇을 하려는지, 기분이 어떤

Stage 1　정답 찾아가기

INTRO Q ① 말할 기회 ② 대화 주제 ③ 비언어적 반응
• reaction 반응; 반작용

Q 대화를 균형 있게 주고받아야 한다는 주장을 위해 탁구의 비유를 활용한 글이다. 밑줄 친 부분의 the ball은 양쪽을 계속해서 오가는 탁구공, 즉 대화의 주도권을 의미한다. '상대방 탁자에 공이 많이 있었는지'를 묻는 것은 말할 기회가 상대편에 충분히 있었는지를 확인하는 의도이므로, 밑줄 친 부분이 의미하는 바로 가장 적절한 것은 ③ 'Have they had many chances to speak?(상대방에게 말할 기회가 많이 있었는가?)'이다.

① 대화 주제가 다양한가?
대화 주제의 다양성은 언급되지 않음

② 상대방이 자주 비언어적으로 반응하였는가?
표정이나 몸짓과 같은 비언어적 반응은 언급되지 않음

④ 우리가 대화 주제에 익숙한가?
익숙한 대화 주제는 언급되지 않음

⑤ 이 대화가 우리 둘 다에게 흥미로운가?
대화 자체의 흥미 여부는 언급되지 않음

Stage 2　한 문장씩 뜯어보기

2 ⓒ | 대화를 통해 관계를 만드는 데에는 균형 있는 주고받기가 필요하다. ⓐ 긴 ⓑ 공손한

3 ⓐ
해설 문장 4의 it은 앞 문장 내용을 가리키며, 상대방에 대한 관심을 꾸며낼 수는 없다고 했다. 문장 5가 이를 뒷받침하는데, 자신의 이야기를 한참 하고 나서야 상대에게 꾸며내듯이 질문하는 것은 진심 어린 관심이 아니라는 내용이다.

4 enough | 상대방의 삶에 대해 많이 질문하면서 자신에 대해서는 아무것도 말하지 않는 것 역시 충분하지 않다.

5 ⓐ | 깊은 연결을 만들려면 개인적인 정보를 공유해라.
ⓑ 피하다 ⓒ 평가하다
• detail 세부 사항, 자세한 정보

6 ⓒ | 오직 질문만 많이 하는 것이 실제로는 진정한 연결을 방해할 수 있다. ⓐ 돕다 ⓑ 발견하다
해설 자신을 드러내지 않고 상대에게 질문만 많이 하는 것은 서로 교감하지 못하게 방해하는 행동이다.

지를 알아야 한다. [8]만약 수많은 질문 뒤에 숨는다면 상대방은 당신이 자신에게 관심이 있다고 느낄 수는 있지만, 당신과 교감하지는 않을 것이다.

대화를 통해 진정한 관계를 만들려면 (B) 오랜 시간 자기 이야기만 하거나 (자신의 이야기) 또한 나누지 않고 많은 질문을 (C) 묻기보다는, 양쪽이 말하는 것의 (A) 균형, 즉 말로 하는 탁구가 필요하다.

해설 (C) 동명사 talking과 or로 병렬 연결되므로 ask를 동명사 asking으로 바꾸어 쓰는 것이 알맞다.

함께 풀면 좋은 기출문제

p. 140

1 ④

해석 대중 연설은 청중 중심인데, 왜냐하면 연설자는 말하는 동안 청중에게 '귀를 기울이기' 때문이다. 연설자는 청중의 반응, 다시 말해 청중이 연설자에게 주는 언어적, 비언어적 신호를 주시한다. 청중의 반응은 보통 그들이 연설자의 생각을 이해하고, 관심 있어 하고, 받아들일 준비가 되었는지를 보여준다. 이 반응은 연설자를 여러모로 도와준다. 청중의 반응은 연설자가 언제 속도를 늦출지, 언제 무언가를 더 주의해서 설명할지, 혹은 연설 후반의 질의응답 시간에 어떤 주제로 되돌아갈 것이라고 언제 청중에게 말할지도 파악하는 데 도움이 된다. (무대 불안을 줄이기 위해 연설자가 자신의 원고를 암기하는 것이 중요하다.) 청중의 반응은 연설자가 청중과 존중하는 관계를 만들도록 도와준다.

어휘 audience 청중, 관객 (-)centered ~ 중심의 monitor 주시하다; 감시하다 feedback 반응, 피드백 indicate 보여주다, 나타내다 assist 도와주다 slow down (속도를) 늦추다 memorize 암기하다, 외우다 script 원고 anxiety 불안감, 걱정 respectful 존중하는, 존경하는

해설 청중의 다양한 반응이 연설자의 진행을 도와준다는 내용의 글이다. 청중이 언어적으로나 비언어적으로 반응하면 연설자는 그 반응을 확인하고 자신의 연설을 이끄는 방식을 달리한다고 하였다. ④는 연설자가 불안감을 줄이려면 원고를 암기해야 한다는 내용으로, 청중의 반응과 그에 따른 연설자의 대처를 다루는 글의 중심 내용과는 관계가 없다.

2 ③

해석 소리와 빛은 파장으로 이동한다. 소리 현상을 두고 자주 언급되는 비유는 작은 돌멩이를 잔잔한 연못 표면에 던지는 것이다. 물결이 충격 지점으로부터 바깥으로 퍼져나가는데, 이는 음파가 음원에서 사방으로 퍼지는 것과 같다. 이것은 우리 주변 공기 중의 교란 작용 때문이다. 만약 막대기 두 개를 함께 쾅 친다면, 소리를 듣게 될 것이다. 막대기 두 개가 서로 가까워질 때, 바로 앞에 있는 공기가 압축되고 에너지가 축적된다. 충돌 지점이 생기면 이 에너지는 음파로 퍼져나간다. 두 개의 무거운 돌을 가지고 같은 실험을 한다면 정확히 같은 일이 일어나지만, 돌의 밀도와 표면 때문에 다른 소리를 듣게 되고, 돌이 더 많은 공기를 옮길 가능성이 있어 더 큰 소리를 듣게 된다. 따라서 우리 주변의 대기 중에서 일어나는 물리적 교란 작용이 소리를 만들 것이다.

어휘 approach ~에 가까워지다; 접근하다 compress 압축하다 build up 축적하다; 더 높이다 travel 이동하다; 여행하다; 나아가다 wave 파장, 파동; 물결 surface 표면 still 잔잔한; (물 등이) 흐르지 않는; 고요한 pond 연못 outward(s) 바깥으로; 바깥쪽의 impact 충격, 충돌; 충돌하다 disturbance 교란 (작용), 방해 *cf.* disturb 방해하다 bang 쾅 하고 치다[부딪치다] release 풀어 주다, 표출시키다 density 밀도 likely 가능성이 있는; ~할 것 같은 displace 옮기다; 바꿔놓다 physical 물리적; 신체의 atmosphere 대기; 공기; 분위기

해설 음파의 발생 과정을 비유(analogy)로 설명하는 글이다. 주어진 문장은 막대기가 서로 가까워질 때 주변 공기에서 일어나는 일을 설명한다. ③ 앞에 있는 문장은 막대기 두 개(two sticks)가 부딪히면 소리가 만들어진다고 했고, 주어진 문장은 이것을 the sticks로 받아 소리가 만들어지기 전에 공기가 압축되고 에너지가 축적되는 과정을 설명하므로 ③에 들어가야 한다. 또한 주어진 문장에서 에너지가 축적된다(energy builds up)는 설명은 다음 문장에서 이 에너지가 음파로 퍼져나간다(this energy is released as sound waves)는 결과로 자연스럽게 연결된다.

04 Leadership

Stage 1　**다의어 Check 1** ⓑ
　　　　　INTRO Q ① **Q** ④

Stage 2　**1** ⓐ　**2** ⓑ　**3** you, were　**4** ⓒ

Stage 3　(A) selects　(B) nurture　(C) growth

---

¹An effective leader will create the right environment (for each person
유능한 리더는 알맞은 환경을 만들어줄 것이다　　　　　각자가 성장할
to grow).

²They also ensure // that the overall environment is the same /
그들은 또한 확실하게 한다　　　　전반적인 환경이 동일한 것을
for everyone / whether experienced or inexperienced.
모두에게　　　　경험이 많든 적든

³Into that environment / they plant the seeds and nurture them,
그 환경 속에서　　　　그들은 씨앗을 심고 보살핀다
/ again ensuring // that some need more nurturing
(그리고) 다시 확실하게 한다　일부에게 보살핌이 더 많이 필요하다는 것을
/ in order to help them / **establish** themselves within the environment
그들을 도우려면　　　　환경 내에서 스스로 **자리를 잡는 것을**
/ and grow.
그리고 (그들이) 성장하는 것을

⁴They nurture them / with compassion, attention, support, and
리더는 그들(구성원)을 양성한다　　　연민, 관심, 지원, 그리고 지도로
direction [that is just right for each person].
각자에게 딱 맞는

⁵As a gardener / you would not put manure on your roses.
정원사로서　　　　당신은 장미에 거름을 뿌리지 않을 것이다

⁶Why?
왜인가?

⁷It is too strong / and would kill the plant.
거름이 너무 독하다　　그래서 식물을 죽일 것이다

⁸At the same time, / if you put it onto a more hardy plant (such as an
동시에　　　　그것(거름)을 더 튼튼한 식물에 뿌린다면　　사과나무처럼
apple tree), // that manure would probably be perfect.
그 거름은 아마도 딱 알맞을 것이다

⁹I'm not suggesting // that manure is a good way (of helping people
나는 말하는 것이 아니다　　거름이 좋은 방법이라고　　사람들이 성장하는 것을 돕는
grow).

¹⁰People are different / and need an approach [that is suitable
사람들은 서로 다르다　　그러므로 접근법이 필요하다　　적합한
/ and brings out the best in them].
그리고 사람들에게서 최선을 끌어내는

전문해석 ¹유능한 리더는 각자가 성장할 알맞은 환경을 만들어줄 것이다. ²또한 리더는 경험이 많든 적든 전반적인 환경이 모두에게 동일하도록 확실하게 한다. ³그 환경 속에서 리더는 씨앗을 심고 보살피며, 구성원 일부가 환경 내에서 자리를 잡고 성장하도록 도우려면 그들에게 보살핌이 더 많이 필요하다는 것을 다시 확실하게 한다. ⁴리더는 각자에게 딱 맞는 연민, 관심, 지원, 지도로 구성원을 양성한다. ⁵정원사라면 장미에 거름을 뿌리지 않을 것이다. ⁶왜인가? ⁷거름이 너무 독해서 식물을 죽일 것이기 때문

Stage 1　정답 찾아가기

Q 리더가 구성원에게 동일하게 제공한 환경 내에서 각자에게 맞는 방식으로 성장을 도와야 한다는 내용이 먼저 나오고, 그다음 이어지는 정원사와 식물의 비유는 거름이 식물에 따라 독이 되기도 하고 득이 되기도 한다는 내용으로 각자에게 적합한 방식이 있다는 글의 요지를 뒷받침한다. 마지막 문장은 사람들이 모두 다르기 때문에 서로 다른 접근법이 필요하다고 주장하며 전체 내용을 종합한다. 따라서 필자가 주장하는 바로 가장 적절한 것은 ④ '리더는 구성원 각각에 알맞은 방법으로 양성해야 한다.'이다.

① 갈등의 조정은 언급되지 않음
② 리더는 구성원 각각에게 적합한 보살핌을 제공해야 한다고 언급했으므로 적절하지 않음
③ 구성원과 함께 논의하는 방식은 언급되지 않음
⑤ 동등한 기회 보장은 언급되지 않음

Stage 2　한 문장씩 뜯어보기

1 ⓐ | 경험과 상관없이
ⓑ 누군가의 경험 때문에 ⓒ 더 많은 경험으로

3 you, were | 만약 당신이 정원사라면
해설 전치사 As가 '~로서'의 의미로 쓰였지만 문맥상 현재 상황을 가정(~라면)하여 말하므로 가정법 과거 If 절로 바꿔 쓸 수 있다.

4 ⓒ | 정원사는 식물의 필요에 근거하여 다른 대우를 제공해야 한다. ⓐ 비슷한 ⓑ 강한
해설 독한 거름이 장미를 죽게 하지만 사과나무에는 알맞은 것처럼 식물을 서로 다르게 취급해야 한다.

Stage 3　요약하기

정원사가 각각의 식물이 자랄 수 있는 적절한 보살핌을 (A) 선택하는 것처럼, 유능한 리더는 개인의 (C) 성장을 위해 개별 맞춤화된 지원이 각 구성원에게 제공되는 환경을 (B) 양성한다. • personalize (개인의 필요에) 맞추다 simplify 단순화하다 exclude 제외하다
해설 (A) 주어가 a gardener이므로 단수 동사 selects로 바꾸어 쓰는 것이 알맞다.

이다. [8](그렇지만) 동시에 사과나무처럼 더 튼튼한 식물에 뿌린다면, 그 거름은 아마도 딱 알맞을 것이다. [9]나는 거름이 사람들이 성장하도록 돕는 좋은 방법이라고 말하려는 게 아니다. [10]사람들은 서로 다르므로 각자에게 적합하며 최선을 끌어내는 접근법이 필요하다.

1 ③

해석 우리가 리더를 생각할 때, 우리는 에이브러햄 링컨 혹은 마틴 루서 킹 주니어와 같은 사람들을 생각할지 모른다. 만약 이러한 인물의 역사적 중요성과 광범위한 영향력을 고려한다면, 리더십은 고귀하고 높은 목표처럼 보일지도 모른다. 그러나 우리 모두처럼, 이러한 사람들은 일상생활의 몇 가지 측면이 더 큰 규모로 개선될 수 있는 방법에 대한 생각을 가졌던 학생, 근로자, 그리고 시민으로 시작했다. 근면함과 경험을 통해, 그들은 자신의 생각을 다른 사람들과 공유하고, 의견과 반응을 구하며, 집단의 목표를 성취할 가장 좋은 방법을 끊임없이 찾음으로써 자신의 생각을 발전시켰다. 그러므로 우리는 모두 나이나 경험과 관계없이 학교, 공동체, 그리고 직장에서 리더가 될 수 있는 잠재력을 가지고 있다.

어휘 far-reaching 광범위한, 폭넓은　noble 고귀한; 귀족의　possess 가지다, 소유하다　aspect 측면　scale 규모　constantly 끊임없이　accomplish 성취하다　potential 잠재력; 잠재력 있는　regardless of ~와 관계없이

해설 리더는 대단한 업적을 가진 위인처럼 보이지만, 사실 그들도 우리처럼 평범하게 시작했으며 공동체의 목표를 이루기 위해 노력함으로써 훌륭한 리더가 되었기 때문에 우리 모두 리더가 될 수 있다는 내용이다. 따라서 이 글의 요지는 ③ '공동체를 위한 아이디어를 발전시키는 누구나 리더가 될 수 있다.'이다.

① 도입부에서 리더십이 고귀한 목표처럼 보이지만 그렇지 않음을 주장하므로 글의 내용과 상반됨
② 결단력은 언급되지 않음
④ 리더가 다른 사람의 의견과 반응을 구한다고 했지만 세부 사항에 해당함
⑤ 리더는 근면하고 경험을 활용한다고 했지만 경제적 성공에 대한 내용이 아님

2 ③

해석 추종자는 부하라는 직책 또는 리더의 바람을 따르는 행동으로 정의될 수 있다. 그러나 추종자도 이끄는 힘이 있다. 추종자는 리더에게 힘을 주기도 하고 그 반대도 마찬가지다. 이에 따라 로널드 하이페츠와 같은 일부 리더십 분석가는 '추종자'라는 단어 사용을 피하고 권력관계에 있는 다른 사람들을 '시민' 또는 '구성원'으로 지칭하게 되었다. 추종자에 대한 너무 단순한 관점이 오해를 불러일으킬 수 있다는 하이페츠의 말은 옳다. 현대의 삶에서 대부분의 사람은 결국 리더와 추종자가 되고, 그 범주는 꽤 유동적일 수 있다. 우리의 목표가 바뀌면서 추종자로서 우리의 행동도 바뀐다. 만약 내가 음악에 대한 나의 판단보다 당신의 판단을 더 신뢰한다면, 우리가 어떤 콘서트에 참석할지는 당신의 주도를 따를 수 있다(당신이 비록 공식적으로 지위상 나의 부하일지라도). 하지만 내가 낚시 전문가라면, 공식적인 지위나 내가 어제 콘서트는 당신의 주도를 따랐다는 사실과는 관계없이 낚시할 장소는 당신이 내 주도를 따를 것이다.

어휘 define 정의하다　subordinate 부하; 종속된; 부수적인　go along with ~에 따르다[찬성하다]　empower 힘[권한]을 주다　refer to A as B A를 B라고 지칭하다　constituent 주민; 구성 성분　wind up v-ing 결국 v하게 되다　objective 목표; 객관적인　judg(e)ment 판단　attend 참석하다; 주의를 기울이다　formally 공식적으로 *cf.* formal 공식적인　[선택지] rigid 엄격한　fluid 유동적인　stable 안정적인　apparent 분명한

해설 빈칸 문장으로 보아 현대의 리더와 추종자가 어떠한지를 추론해야 한다. 빈칸 앞의 전반부에서 추종자는 단순히 따르는 사람이 아니라 리더에게 영향을 미치기도 한다는 내용이 나온다. 빈칸 이후 예시를 통해 지위와 관계없이 전문성이나 지식에 따라 리더와 추종자의 관계가 바뀔 수도 있다고 말한 것으로 보아, 리더와 추종자의 관계는 고정된 것이 아님을 알 수 있다. 따라서 빈칸에 알맞은 것은 ③ 'fluid(유동적인)'다.

① 엄격한　빈칸에 들어갈 내용과 상반됨
② 불공평한　글의 내용과 관련 없음
④ 안정적인　글의 내용과 관련 없음
⑤ 분명한　빈칸에 들어갈 내용과 상반됨

Stage 1 **다의어 Check** 1 ⓐ 2 ⓑ
INTRO Q 1 ② 2 (1) (C) (2) (A) (3) (B) **Q** ③

Stage 2 **1** buy **2** ⓒ **3** ⓐ **4** ⓐ **5** ⓑ

Stage 3 (A) afford (B) drives

---

¹An economist at Augsburg College, / Jeanne Boeh, / said
아우크스부르크 대학의 경제학자 Jeanne Boeh는 말했다
// that Americans are buying a lot more / than they used to.
미국인이 훨씬 더 많이 사고 있다고 예전에 그랬던 것보다

²"It used to be / that if you were poor, / you didn't have things
"예전에는 ~였다 가난했으면 물건이 없었다
(like air conditioning, TVs, and cell phones)," // Boeh said.
에어컨, TV, 휴대전화 같은" Boeh가 말했다

(B) ³"And now / even poor people have those things."
"그리고 지금은 가난한 사람도 그런 물건을 가지고 있다"

⁴According to Boeh, / it's because things are cheaper.
Boeh에 따르면 그것은 물건이 더 저렴하기 때문이다

⁵"The law of demand says / as price goes down, / you buy more of
"수요의 법칙은 전한다 가격이 내려감에 따라 더 많은 물건을 산다고"
them." // Boeh said.
Boeh가 말했다

⁶"And it costs us less / in terms of work hours."
"그리고 그것은 우리에게 더 적은 비용이 든다 노동 시간 측면에서"

(C) ⁷**Take** cell phones: // In 1984, / for someone (earning the average
휴대전화를 **예로 들어보자** 1984년에 (~한) 사람의 경우 평균 임금을 버는
wage), / it cost 456 hours to buy one.
휴대전화 하나를 사는 데 456시간이 걸렸다

⁸Today, / it's closer to 4 hours.
오늘날 그것(휴대전화를 사는 데 필요한 시간)은 4시간에 가깝다

⁹In 2006, / the average family spent around $48,000.
2006년에 평균 가구는 약 48,000달러를 소비했다

¹⁰In 2022, / they spent over $72,000.
2022년에 평균 가구는 72,000달러 이상을 소비했다

(A) ¹¹But, / in general, / our money buys more.
그러나 일반적으로 우리 돈은 더 많이 살 수 있다

¹²There's no need (for feeling guilty).
필요가 없다 죄책감을 느낄

¹³"I think / a lot of the things have made life better / for many people,"
"나는 생각한다 많은 물건이 삶을 더 좋게 만들었다고 많은 사람들에게"
// Boeh said.
Boeh가 말했다

¹⁴Consumer spending usually **makes up** / about two-thirds
소비자 지출은 대개 **차지한다**
of the economic activity (in a country), // so consumer culture
경제 활동의 약 3분의 2를 한 나라의 그래서 소비문화는 경제에 중요하다
is important to the economy.

Stage 1 **정답 찾아가기**

Q 주어진 글은 미국인의 소비가 증가했다는 내용이다.
두 번째 문장에서 과거에는 가난하면 물건을 많이 살 수 없
었다고 했는데, (B)에서 '이제 가난한 사람도(even poor
people) 물건을 가지게 되었다'는 내용이 이어져서 소비
증가를 뒷받침한다. those things가 주어진 문장의 물건
들을 가리킨다. (B)에서 소비가 늘어난 원인으로 가격 하
락과 물건을 사는 데 필요한 노동 시간이 줄어든 점을 말하
고, (C)는 휴대전화를 예로 들어 이 내용을 설명한다. 지금
까지 언급한 가구의 평균 소비 증가의 의미를 (A)에서 구
매력 증가(our money buys more)로 함축하여 표현
하며 소비자 지출의 중요성을 강조한다.

Stage 2 **한 문장씩 뜯어보기**

1 buy
해설 과거와 현재를 비교하며 현재 더 많이 '사고 있다
(are buying)'고 했으므로 used to 뒤에 buy가 생
략된 것이다.

2 ⓒ | 가난한 사람들은 한때 손에 넣을 수 없었던 것을
지금은 가지고 있다. ⓐ 필수적인 ⓑ 풍부한

3 ⓐ | 하락하는 가격과 물건을 사는 데 필요한 더 적은
노동 시간은 우리가 더 많이 사게 한다.
ⓑ 많은 ⓒ 불분명한
해설 문장 7~8에서 휴대전화를 예로 들어 물건을 사
기 위해 일해야 하는 시간이 줄어들었음을 설명한다.

4 ⓐ | 평균적인 사람의 구매력이 향상되었다.
ⓑ 소비 습관 ⓒ 평균 임금
해설 과거보다 물건이 저렴해지고 가구 소비가 늘어나
서 더 많이 구매하는 것은 개인의 구매력이 높아졌음
을 의미한다.

5 ⓑ | 돈을 쓰는 것에 대해 죄책감을 느끼는
ⓐ 감소하는 가격에 대해 죄책감을 느끼는
ⓒ 돈을 버는 것에 대해 죄책감을 느끼는
해설 전반적인 소비 증가를 설명하는 글이므로 소비,
즉 돈을 쓰는 행위에 느끼는 죄책감을 의미한다.

전문해석 [1]아우크스부르크 대학의 경제학자 Jeanne Boeh는 미국인이 예전보다 훨씬 더 많이 사고 있다고 말했다. [2]Boeh는 "예전에는 가난하면 에어컨, TV, 휴대전화 같은 물건이 없었습니다."라고 말했다. (B) [3]"그리고 지금은 가난한 사람도 그런 물건을 가지고 있습니다." [4]Boeh에 따르면, 그것은 물건이 더 저렴하기 때문이다. [5]"수요의 법칙에 의하면 가격이 내려감에 따라 더 많이 구매합니다."라고 Boeh가 말했다. [6]"그리고 우리가 물건을 사는 데에는 노동 시간 측면에서 더 적은 비용이 듭니다." (C) [7]휴대전화를 예로 들어보자. 1984년에 평균 임금을 버는 사람은 휴대전화 하나를 사는 데 456시간이 걸렸다. [8]오늘날 휴대전화를 사는 데 필요한 시간은 4시간에 가깝다. [9]2006년에 평균 가구는 약 48,000달러를 소비했다. [10]2022년에 평균 가구는 72,000달러 이상을 소비했다. (A) [11]그러나 일반적으로 우리 돈은 더 많은 것을 살 수 있다. [12]죄책감을 느낄 필요가 없다. [13]"물건이 많아진 덕분에 많은 사람들의 삶이 나아졌다고 생각합니다"라고 Boeh는 말했다. [14]소비자 지출은 대개 한 나라에서 일어나는 경제 활동의 약 3분의 2를 차지하므로 소비문화는 경제에 중요하다.

Stage 3 요약하기

더 낮은 가격과 (A) (지출을) 감당할 더 커진 능력으로 인한 상품의 접근성 증가는 삶의 질을 향상시키고 미국 경제를 (B) 이끈다.

해설 (B) 문장의 동사 자리로, 주어 access에 수일치해야 하므로 단수 동사 drives로 바꾸어 쓰는 것이 알맞다. due to ~ afford는 주어를 수식하고, 그 뒤로 동사 improves와 drives가 and로 병렬 연결되어 있다.

함께 풀면 좋은 기출문제

p. 142

1 ⑤

해석 여러분이 구매하고 결국 한 번도 사용하지 않은 물건에 대해 잠시 생각해 봐라. 결국 한 번도 입지 않은 옷 한 벌? 한 번도 읽지 않은 책 한 권? 심지어 상자에서 꺼내보지도 않은 어떤 전자 기기? 호주인에 한해서만 평균적으로 매년 108억 호주 달러(약 99억 9천 미국 달러)를 사용하지 않는 물건에 소비하는 것으로 추정되는데, 이는 정부가 대학과 도로에 소비하는 총액을 넘는 금액이다. 그 금액은 각 가구당 평균 1,250 호주 달러(약 1,156 미국 달러)이다. 우리가 구매한 후 제자리에서 먼지만 쌓이는 모든 물건은 낭비인데, 돈 낭비, 시간 낭비, 그리고 순전히 쓰레기라는 의미에서 낭비다. 작가인 클라이브 해밀턴이 말하는 것처럼 '우리가 사는 물건에서 우리가 사용하는 것을 뺀 만큼이 낭비다.'

어휘 end up v-ing 결국 v하다 equipment 기기, 장치 estimate 추정하다, 추산하다 approximately 약, 대략 household 가구, 가정 rubbish 쓰레기, 쓸모없는 것 observe (의견 등을) 말하다; (지켜)보다 difference 차이의 정도; 간격; 다름 [선택지] enable 작동시키다; ~할 수 있게 하다 management 관리

해설 우리가 구매한 후 사용하지 않는 물건은 낭비임을 글 전반에 걸쳐 주장하고 있다. 따라서 글의 제목으로 알맞은 것은 ⑤ 'What You Buy Is Waste Unless You Use It(사용하지 않으면 여러분이 구매한 것은 낭비다)' 이다.

① 소비가 경제를 작동시킨다
  소비와 경제 사이의 관련성에 대한 언급 없음
② 돈을 관리할 때 해야 할 것과 하지 말아야 할 것
  돈 관리에 대한 언급 없음
③ 너무 많은 쇼핑은 외로움의 신호다
  과소비와 외로움의 관련성에 대한 언급 없음
④ 쓰레기 (처리의) 3R인 감축, 재사용, 재활용
  재활용에 대한 언급 없음

2 ⑤

해석 학교 도서관에서 소리에 대한 염려는 과거보다 오늘날 훨씬 더 중요하고 복잡하다. 오래전, 전자 장비가 도서관 환경의 아주 중요한 부분이 되기 전에는 사람이 만들어 내는 소음만 처리하면 되었다. 오늘날에는 컴퓨터, 프린터 그리고 다른 장비가 폭넓게 사용되어 기계 소음을 더했다. 집단 활동과 교사의 설명이 학습 과정의 필수적인 부분이기 때문에 사람의 소음도 또한 증가했다. 그래서 현대의 학교 도서관은 더는 예전처럼 조용한 구역이 아니다. 그러나 많은 학생이 조용한 학습 환경을 원하기 때문에 도서관은 공부와 독서를 위해 여전히 조용함을 제공해야 한다. 도서관 환경에 대한 이러한 요구를 고려해 볼 때, 원치 않는 소음이 제거될 수 있거나 적어도 최소한으로 유지될 수 있는 공간을 만드는 것이 중요하다.

어휘 vital 중요한, 필수적인 deal with ~을 처리하다[다루다] instruction 설명; 교육; 지시 considering ~을 고려하면 surrounding 《복》 환경, 상황; 주위[주변]의 eliminate 제거하다 to a minimum 최소한으로

해설 주어진 문장은 도서관이 여전히 조용해야 한다고 주장하는 내용이다. 첫 문장과 도입부는 현상의 변화를 설명하고, ⑤ 앞까지는 도서관이 과거에 비해 전자 장비도 늘고 학습 소음도 증가하여 더 이상 조용한 공간이 아니라고 했다. 그런데 ⑤ 뒤에서는 소음을 제어해야 한다고 했고 this need의 내용이 주어진 문장의 many of our students want a quiet study environment임을 알 수 있다. 따라서 주어진 문장이 들어가기에 적절한 곳은 ⑤이다. 마지막 문장의 need for, important에서 주장하는 내용이 드러난다.

06 How to Educate

Stage 1   **다의어 Check** 1 ⓑ   2 ⓐ   3 ⓐ
　　　　　　 INTRO Q ②   **Q** ⑤

Stage 2   1 ⓐ   2 ⓑ   3 ⓒ   4 ⓑ   5 9

Stage 3   (A) strengths   (B) correct

---

¹Cory brought her writing **assignment** (on the letter g) / to her
코리는 자신의 쓰기 **숙제**를 가져왔다　　　　　문자 g에 대한

first-grade teacher, Mr. Tuttle, // who looked at the paper /
자신의 1학년 담당인 터틀 선생님에게　　　선생님은 종이를 살펴보았다

and asked Cory to point out her favorite one.
그리고 코리에게 가장 좋아하는 것(g)을 가리켜 보라고 했다

²After Cory pointed to her favorite g, // Mr. Tuttle asked,
코리가 가장 좋아하는 g를 가리킨 후　　　터틀 선생님은 물었다

/ "May I point out my favorite one?"
"내가 가장 마음에 드는 걸 가리켜도 될까?"

³Then he pointed to a g (with a double tail), / and asked Cory
그리고 나서 그는 g를 가리켰다　　꼬리가 두 개인　　그리고 코리에게 물었다

/ if she could fix it / by herself.
그녀가 그것을 고칠 수 있을지　　혼자서

⁴Cory said she could / and went back to her desk / to fix it.
코리는 할 수 있다고 말했다　　그리고 자리로 돌아갔다　　그것을 고치려고

⁵Mr. Tuttle did not point out only the error.
터틀 선생님은 실수만을 지적하지 않았다

⁶He focused on **strengths** first / and then asked Cory /
그는 **강점**에 먼저 집중했다　　그리고 그 후 코리에게 요청했다

to evaluate the error herself.
스스로 실수를 평가하도록

⁷This example **incorporates** the concept (of building on strengths, /
이 예시는 개념을 **포함한다**　　　강점을 기반으로 하는

not weaknesses).
약점이 아니라

⁸Parents and teachers are responsible for / helping children learn and
부모와 교사는 ~에 책임이 있다　　아이들이 배우고 향상시키도록 돕는 (데)

improve / academic and social skills.
학업과 사교 기술을

⁹However, / encouragement is usually the best way
그러나　　　격려는 보통 가장 좋은 방법이다

(to inspire a child to want to do better).
아이가 더 잘하고 싶어 하도록 자극하는

¹⁰If other methods are used, // they will be most effective / if the
다른 방법이 사용되더라도　　그러한 방법은 가장 효과적일 것이다

child has already been positively influenced / through support
아이가 이미 긍정적으로 영향을 받았을 때　　　지지를 통해

/ so that he or she will be receptive.
아이가 선뜻 받아들이게 되도록

Stage 1 정답 찾아가기

Q 빈칸 뒤의 내용으로 보아 아이들이 스스로 잘하고 싶어 하도록 동기를 부여하는 가장 효과적인 방법을 추론해야 한다. 글 초반부의 일화는 선생님이 학생이 잘못한 부분을 알려주기 위해 강점을 활용하여 가르치는 방법을 소개한다. 또한 마지막 문장에서 아이가 다른 학습 방법을 받아들이게 하려면 먼저 지지를 통해 좋은 영향을 주어야 한다고 언급한다. 따라서 빈칸에 들어갈 말로 가장 적절한 것은 ⑤ 'encouragement(격려)'이다.

① 평가　틀린 것을 평가하기보다 강점을 활용하는 것이 요점임
② 상호 작용　일화에 언급된 선생님과 학생의 상호 작용을 이용한 오답
③ 숙제　도입부의 assignment를 이용한 오답 선지
④ 참여　학습 과정 참여보다는 강점에 집중하는 것이 요점임

Stage 2 한 문장씩 뜯어보기

1 ⓐ | 코리가 잘못 쓴 g ⓑ 코리가 가장 잘 썼다고 생각한 g ⓒ 터틀 선생님이 정확하다고 판단한 g

3 ⓒ | 다른 **방법에** ⓐ 강점에 ⓑ 격려에
　해설 아이가 지지를 통해 긍정적인 영향을 받은 상태라면 다른 (학습) 방법을 더 수용하게 될 것이다. 앞에서 언급된 other methods가 의미상 생략되었다.

Stage 3 요약하기

아이들이 혼자서 실수를 (B) 고치도록 지도하기 전에 (A) 강점을 강조하는 것은 격려를 통해 아이들의 학습과 향상을 촉진하는 효과적인 교수 전략을 보여준다.
• highlight 강조하다　foster 촉진하다, 발전시키다; 양육하다　discipline 규율; 훈육하다

전문해석 [1]코리는 1학년 터틀 선생님에게 문자 g 쓰기 숙제를 가져왔고, 선생님은 종이를 살펴보고 코리에게 가장 좋아하는 g를 가리켜 보라고 했다. [2]코리가 가장 좋아하는 g를 가리킨 후, 터틀 선생님은 "내가 가장 마음에 드는 것을 가리켜도 될까?"라고 물었다. [3]그러고 나서 선생님은 꼬리가 두 개인 g를 가리켰고 코리에게 혼자서 고칠 수 있을지 물었다. [4]코리는 할 수 있다고 말하고 g를 고치려고 자리로 돌아갔다. [5]터틀 선생님은 실수만을 지적하지 않았다. [6]선생님은 강점에 먼저 집중한 다음 코리가 스스로 실수를 평가하게 했다. [7]이 예시는 약점이 아닌 강점을 기반으로 하는 개념을 포함한다. [8]부모와 교사는 아이들이 학업과 사교 기술을 배우고 향상시키도록 도울 책임이 있다. [9]하지만, 격려는 보통 아이가 더 잘하고 싶어 하도록 자극하는 가장 좋은 방법이다. [10]다른 방법을 사용하더라도 아이가 다른 학습 방법을 선뜻 받아들이게 되도록 지지를 통해 이미 긍정적으로 영향을 받았을 때 그러한 방법이 가장 효과적일 것이다.

1　①

해석 낸시 라우리와 데이비드 존슨은 교수 환경을 연구하고자 5학년과 6학년 학생들이 한 주제에 대해 상호 작용을 하도록 지정하는 실험을 진행했다. 한 그룹에서는 합의를 도출하는 방식으로 토론이 유도되었다. 두 번째 그룹에서는 옳은 정답을 두고 (의견) 불일치가 생기도록 토론이 설계되었다. 쉽게 합의에 도달한 학생들은 주제에 흥미를 덜 보이고 더 적게 공부했으며 부가적인 정보를 얻기 위해 도서관에 가는 경향이 더 적었다. 그러나 가장 눈에 띄는 차이는 교사가 학생들에게 점심시간 동안 토론 주제와 관련된 영화를 보여주었을 때 나타났다. 합의에 도달한 그룹의 18퍼센트만이 영화를 보기 위해 점심시간을 건너뛰었으나 합의에 도달하지 못한 그룹의 45퍼센트는 그 영화를 보기 위해 남았다. 그룹 내에서 누가 옳았는지 알기 위해 지식 격차를 채우려는 열망은 미끄럼틀과 정글짐을 향한 열망보다 더 강했던 것이다.

↓

위의 연구에 따르면 주제에 대한 학생들의 흥미는 (B) 의견을 달리하도록 장려될 때 (A) 증가한다.

어휘 conduct 실행하다, 수행하다　agreement 합의, 동의(↔ disagreement (의견의) 불일치) *cf.* reach an agreement 합의에 도달하다[이르다]　noticeable 눈에 띄는, 주목할 만한　reveal 나타내다, 드러내다　thirst 열망, 갈증　gap 격차; 차이, 간격　[선택지] differ 의견을 달리하다; 다르다　approve 찬성하다; 승인하다

해설 실험에서 두 가지 결과가 대조된다. 학생들이 토론에서 쉽게 결론에 도달했을 때는 추가적인 정보를 얻기 위해 노력을 덜 했으나, 의견이 다를 경우에는 주제에 대해 더 관심을 가지고 학습하려고 한다는 내용이다. 따라서 (A)에는 increases(증가하다), (B)에는 differ(의견을 달리하다)가 알맞다.

　(A)　　　(B)
② 증가하다 - 찬성하다　(A)는 맞고 (B)는 틀림
③ 증가하다 - 협동하다　(A)는 맞고 (B)는 틀림
④ 감소하다 - 참여하다　(A), (B) 둘 다 틀림
⑤ 감소하다 - 논쟁하다　(A)는 틀리고 (B)는 맞음

2　④

해석 최근에 나는 거의 5시간을 고객과 함께 보냈다. 저녁을 위해 헤어지면서, 우리는 그날 다룬 내용을 되새겼다. 비록 우리의 대화가 매우 평등했음에도 불구하고, 나는 고객이 한쪽 다리를 그의 몸에 직각으로 유지하고 있다는 것을 알아챘는데, 외견상 (한쪽 다리가) 혼자서 서둘러 떠나고 싶어 하는 것 같았다. 그때 나는 "지금 정말 떠나야 하죠, 그렇지 않나요?"라고 말했다. "네."라고 그는 인정했다. "정말 미안합니다. 무례하게 굴고 싶지는 않았지만 런던에 전화해야 하는데 시간이 5분밖에 없어요!" 여기서 내 의뢰인의 언어와 신체 (언어) 대부분은 긍정적인 감정만을 드러내고 있었다. 그러나 그의 발은 가장 정직한 의사 전달자였고 그것들은 그가 남아있고 싶은 만큼이나, 해야 할 일이 있어 떠나야 한다는 것을 분명히 나타냈다.

어휘 part 헤어지다; 부분　reflect on ~에 대해 다시 생각하다　cover 다루다; 덮다　seemingly 외견상으로, 겉보기에　take off (특히 서둘러) 떠나다; 이륙하다[날아오르다]　on one's own 혼자서, 단독으로　duty 해야 할 일, 의무　[선택지] signal 신호　communicator (자기) 의사를 전달하는 사람, 전달자

해설 글쓴이가 경험한 일화에 담긴 주제를 파악해야 한다. 고객과의 대화는 긍정적이었지만, 그의 발이 떠나야 한다는 신호를 보내는 상황을 설명하며 신체 언어 중 발이 가장 정직하게 고객의 진짜 마음을 드러냈다는 것을 이야기하고 있다. 따라서 빈칸에 알맞은 것은 ④ 'the most honest communicators(가장 정직한 의사 전달자)'이다.

① 그의 정중함의 신호　신체 언어는 그의 심정을 드러낼 뿐 성격을 보여주지는 않음
② 대화의 주제　글의 내용과 관련 없음
③ 나의 말에 대한 관심을 표현하는 것　대화에 얼마나 관심을 갖는지에 대한 내용이 아님
⑤ 땅을 신나게 밟는 것　글의 내용과 관련 없음

Stage 1　　**다의어 Check** 1 ⓐ　2 ⓐ　3 ⓑ
　　　　　　　INTRO Q ①　**Q** ④

Stage 2　　**1** ⓐ　**2** (a): Numerous[numerous] businesses　(b): early adopters　**3** directing marketing efforts ~ and other channels　**4** indicate → indicates　**5** are so absorbed in exploring their devices that they can't significantly impact　**6** ⓑ　**7** 5

Stage 3　　(A) reconsider　(B) reliance　(C) influence

---

1 Numerous businesses hold the **view** // that early adopters are
수많은 기업은 **생각**을 가지고 있다　　　　　　얼리어답터가

the most influential consumers / in any market.
영향력이 가장 큰 소비자라는　　　어떤 시장에서나

2 They **assume** // that these individuals possess / the same level of
기업은 **추정한다**　　　이 개개인(얼리어답터)이 가진다고　　　같은 수준의

product knowledge and enthusiasm / as the product designers.
제품 지식과 열정을　　　　　　제품을 설계한 사람과

3 However, / directing marketing efforts towards early adopters
그러나　　　얼리어답터에게 마케팅 노력을 기울이는 것이

(in specialist magazines and other channels) / may not be the
전문 잡지와 다른 경로에 있는

most effective use of marketing resources.
마케팅 자원의 가장 효과적인 사용은 아닐지도 모른다

4 Research (on popular technologies such as mobile phones,
연구는　　　휴대전화, 컴퓨터, GPS 교통 시스템, 자동차와 같은 대중 기술에 대한

computers, GPS traffic systems, and cars) / indicates //
보여준다

that early adopters are too **absorbed** / in exploring their devices /
얼리어답터가 너무 **몰두한다**는 것을　　　자신의 기기를 탐구하는 데

to significantly impact / the less technically knowledgeable consumers.
크게 영향을 주기에는　　　기술 지식이 더 적은 소비자에게

5 Businesses need to re-evaluate their marketing strategies
기업은 마케팅 전략을 재평가할 필요가 있다

[which rely on early adopters / to drive product adoption].
얼리어답터에게 의존하는　　　제품 채택을 끌어내려고

전문해석 **1** 수많은 기업은 얼리어답터가 어떤 시장에서나 영향력이 가장 큰 소비자라고 생각한다. **2** 기업은 이 얼리어답터 개개인이 제품을 설계한 사람과 같은 수준의 지식과 열정을 가지고 있다고 추정한다. **3** 그러나 마케팅 노력의 방향을 전문 잡지와 다른 경로에 있는 얼리어답터 쪽으로 잡는 것이 마케팅 자원을 가장 효과적으로 사용하는 방법은 아닐지도 모른다. **4** 휴대전화, 컴퓨터, GPS 교통 시스템, 자동차와 같은 대중 기술 연구는 얼리어답터가 자신의 기기를 탐구하는 데 너무 몰두해서 기술 지식이 더 적은 소비자에게 크게 영향을 주지 못한다는 것을 보여준다. **5** 기업은 제품을 채택되게 하려고 얼리어답터에게 의존하는 마케팅 전략을 재평가해야 한다.

Stage 1　정답 찾아가기

Q 빈칸 문장을 보면 기업이 재평가해야 하는 마케팅 전략이 무엇인지 추론해야 한다. 첫 두 문장은 기업이 얼리어답터의 영향력을 높이 평가한다는 내용인데, 이후 However(그러나)부터는 얼리어답터의 마케팅 효과에 의문을 제기한다. 그다음 문장은 얼리어답터가 기기 탐구에 몰두하여 일반 소비자들에게 영향을 미치는 데 한계가 있음을 언급하며 앞의 내용을 뒷받침한다. 따라서 빈칸에 들어갈 말로 적절한 것은 ④ 'rely on early adopters to drive product adoption(제품을 채택되게 하려고 얼리어답터에게 의존하다)'이다.

① 소비자 요구를 가능한 한 많이 반영하다
　소비자 요구 반영에 대해서는 언급되지 않음
② 얼리어답터에게 매력이 될 만한 다른 점을 활용하다
　얼리어답터에게 의존하는 마케팅 방식에 의문을 제기하므로 적합하지 않음
③ 계속해서 새로운 영향력 있는 소비자를 찾다
　얼리어답터의 영향력에 의문을 제기하는 내용이므로 적합하지 않음
⑤ 얼리어답터의 상업화된 관점이 필요하다
　얼리어답터의 관점은 상업화된 것과 거리가 멀기 때문에 적합하지 않음

Stage 2　한 문장씩 뜯어보기

1 ⓐ | 얼리어답터는 기업에게 **중요한** 소비자다.
　ⓑ 이성적인 ⓒ 미래의

4 indicate → indicates
　해설 문장의 주어는 Research이고, on popular ~ and cars는 Research를 수식하는 전명구다. 따라서 단수 동사 indicates로 고치는 것이 알맞다.

5 정답 참고
　해설 <too+형용사/부사+to-v>는 <so+형용사/부사+that+S'+can't[couldn't]+동사원형>으로 바꾸어 쓸 수 있다.

6 ⓑ | **구매** ⓐ 한계 ⓒ 오해
　해설 기업이 끌어내는 제품의 '채택'은 곧 소비자가 제품을 '구매'하는 것을 의미한다.

얼리어답터가 다른 소비자에게 크게 (C) 영향을 미치지 않을지도 모르므로, 기업은 얼리어답터에게 (B) 의존하는 것을 (A) 다시 고려해야 한다.

함께 풀면 좋은 기출문제

p. 144

1 ①

해석 당신은 고객이 구매품에 어떻게 반응하는지를 왜 신경 쓰는가? 좋은 질문이다. 구매 후 행동을 이해함으로써, 당신은 구매자가 제품을 재구매할지(그리고 그녀가 그것을 가질지 또는 반품할지)의 가능성과 영향력을 이해할 수 있다. 당신은 구매자가 다른 사람들에게 당신의 제품을 구매하도록 권장할 것인지 또한 알아낼 것이다. 만족한 고객은 당신의 사업을 위한 무급 홍보대사가 될 수 있으므로, 고객 만족이 당신의 할 일 목록 최상단에 있어야 한다. 사람들은 자신이 아는 사람의 의견을 믿는 경향이 있다. 사람들은 언제든 광고보다 친구를 더 신뢰한다. 그들은 (제품의) '좋은 면'을 말하기 위해 광고에 돈이 쓰이고 제품과 서비스를 구매하도록 그들을 설득하는 데 광고가 사용된다는 것을 알고 있다. 얼리어답터의 의견을 반영하고 판매 후 고객의 만족을 지속적으로 (추적) 관찰함으로써, 당신은 부정적인 입소문 광고를 피할 능력을 갖추게 된다.

어휘 react 반응하다 likelihood 가능성 unpaid 무급의, 무보수의; 미지급의 ambassador 대사; 사절, 대표 to-do list 해야 할 일을 적은 목록 reflect 반영하다; 반사하다; 숙고하다 monitor 추적 관찰하다 [선택지] manufacturer 생산자 reward 보상, 보답

해설 고객이 물건을 구매한 후의 반응을 이해하는 것이 중요한 이유를 설명하고 있다. 제품에 만족한 고객은 그 제품을 재구매하거나 다른 사람들에게 추천해 줄 수도 있으며, 이는 기업 입장에서 제품을 무료로 홍보해 주는 것과 같다. 따라서 밑줄 친 부분이 의미하는 것은 ① 'recommend products to others for no gain(다른 사람들에게 대가 없이 제품을 추천하다)'이다.

② 생산자에게 제품에 대한 의견을 제공하다
제품에 대한 피드백 제공은 밑줄 친 부분과 관련 없음

③ 다른 사람의 말을 믿지 않는 사람이 되다
신뢰(trust)에 대한 내용은 있으나 문맥과 관련 없음

④ 제품을 해외에 광고해서 보상을 얻다
'무급' 홍보와 일치하지 않으며, 해외 광고는 언급되지 않음

⑤ 가격에 대한 걱정 없이 상품을 사다 문맥과 관련 없음

2 ②

해석 우리 대부분은 사장이 생각하기에 중요한 어떤 전문적인 정보, 개인 정보와 함께 인적 자원 기준에 근거하여 많은 사람을 고용해 왔다. 나는 대부분의 사람이 자신과 똑 닮은 사람을 고용하고 싶어 한다는 것을 알게 되었다. 이것이 과거에는 효과가 있었을지도 모르지만, 오늘날에는 상호 연결된 팀의 업무 과정으로 인해 우리는 모든 사람이 똑같기를 원하지 않는다. 팀 내에서 어떤 사람은 지도자일 필요가 있고, 어떤 사람은 실천가일 필요가 있으며, 어떤 사람은 창의적인 역량을 제공할 필요가 있고, 어떤 사람은 사기를 불어넣는 사람일 필요가 있으며, 어떤 사람은 상상력을 제공할 필요가 있다는 것 등이다. 달리 말하자면, 우리는 구성원이 서로를 보완해 주는 다양화된 팀을 찾고 있다. 새로운 팀을 짜거나 팀 구성원을 고용할 때, 우리는 각 개인과 그 사람이 어떻게 우리 팀의 전반적인 목표에 어울리는지 살펴볼 필요가 있다. 팀이 더 크면 클수록 다양함의 가능성이 더욱더 많이 존재한다.

어휘 interconnect 상호 연결하다 along with ~와 함께, ~에 덧붙여 technical 전문적인 inspirer 사기를 불어넣는 사람 cf. inspire 격려하다; (감정 등을) 불어넣다 diversify 다양화하다 cf. diversity 다양성 complement 보완하다, 보충하다 fit into ~에 어울리다; ~에 들어맞다 objective 목표, 목적; 객관적인

해설 주어진 문장은 '이것(This)'이 과거에는 효과가 있었더라도 오늘날에는 모든 사람이 같기를 원하지 않는다는 내용이다. 즉 This가 가리키는 것은 모든 사람이 같은 것에 대한 내용임을 추론할 수 있으며 ② 앞의 문장에서 '자신과 똑 닮은 사람을 고용하는 것(to hire people just like themselves)'에 해당한다. 또한 ② 이후에 다양한 역량의 구성원의 활약이 이어진다. 따라서 주어진 문장이 들어갈 곳은 ②이다.

08 Design Philosophy

Stage 1   다의어 Check **1** ⓑ **2** ⓑ
         INTRO Q ② **Q** ⑤

Stage 2   **1** ⓑ **2** architects **3** ⓒ **4** ⓐ **5** ⓑ

Stage 3   (A) function   (B) aesthetics   (C) harmony

---

1 Architecture is an art form.
건축은 하나의 예술 형식이다

2 It seems strange / to have to say this.
(~은) 이상한 것 같다   이렇게 말해야 하는 것

3 However, / architect Stephen Davies denies it, // although he **holds**
그러나   건축가 스티븐 데이비스는 이를 부인한다   비록 그는 **생각하지만**
/ that some buildings are artworks.
일부 건축물은 예술 작품이라고

4 According to his argument, / architects give priority to functional
그의 주장에 따르면   건축가는 기능적 (고려 사항)을 우선시한다
/ over aesthetic **considerations** // and this excludes them
미적 **고려 사항**보다   그리고 이것이 건축가를 제외시킨다
/ from the category of artist.
예술가의 범주에서

5 He concludes // that most buildings (designed by architects) / are
그는 결론을 내린다   대부분의 건축물은   건축가에 의해 설계된
not artworks.
예술 작품이 아니라고

6 His argument is quite unusual.
그의 주장은 상당히 독특하다

7 It depends largely on the belief // that functional and aesthetic
그의 주장은 생각에 주로 의존한다   기능적 고려 사항과 미적 고려 사항이
considerations / are completely different from each other.
서로 완전히 다르다(는)

8 Davies acknowledges / that sometimes architects transcend the
데이비스는 인정한다   때때로 건축가가 기능성을 초월한다고
functional, // but insists / that architects usually and properly should
하지만 주장한다   건축가는 대개, 그리고 당연히 기능적인 고려 사항을 우선시해야 한다고
give priority to functional / over aesthetic considerations.
미적 고려 사항보다

9 This is based on a false black-and-white thinking.
이는 잘못된 흑백 논리 사고에 기반한다

10 Functional and aesthetic aspects (of architecture) / are inherently
기능적인 측면과 미적인 측면은   건축의   본질적으로
intertwined, // and the art of architecture should be the process
서로 얽혀있다   그리고 건축의 기술은 과정이어야 한다
(of making the functional aesthetic).
기능적인 것을 미적으로 만드는

전문해석 **1** 건축은 하나의 예술 형식이다. **2** 이렇게 말해야 하는 게 이상한 것 같다. **3** 그러나 건축가 스티븐 데이비스는 일부 건축물이 예술 작품이라고 생각하면서도 이를 부인한다. **4** 그의 주장에 따르면 건축가는 미적 고려 사항보다 기능적인 고려 사항을 우선시하며 이 점이 건축가를 예술가의 범주에서 제외

Stage 1 정답 찾아가기

INTRO Q ① 건축 분야의 경력 ② 건축의 우선순위
③ 건축에서의 성공

해설 건축에서 기능적인 고려 사항과 미적인 고려 사항 중 어느 것이 우선하는지를 다루는 글이다.

Q 첫 두 문장은 건축이 예술 형식이며 이는 당연한 사실이라고 화두를 던진다. 그런데 However가 이끄는 문장에서 건축가 스티븐 데이비스의 반대되는 주장, 즉 건축가는 미적인 측면보다 기능적인 측면을 우선시하기 때문에 대부분의 건축물은 예술 작품이 아니라는 내용이 등장한다. 이어지는 문장은 이 의견을 반박하며 기능적인 것과 미적인 것이 완전히 다르다는 생각은 잘못된 흑백 논리 사고라고 하였다. 마지막 문장에서 건축의 기능적인 측면과 미적인 측면은 서로 얽혀있다고 했으므로, 글의 요지로 가장 적절한 것은 ⑤ '건축은 기능적 측면과 미적 측면이 서로 연관되어 있다.'이다.

① 스티븐 데이비스의 기능적 측면을 우선시하는 주장을 반박하므로 적절하지 않음
② 일부 건축물은 예술 작품이라는 세부 사항이 있으나, 미적 측면만 강조하는 내용도 아니며 시대 초월성은 언급되지 않음
③ 도입부에서 건축이 예술 형식임은 굳이 언급하는 것이 이상할 정도로 당연하다고 한 부분과 상반됨
④ 현대 건축 설계와 환경 사이의 관계는 언급되지 않음

Stage 2 한 문장씩 뜯어보기

1 ⓑ | 건축은 확실히 하나의 예술 형식이다.
ⓐ 의심스럽게도 ⓒ 특이하게
해설 건축이 하나의 예술 형식이라는 점을 굳이 말하는 것이 이상할 정도로 그것이 당연하다는 의미다.

4 ⓐ | 데이비스는 독특하게도 기능과 미학이 분리되어 있다고 주장한다. ⓑ 이용할 수 있는 ⓒ 한계가 없는
해설 데이비스는 기능적 고려 사항과 미적 고려 사항이 서로 다르다는 생각에 기반하여 주장한다.

Stage 3 요약하기

건축에서 (A) 기능을 (B) 미학보다 강조하는 스티븐 데이비스의 주장은 두 요소의 본질적인 (C) 조화를 간과하기 때문에 잘못되었다. •misguide 잘못 이끌다, 잘못 인식시키다 overlook 간과하다, 못 보다

시킨다. ⁵그는 건축가가 설계한 건축물 대부분은 예술 작품이 아니라고 결론을 내린다. ⁶그의 주장은 상당히 이례적이다. ⁷그의 주장은 기능적 고려 사항과 미적 고려 사항이 완전히 다르다는 생각에 주로 의존한다. ⁸데이비스는 때때로 건축가가 기능성을 초월한다고 인정하지만 건축가는 대개, 그리고 당연히 미적 고려 사항보다 기능적 고려 사항을 우선시해야 한다고 주장한다. ⁹이는 잘못된 흑백 논리 사고에 기반한다. ¹⁰건축의 기능적 측면과 미적인 측면은 본질적으로 서로 얽혀있으며 건축의 기술은 기능적인 것을 미적으로 만드는 과정이어야 한다.

1 ③

해석 여러분이 좋지 못한 선택을 한 번이라도 한 적이 있다면, 여러분은 그 습관을 고치는 방법을 배우는 데 관심이 있을지도 모른다. 그렇게 하도록 여러분의 뇌를 속이는 한 가지 좋은 방법은 '율리시스 계약'에 서명하는 것이다. 이 인생 조언의 이름은 선장 율리시스에 관한 그리스 신화에서 유래되었는데, 그의 배는 저항할 수 없는 노래로 희생자들을 죽음으로 유혹한 위험한 여성 부족인 사이렌의 섬을 향해 지나갔다. 율리시스는 이렇게 하지 않으면 저항할 수 없다는 것을 알고, 자신이 배를 사이렌 쪽으로 돌리는 것을 막기 위해 선원들에게 그들의 귀를 솜으로 막고 자신을 배의 돛대에 묶으라고 지시했다. 그것은 그에게 효과가 있었고 여러분은 <u>유혹으로부터 스스로를 차단함</u>으로써 같은 일을 할 수 있다. 예를 들어, 만약 여러분이 휴대전화를 멀리하고 일에 집중하고 싶다면, 주의를 산만하게 하는 앱을 삭제하거나 친구에게 여러분의 비밀번호를 바꿔 달라고 요청하라!

어휘 trick 속이다; 속임수 sail 항해하다 victim 희생자, 피해자 irresistible 저항할 수 없는 *cf.* resist 저항하다 otherwise 그렇지 않으면; 그 외에는 instruct 지시하다 crew 선원; 승무원 stuff 채워 넣다; 물건 cotton 솜 stay off 멀리하다 distract 주의를 산만하게 하다 [선택지] let go of 버리다[~을 놓다] all-or-nothing 모 아니면 도《선택의 결과가 매우 좋거나 나쁘거나 둘 중 하나이지만 과감하게 결정을 내리는 것》 mindset 사고방식 temptation 유혹 track 추적하다, 쫓다

해설 도입부에서 습관을 고치기 위한 방법 중 하나인 '율리시스 계약'을 소개하고 율리시스 신화를 설명한다. 유혹에 저항하기 위해 율리시스가 스스로 제약을 가한 것처럼 습관을 고치기 위해 우리도 이와 같이 해야 한다는 것이 빈칸에 들어갈 내용이다. 빈칸 다음 문장 예시에 소개된 휴대전화 사용 제한을 통해서도 알 수 있듯이, 빈칸에 알맞은 것은 ③ 'locking yourself out of your temptations(유혹으로부터 스스로를 차단함)'이다.

① 모 아니면 도 사고방식을 버림
　글의 내용과 관련 없음
② 변화하고 싶은 이유를 찾음
　습관을 고치는 데에 도움이 될 수 있지만 글에서 언급되지 않음
④ 계획을 세우고 진행 상황을 추적함
　글의 내용과 관련 없음
⑤ 한 번에 하나의 나쁜 습관을 고치는 것에 집중함
　습관을 고치는 것에 관한 내용이지만 한 번에 하나만 고치는 것은 언급되지 않음

2 ①

해석 불길에 휩싸인 집들, 약탈당한 농작물들, 죽은 사람들을 위한 급하게 만든 무덤들. 이것은 북이탈리아를 휩쓸고 로마제국 유물을 대량 파괴한 아틸라의 훈족들의 흔적이었다. 그러나 그들은 의도치 않게 또 다른, 더 긍정적인 유산 또한 남겼다. 불타는 도시를 떠난 피난민들은 안전한 피난처를 찾기 위해 필사적이었다. 상황이 악화되면서 더 많은 로마 시민들은 본토에서의 대량 살상과 파괴를 피하고자 습지대로 줄을 지어 이동했다. 그다음 수 세기에 걸쳐 그들은 그 힘든 환경을 <u>건축의</u> 경이로움으로 변화시켰고, 이곳이 바로 베니스였다! 불행으로부터 지어진 베니스는 결국 세계에서 가장 풍요롭고 아름다운 도시 중 하나로 바뀌었다. 이처럼 <u>혹독한 필요가 영광스러운 발명의 어머니가 될 수 있다.</u>

어휘 flame 불길, 불 hasty 성급한, 서두른 grave 무덤 legacy (사건의) 흔적; 유산 sweep 휩쓸다 destruction 파괴 remains 유물, 흔적 unintentionally 의도치 않게 *cf.* intention 의도 refugee 피난민 *cf.* refuge 피난처 desperate 필사적인, 절박한 stream 줄을 지어 이동하다; 개울 wetland 습지 mainland 본토 transform 변화시키다 tough 힘든; 튼튼한 surrounding 《복》 환경, 주위의 상황 wonder 경이(로운 것); 놀라다 misfortune 불행(한 일), 재난(= disaster); 불운 [선택지] harsh 혹독한 glorious 영광스러운 excessive 지나친, 과도한 greed 탐욕 give rise to A A를 초래하다[일으키다] ounce 아주 적은 양; 온스《1/16 파운드인 무게 단위》

해설 이탈리아의 피난민들이 안전한 피난처를 찾고 정착하게 되면서 황폐했던 환경을 건축으로 아름답게 바꿔 번성시켰다는 내용으로, 역경이나 어려운 상황이 위대한 성과나 발명으로 이어질 수 있음이 주제다. 따라서 빈칸에 알맞은 것은 ① 'harsh necessity can be the mother of glorious invention(혹독한 필요가 영광스러운 발명의 어머니가 될 수 있다)'이다.

② 지나친 탐욕이 예상치 못한 재앙을 초래할 수 있다
③ 좋은 시작이 항상 좋은 결말을 만들지는 않는다
④ 한 번의 예방이 많은 치료보다 낫다
⑤ 인간은 자연의 힘 앞에서 무력하다
　②~⑤ 글의 내용과 관련 없음

09 Socratic Wisdom

Stage 1　다의어 Check　1 ⓑ　2 ⓐ
　　　　　　 INTRO Q ①　Q ②

Stage 2　1 ○　2 ⓑ　3 ⓐ　4 ⓐ　5 ⓒ

Stage 3　(A) questioning　(B) blindly　(C) critical

---

¹Socrates was certainly unique, / saying // the only thing [he was sure of]
소크라테스는 확실히 독특했다　　(그리고 그는) 말했다　　유일한 것은　　　그가 확신하는
/ was his own ignorance.
자신의 무지뿐이라고

²Indeed, / he often taught / by asking people to explain //
사실　　　　　그는 종종 가르쳤다　　사람들에게 (~을) 설명하라고 요구하면서
what they thought about common ideas
일반적인 관념에 대해 생각하는 것을
(like "beauty," "the good," or "courage.")
'아름다움', '선', 또는 '용기'와 같은

³He would then use logical arguments (to show //
그런 다음 그는 논리적인 주장을 사용하곤 했다　　(~을) 보여주는
that their definitions and usual understandings /
그들의 정의와 일반적인 이해는
were contradictory or didn't make sense).
모순되거나 의미가 통하지 않는다는 것을

⁴Some people at that time / thought // this technique dishonest,
그 당시 일부 사람들은　　　　　　생각했다　　　이 기법이 정직하지 않다고
/ and that Socrates knew more / than he seemed.
그리고 소크라테스가 더 많은 것을 안다고　　　보이는 것보다

⁵However, / Socrates' method was meant to provide / necessary
그러나　　　　　　소크라테스의 방법은 제공하려는 것이었다　　　　　필요한
lessons (on the dangers of uncritical acceptance (of common beliefs)).
교훈을　　　　　비판 없는 수용의 위험에 대한　　　　　일반적인 생각의

⁶He often criticized those [who claimed to have certain knowledge
그는 종종 사람들을 비판했다　　　　확실한 지식이 있다고 주장하는
(of some particular subject)].
어떤 특정 주제의

⁷It is chiefly through the influence of Socrates // that philosophy
바로 거의 소크라테스의 영향을 통해서다
developed into the modern discipline (of continuous critical reflection).
철학이 현대 학문으로 발전한 것은　　　　　지속하는 비판적 성찰의

⁸The greatest danger / to both society and the individual, /
가장 큰 위험은　　　　　　사회와 개인 양쪽에게
we learn from Socrates, / is the stopping (of critical thought).
우리는 소크라테스로부터 배운다　　중단이다　　　비판적 사고의

전문해석 ¹소크라테스는 확실히 독특했으며, 그가 확신하는 유일한 것은 자신의 무지뿐이라고 말했다. ²사실 소크라테스는 종종 사람들에게 '아름다움', '선', 또는 '용기'와 같은 일반적인 관념에 대해 생각하는 것을 설명해 보라고 요구하면서 그들을 가르쳤다. ³그런 다음 사람들이 (관념을) 정의한 것과 일반적으로 이해하는 내용이 모순되거나 의미가 통하지 않음을 보여주는 논리적 주장을 했다. ⁴그 당시 일부 사람들은 이 기법이 정직하지 않으며, 소크라테스가 겉으로 보이는 것보다 더 많이 안다고 생각했다. ⁵그러나 소크라테스의 방법은 일반적인 생각을 비판 없이 수용하면 위험하니 필요한 교훈을 제공하려

Stage 1　정답 찾아가기

Q 빈칸은 서술부에 해당하고, 주어부의 내용으로 보아 소크라테스의 관점에서 '사회와 개인 모두에게 가장 큰 위험'이 무엇인지 추론해야 한다. 도입부는 사람들이 직접 설명하여 스스로 모순을 찾게 만드는 소크라테스의 기법(문답법)을 소개한다. 중반부의 However로 시작하는 문장은 당시 사람들의 판단과 달리, 소크라테스는 비판 없이 생각을 받아들이면 위험하다는 것을 일깨워 주기 위해 그러한 기법을 사용했다는 내용을 제시한다. 빈칸 문장 앞에서 소크라테스의 영향 덕분에 지속적으로 비판하고 성찰하는 철학이 발전했다고 언급하므로, 소크라테스는 언제나 비판하는 사고를 강조했다는 점을 알 수 있다. 따라서 빈칸에 들어갈 말(위험)로 가장 적절한 것은 ② 'the stopping of critical thought(비판적 사고의 중단)'이다.

① 무지의 인식 자신의 무지를 인정하는 것은 비판적인 사고를 촉진하는 긍정적 요소이므로 빈칸 내용과 반대됨
③ 사회적인 가치에 대한 무관심 아름다움, 선 등 일반적 관념에 대한 무지와 무비판적 수용이 언급되었으나 이를 무관심으로 볼 수 없음
④ 논리적인 주장에 대한 의존 논리적인 주장(문답법)을 통해 사람들의 무지를 드러내고 비판적 성찰을 하므로 빈칸 내용과 반대됨
⑤ 일반적인 관념을 의심하려는 시도 일반적인 관념이라도 설명하고 비판할 것을 장려했으므로 빈칸 내용과 반대됨

Stage 2　한 문장씩 뜯어보기

1 ○
해설 he(Socrates)가 가르침을 받은 것이 아니라 사람들을 가르쳤다는 것이므로 능동태 taught가 알맞게 쓰였다. 여기서 teach는 '가르치다'라는 뜻의 자동사로 쓰였다. 뒤에 by가 쓰였지만 수동태가 아니라는 점에 주의해야 한다.

4 ⓐ | 아름다움, 선, 용기와 같은 것들에 대한 **널리 받아들여지는 이해** ⓑ 의미가 통하는 정의 ⓒ 소크라테스의 논리 기술
해설 문장 2에서 설명한 일반적인 관념들(common ideas)을 비판 없이 그대로 받아들여 이해하는 것을 의미한다.

5 ⓒ | 현대 철학에 대한 소크라테스의 **기여**
ⓐ 경고 ⓑ 반응
해설 철학이 소크라테스의 영향을 통해 현대 학문으로 발전했다고 했으므로 현대 철학에 기여한 점이 있다는 의미다.

는 것이었다. ⁶소크라테스는 어떤 특정한 주제를 확실하게 알고 있다고 주장하는 사람들을 종종 비판했다. ⁷철학이 비판적 성찰을 지속하는 현대 학문으로 발전한 것은 바로 거의 소크라테스의 영향 덕분이다. ⁸소크라테스로부터 우리가 배우는 것은, 사회와 개인 양쪽에게 가장 큰 위험이 <u>비판적 사고의 중단</u>이라는 것이다.

소크라테스는 확립된 생각을 (B) 맹목적으로 받아들이는 것의 모순과 위험을 드러내기 위해 일반적인 관념에 (A) 의문을 가질 것을 강조했고, 그렇게 함으로써 지속하는 (C) 비판적 사고를 촉진했다. • reveal 드러내다 promote 촉진하다

해설 (A) 동사 emphasized의 목적어구를 이끄는 동명사 형태로 써야 하므로 question을 questioning으로 바꿔야 한다.

(B) 동명사 accepting을 수식하기 위해서는 형용사 blind를 부사 blindly로 바꿔야 한다.

함께 풀면 좋은 기출문제

p. 146

1 ③

해석 인류 역사의 시작부터 사람들은 세상과 그 안에 있는 자신의 자리에 대해 질문해 왔다. 초기 사회에서 가장 기초적인 의문에 대한 대답은 (A) 종교에서 발견되었다. 그러나 몇몇 사람들은 전통을 따르는 종교적 설명이 충분하지 않다고 생각해서 <u>이성</u>에 근거하여 답을 찾기 시작했다. 이러한 (B) 변화는 <u>철학</u>의 탄생을 보여주었고, 우리가 아는 위대한 <u>사상가들</u> 중 첫 번째 사람은 밀레투스의 탈레스였다. 그는 우주의 본질을 탐구하기 위해 <u>이성</u>을 사용했고, 다른 사람들도 이와 같이 하도록 권장했다. 그는 자신의 추종자들에게 자신의 대답뿐만 아니라 어떤 종류의 설명이 만족스러운 것으로 여겨질 수 있는가에 대한 생각과 함께 (C) <u>이성적으로</u> 생각하는 과정도 전했다.

어휘 explanation 설명   inadequate 충분하지 않은(↔adequate 충분한, 적절한)   reason 이성; 이유; 판단하다   consistency 일관성   shift 변화   mark 보여주다, 나타내다   thinker 사상가   inquire 조사하다, 묻다   pass on to A A로 전달하다   rationally 이성적으로 (↔ irrationally 비이성적으로)   satisfactory 만족스러운

해설 (A) 다음의 문장에서 전통적인 종교적 설명이 기초적인 의문의 답을 얻기에 충분하지 않다고 했으므로, 기초적인 의문에 대한 답을 종교에서 찾고자 했던 것을 알 수 있다. 따라서 (A)에는 religion(종교)이 알맞다. 답을 찾기 위해 종교에서 이성적 판단으로 옮겨갔다고 했으므로 (B)에는 shift(변화)가 알맞다. 마지막으로 탈레스가 우주의 본질을 탐구하기 위해 이성을 사용했다고 했으므로 (C)에는 rationally(이성적으로)가 알맞다.

2 ②

해석 다른 과학자의 실험 결과물을 읽을 때 그 실험에 대해 <u>비판적으로</u> 생각하라. 당신 자신에게 '관찰이 실험 도중에 혹은 후에 기록되었나? 결론이 <u>타당한가</u>? 그 결과는 반복될 수 있는가? 정보의 출처는 신뢰할 만한가?'를 <u>물어봐라</u>. 당신은 실험을 수행한 그 과학자나 그룹이 한쪽으로 치우치지 않았는지 역시 <u>물어봐야</u> 한다. 한쪽으로 치우치지 않음은 당신이 실험의 결과로 특별한 이익을 얻지 않는다는 것을 의미한다. 예를 들면, 만약 한 제약회사가 새로운 제품 중 하나가 얼마나 잘 작용하는지 시험해 보기 위한 실험 비용을 지불한다면, 특별한 이익이 관련된 것이다. 만약 실험이 그 제품이 효과 있다는 것을 보여준다면, 그 제약회사는 이익을 얻는다. 따라서, 그 실험자들은 객관적이지 않다. 그들은 (실험의) 결론이 제약 회사에 우호적이고 이익을 주도록 보장할지도 모른다. 결과를 평가할 때, 존재할 수 있는 어떤 치우침을 생각하라!

어휘 finding 《복》 (조사, 연구 등의) 결과, 결론(= conclusion)   observation 관찰   reliable 신뢰할 만한 (↔unreliable 신뢰할 수 없는)   unbiased 한쪽으로 치우치지 않은; 편견 없는(↔ biased 치우친; 선입견이 있는) cf. bias 편향, 치우침; 편견; 편견[선입견]을 갖게 하다   profit 이익을 얻다; 이익(= interest)   ensure 보장하다   assess 평가하다   present 존재하는; 출석한; 현재(의)   [선택지] inventive 창의적인   untrustworthy 신뢰할 수 없는(↔trustworthy 신뢰할 만한)   decisive 결정적인

해설 부정문을 포함한 빈칸 문장은 특정한 실험자들이 '어떻지' 않다는 내용이다. 도입부에서 다른 과학자의 연구 결과를 읽을 때 비판적으로 생각해야 한다고 주장하고 있다. 또한 여러 가지 질문을 던져야 하고 무엇보다 실험을 수행하는 사람들이 '한쪽으로 치우쳐 있지 않은지'를 확인해야 한다고 했다. 이어지는 제약회사의 예는 제약회사에게 이익을 주도록 치우친 실험이므로 객관적이지 않다. 따라서 빈칸에 알맞은 것은 ② 'objective(객관적인)'이다.

① 창의적인 글의 내용과 관련 없음

③ 신뢰할 수 없는 정보 출처의 신뢰성을 비판적으로 봐야 한다는 내용의 세부 내용에 해당하며 빈칸에 적절하지 않음

④ 신뢰할 수 없는 세부 내용에 해당하며 빈칸에 적절하지 않음

⑤ 결정적인 글의 내용과 관련 없음

10 Art History

Stage 1　　다의어 Check **1** ⓑ
　　　　　　　INTRO Q ①　**Q** ③

Stage 2　　**1** ⓐ　**2** ⓒ　**3** ⓐ　**4** ⓑ　**5** ⓒ

Stage 3　　(A) copy　(B) unique

---

1 The history of Western art (mainly painting) / was a search
　　서양 미술의 역사는　　　　　(주로 회화)　　　　　탐구였다

(for creating more realistic images).
　　　　더 사실적인 그림을 만들기 위한

2 Oil painting enabled / artists to achieve an increasingly powerful "copy"
　　유화는 가능하게 했다　　　　예술가가 점점 더 효과적인 '복제'를 해내는 것을

(of Nature).
　　자연의

3 Many people enjoyed art [that resembled their favorite scene or object].
　　많은 사람은 미술을 즐겼다　　　　　　자신이 선호하는 경치나 사물을 닮은

4 But many developments, / including photography, / (in the last century)
　　그러나 많은 발전은　　　　　　사진을 포함한　　　　　　지난 세기의

/ have made / the Imitation Theory of art / seem less popular.
　　만들었다　　　미술의 모방 이론을　　　　　덜 인기 있어 보이게

5 Since the late nineteenth century, / imitation has seemed /
　　19세기 후반부터　　　　　　　모방은 ~처럼 보였다

less and less to be the goal (of many genres of art): /
　　점점 덜 목표가 되는　　　　많은 예술 장르의

impressionism, expressionism, surrealism, abstraction.
　　인상주의, 표현주의, 초현실주의, 추상주의 같은

6 Nor does the Imitation Theory leave room (for our modern emphasis
　　모방 이론은 여지를 남기지도 않는다　　　　　우리의 현대적인 강조의

(on the value of an artist's creative **vision**)).
　　　예술가의 창의적 **상상력**의 가치에 대한

7 Do Van Gogh's or O'Keeffe's irises / impress us //
　　반 고흐나 오키프의 <아이리스>가　　　우리에게 깊은 인상을 주는가

because they are accurate imitations?
　　그것들이 정확한 모방작이기 때문에

8 That did not seem to be their aim, // and we value Van Gogh's or
　　그것(모방)이 그들의 목적으로 보이지는 않았다　　　　그리고 우리는 반 고흐와

O'Keeffe's flowers / for other reasons.
　　오키프의 꽃을 가치 있게 여긴다　　다른 이유로

전문해석 **1** 서양 미술(주로 회화)의 역사는 더 사실적인 그림을 만들기 위한 탐구였다. **2** 유화는 예술가가 자연을 점점 더 효과적으로 '복제'하게 했다. **3** 많은 사람은 자신이 선호하는 경치나 사물을 닮은 미술을 즐겼다. **4** 그러나 사진을 포함한 지난 세기의 많은 발전은 미술의 모방 이론 인기가 줄어들어 보이게 했다. **5** 19세기 후반부터 모방은 점점 인상주의, 표현주의, 초현실주의, 추상주의 같은 많은 예술 장르의 목표가 되지 않는 것처럼 보였다. **6** 또한 모방 이론은 오늘날 강조하는 예술가의 창의적 시각이라는 가치에 대해 (중요성을 인정할) 여지를 남기지도 않는다. **7** 반 고흐나 오키프의 <아이리스>가 정확한 모방작이라서 우리에게 깊은 인상을 주는가? **8** 모방이 반 고흐나 오키프의 목적으로 보이지는 않았으며, 우리는 다른 이유로 반 고흐와 오키프의 꽃을 가치 있게 여긴다.

Stage 1 정답 찾아가기

INTRO Q ① 예술가의 목적 ② 예술 교육 ③ 현대 예술

Q 처음 세 문장은 서양 미술이 눈에 보이는 그대로 묘사하는 것을 중요하게 여겼다는 내용이다. 그런데 But이 이끄는 문장부터는 미술에서 모방의 가치가 줄어들고 모방은 현대 미술이 강조하는 예술가의 창의성을 담을 수 없다는 내용이 언급된다. 반 고흐와 오키프의 작품 예시가 앞의 내용을 뒷받침하며, 오늘날 미술에서 모방보다 창의성이 중요해졌다는 점을 다시 한번 강조한다. 따라서 글의 주제로 가장 적절한 것은 ③ 'transition of art goals from imitation to creativity(모방에서 창의성으로 예술 목적의 변화)'이다.

① 현대 예술의 창의성 부족에 대한 비판
　현대 예술은 모방보다 창의성에 더 가치를 둔다고 했음
② 예술적 기술을 발달시키는 데 모방의 이점
　모방이 예술적 기술을 발달시킨다는 이점은 언급되지 않음
④ 사진이 사실주의 발전에 미친 영향
　사진이 서양 미술계에 미친 영향이 언급되었으나 세부 사항에 해당함
⑤ 과거 예술가가 이상적인 아름다움을 모방하려고 한 이유
　예술가가 자연을 모방했다고 했으나 글의 중심 내용이 아님

Stage 2 한 문장씩 뜯어보기

1 ⓐ l 닮은 ⓑ 영향을 미친 ⓒ 정의한
해설 문장 1, 2에서 사실적인(realistic) 그림과 자연의 복제(copy)를 지향했다고 했다.

2 ⓒ
해설 사진술을 포함한 발전과 함께 모방 이론의 인기가 줄었다고 했으므로 사실 모방에 중점을 두지 않는 그림이 등장할 것이다.

3 ⓐ l 많은 미술 장르가 모방에서 달라지고 있다.
ⓑ ~에 깊은 감명을 받고 있다 ⓒ ~으로 비판받고 있다
• shift 달라지다; 이동하다

4 ⓑ l 인정하다 ⓐ 피하다 ⓒ 잊다
해설 창의성의 가치를 강조하는 것에 '여지를 남기지 않는다'는 것은 창의성을 '인정하지 않는다'는 의미와 가장 가깝다.

5 ⓒ l 그들의 창의성 ⓐ 섬세한 모방 ⓑ 예술 비판
• delicate 섬세한
해설 현대 미술은 모방이 아닌 창의성을 중요하게 생각한다는 앞 내용을 통해, 반 고흐와 오키프의 작품이

Stage 3 요약하기

서양 미술의 역사는 현실을 (A) 복제하려고 하는 것에서
예술가의 (B) 독특한 시각을 강조하는 새로운 기법을 탐구
하는 것으로 이동했다.

함께 풀면 좋은 기출문제 p. 147

1 ②

해석 때때로, 우리는 우리의 전제가 뒤집히고 바뀔 때 매료된다. 예를 들어, 예술가 파블로 피카소는 우리가 세상을 다르게 보도록 돕는 방법으로 큐비즘을 이용했다. 그의 유명한 작품인 <세 명의 악사>에서, 피카소는 연주자들을 형상화하기 위해 추상적인 형태를 예상치 못한 방식으로 사용해서, 처음 이 작품을 볼 때 여러분은 어떤 것도 이해가 되지 않는다고 생각한다. 그러나 그 그림을 두 번째로 볼 때, 그 형태는 합쳐진다. 피카소의 작품은 어떻게 공간과 사물이 사용되는지에 대한 전제에 이의를 제기한다. 그의 예술 작품은 세상을 다르게 보도록 돕고 형체, 사물, 색을 사용하는 대안적인 방식이 있다는 것을 상기시킨다. 이것의 보상은 이 작품을 봄으로써 얻는 내적 즐거움이다.

어휘 fascinated 매료[매혹]된, 마음을 다 빼앗긴 assumption 전제, 가정 *cf.* assume 생각하다, 추정하다 turn around 방향을 바꾸다; 뒤돌아보게 하다 inside out 뒤집힌 abstract 추상적인; 개요 make sense 이해가 되다; 의미가 통하다; 말이 되다 figure 형태; 인물; 숫자; 생각하다 challenge 이의를 제기하다; ~에 도전하다; 고난; 도전 alternative 대안적인, 대체의 intrinsic 내적인, 내재한; 고유한 [선택지] emotional intelligence 정서[감성] 지능 enhance 강화하다 appreciate 감상하다; 고마워하다; 인정하다 angle 시각, 관점; 각도 guild 협회, 조합 cooperate 협력하다 institution 기관, 협회

해설 파블로 피카소의 작품을 예로 들어 관람자에게 새로운 작품을 보는 방식을 제시하는 글이다. 우리가 추상적 예술 작품을 볼 때 기존과 다른 형체, 사물, 색을 사용하는 방식을 깨닫고 내적 즐거움을 얻게 된다고 했으므로, 글의 주제로 적절한 것은 ② 'inner pleasure driven by viewing the world from different angles(다른 시각으로 세상을 봄으로써 만들어지는 내면의 기쁨)'이다.

① 큐비즘 예술 작품을 감상함으로써 강화되는 정서 지능
  작품 감상과 정서 지능의 관계는 언급되지 않음
③ 현실과 환상의 균형을 잡음으로써 형성되는 추상적 기법
  추상 예술이 현실과 환상의 균형이라는 내용은 없음
④ 문화 기관과 협력함으로써 조직되는 예술가 협회
  글의 내용과 관련 없음
⑤ 현대 음악가들이 경험하는 큰 고난
  글의 내용과 관련 없음

2 ②

해석 약 6천 년 전까지, 대부분의 사람들은 농부였다. 많은 사람들은 한 해 동안 여러 장소에서 살았고, 식량을 찾아다니거나 충분한 먹이가 있는 지역으로 가축을 옮겼다. (B) 변하는 계절이나 일출, 일몰 같은 자연 주기에 생활이 달려있었기 때문에 시간을 알 필요가 없었다. 점점 더 많은 사람들이 더 큰 정착지에 살기 시작했고 어떤 사람들은 시간을 알아야 했다. (A) 예를 들어, 성직자는 언제 종교 의식을 수행할지 알고 싶었다. 사람들이 흐르는 시간을 보여주고, 측정하고, 추적하는 장치인 시계를 처음으로 발명했던 때였다. (C) 시계는 그 이후로도 중요했다. 오늘날 시계는 혼잡한 공항 시간표를 설정하는 것과 같은 중요한 일에 사용되는데, 만약 시간이 부정확하다면 비행기는 이륙하거나 착륙할 때 서로 충돌할지도 모른다!

어휘 livestock 가축 priest 성직자 carry out 수행하다 religious 종교적인 ceremony (종교) 의식, 예식 keep track of ~을 추적하다 depend on ~에 달려있다; ~에 의존하다 cycle 주기, 순환기 settlement 정착(지) *cf.* settle 정착하다

해설 먼 과거에 자연에서 시간의 흐름을 인지하며 살던 사람들이 점차 시간을 측정할 필요성을 느낀 변화를 시간 순서대로 설명하는 글이다. 주어진 글에서 6천 년 전의 생활이 언급되고, 자연 주기에 따라 생활하던 사람들이 정착하기 시작하면서 시간을 알아야 할 필요가 생겼다는 내용의 (B)가 그 뒤에 이어지는 것이 알맞다. 시간을 알아야 할 필요가 있었던 사람의 예시인 성직자와 시계의 발명을 다룬 내용인 (A)가 이어지고, 현대 사회에서 시계의 중요성을 이야기하는 (C)가 글의 마지막에 오는 것이 자연스럽다. 따라서 정답은 ② '(B) - (A) - (C)'이다.

11 Snapchat

Stage 1 다의어 Check **1** ⓑ **2** ⓐ
INTRO Q ② **Q** ③ OUTRO Q ①

Stage 2 **1** ⓒ **2** (a): a necessity for social interaction (b): a statement of addiction
3 문장 3 해석 참고 **4** ⓐ **5** The anxiety **6** ⓒ

Stage 3 (A) Anxiety (B) addiction (C) socialize

[1]Like traditional digital gaming, / social networks (along with the social
전통적인 디지털 게임과 마찬가지로   소셜 네트워크는
games and applications [they carry]) / promote obsessive **engagement** /
(소셜 게임, 앱과 함께   소셜 네트워크가 가진)   강박적인 **참여**를 조장한다
among teens, / but arguably in different ways and with different results.
십 대 사이에서   그러나 거의 틀림없이 다른 방식과 다른 결과로

[2]When, for example, a girl says / she needs to be on Snapchat,
예를 들어 한 여자아이가 말할 때   스냅챗에 접속해야 한다고
// it is not so much a statement (of addiction) / as a necessity
그것은 표현이라기보다는   중독의   필요성이다
(for social interaction).
사회적 상호작용의

[3]For most teens today, / identity and **status** are defined largely online,
오늘날 십 대 대부분에게   정체성과 **지위**는 주로 온라인에서 정의된다
// which makes / being online and managing one's online self
그리고 이는 ~하게 한다   온라인에 있으면서 자신의 온라인 자아를 관리하는 것이
/ essential to establishing and maintaining a place
위치를 확립하고 유지하는 데 필수적이게
(in the real world of social relations).
사회관계가 있는 실제 세상의

([4]As a result, / the majority of teens / become tired of sharing
그 결과   십 대 대부분은   정보를 공유하는 것에 지친다
information (about themselves) / on social media.)
자신에 대한   소셜 미디어에

[5]As Sherry Turkle, an MIT professor, describes it, // "The anxiety
MIT 교수인 셰리 터클은 이렇게 말한다   불안은
[teens report / when separated from their cell phones or the Internet]
십 대가 전하는   (그들이) 휴대전화나 인터넷에서 멀어질 때
/ may indicate / not a longing for easy sociability (with others)
암시할지도 모른다   쉬운 친목 활동에 대한 열망이 아니라   남들과의
/ but rather a feeling of missing the self (formed within
오히려 자아를 그리워하는 느낌
those connections)."
연결(관계)에서 만들어진

[6]This is something greater, / or at least different, / than addiction,
이는 더 큰 것이다   또는 적어도 다른 것이다   중독보다
// says Turkle.
터클 교수는 말한다

Stage 1 정답 찾아가기

Q 십 대는 중독 때문이 아니라 온라인에서 만드는 자신의 정체성과 자아 때문에 소셜 네트워크에 참여한다는 내용의 글이다. 한편 ③은 십 대가 소셜 미디어에 자신의 정보를 공유하는 것에 지친다는 내용이다. 이는 십 대가 소셜 네트워크에 강박적으로 참여한다는 중심 내용에서 벗어나므로, 전체 흐름과 관계가 없다.

Stage 2 한 문장씩 뜯어보기

1 ⓒ | 전통적인 게임과 소셜 네트워크는 둘 다 십 대의 강박을 유발하지만, 각각 십 대에게 고유하게 영향을 미친다. ⓐ 감정적으로 ⓑ 부정적으로
해설 게임과 소셜 네트워크가 조장하는 강박은 방식과 결과가 다르다고 했다.

2 (a): a necessity for social interaction
(b): a statement of addiction
해설 <not so much A as B>는 <B rather than A>로 바꾸어 쓸 수 있다.

3 문장 3 해석 참고
해설 makes는 which가 이끄는 관계대명사절의 동사다. makes의 목적어로 동명사구 being online과 managing ~ self가 and로 병렬 연결되었고, 이어지는 essential ~이 목적격보어이다. 길이가 긴 목적어와 목적격보어 앞에서 한 번씩 끊어 읽어야 한다.

4 ⓐ | 십 대에게 온라인에 있는 것은 사회적 지위와 정체성에 필수적이다. ⓑ 사생활 ⓒ 안전

5 The anxiety
해설 The anxiety는 목적격 관계대명사가 생략된 관계대명사절 teens report ~ the Internet의 수식을 받는다. 관계대명사절 안의 when separated ~는 접속사를 생략하지 않은 분사구문이다.

6 ⓒ | 휴대전화나 인터넷에서 멀어지는 것은 십 대의 정체성을 위협한다. ⓐ 권리 ⓑ 소속
해설 십 대의 불안이 친목 활동의 열망이 아니라 자아를 잃어버리는 느낌으로 인한 것이라고 했다. 이는 정체성 위협을 의미한다.

전문해석 [1]전통적인 디지털 게임과 마찬가지로 소셜 네트워크는 그 안에 있는 소셜 게임, 앱과 함께 십 대 사이에서 강박적인 참여를 조장하지만, 거의 틀림없이 방식과 결과가 다르다. [2]예를 들어 한 여자아이가 스냅챗에 접속해야 한다고 말할 때 그것은 중독의 표현이라기보다는 사회적 상호작용의 필요성이다. [3]오늘날 십 대 대부분에게 정체성과 지위는 주로 온라인에서 정의되는데, 이는 온라인에 있으면서 자신의 온라인 자아를 관리하는 것이 실제 세상의 사회관계 위치를 확립하고 유지하는 데 필수가 되도록 만든다. ([4]그 결과 십 대 대부분은 소셜 미디어에 자신의 정보를 공유하는 것에 지친다.) [5]MIT 교수인 셰리 터클은 "휴대전화나 인터넷에서 멀어질 때 십 대가 전하는 불안은 남들과 쉬운 친목 활동을 열망하는 것이 아니라 이 관계에서 만들어진 자아를 그리워하는 느낌을 암시하는 것일지 모른다."고 말한다. [6]터클 교수는 이것이 중독보다 더 크거나, 적어도 중독과는 다른 것이라고 말한다.

십 대의 온라인 참여는 그들의 정체성과 사회적 지위를 정의한다. 연결되지 않을 때 느끼는 (A) 불안감은 (C) 어울릴 기회를 놓치는 것보다 (B) 중독을 넘어 그러한 연결에서 만들어진 자아를 잃는 것에 대한 것이다.

해설 (B) 전치사 beyond의 목적어 자리이므로 addict를 명사 addiction으로 바꾸어 써야 한다.

함께 풀면 좋은 기출문제 p. 148

1 ④

해석 전자 통신에서 이모티콘이 널리 사용된다는 점을 고려할 때, 중요한 문제는 인터넷 사용자들이 온라인 의사소통에서 감정을 이해하는 데 이모티콘이 도움을 주는가의 여부이다. 이모티콘, 특히 문자에 기반한 것들은 대면하여 주고받는 단서에 비해 훨씬 더 모호하며 결국 사용자마다 매우 다르게 해석될 수 있다. 그럼에도 불구하고, 연구는 이모티콘이 온라인의 텍스트 기반 의사소통에서 유용한 도구라는 것을 보여준다. 137명의 인스턴트 메시지(실시간 텍스트 통신) 사용자들을 대상으로 한 연구가 이모티콘은 사용자들이 감정, 태도, 주의력 표현의 정도와 목적을 정확하게 이해할 수 있게 해주고 이모티콘이 비언어적 의사소통에서 확실한 장점이라는 것을 밝혀냈다. (사실, 언어적 의사소통과 비언어적 의사소통 간의 관계에 관한 연구는 거의 없었다.) 마찬가지로, 또 다른 연구는 이모티콘이 풍자의 표현에서뿐만 아니라, 언어적 메시지의 강도를 높이는 데 유용하다는 것을 보여주었다.

어휘 widespread 널리 퍼진, 광범위한   character 문자, 글자; 성격   relative to A A에 비하여; A와 관련된   face-to-face 대면하는, 직접 얼굴을 마주하는   cue 단서, 신호; 신호를 주다   end up v-ing 결국 v하다   interpret 해석하다, 이해하다   indicate 보여주다, 나타내다   instant 즉각적인   reveal 밝히다, 드러내다   direction 목적; 방향; 지시   expression 표현; 표정   definite 확실한, 분명한   nonverbal 비언어적인   strengthen 강화하다   intensity 강도, 강렬함

해설 온라인 의사소통에서 비언어적 의사소통인 이모티콘이 해석의 모호함에도 불구하고 유용하다고 연구 결과를 기반으로 주장하는 글이다. ④의 단어 studies, verbal, nonverbal communication이 지문에서 쓰이긴 했으나 언어적 의사소통과 비언어적 의사소통 간의 관계 관련 연구가 적다는 내용은 글에서 말하는 바와 관계가 없다.

2 ①

해석 협동에는 진화 또는 문화와 관련된 많은 이유가 있지만, 눈은 가장 중요한 협동 수단 중 하나이고 눈을 마주치는 것은 우리가 운전 중에 잃는 인간의 가장 강력한 힘일지도 모른다. 거의 틀림없이, 그것은 보통 꽤 협조적 종인 인간이 도로에서 그렇게 비협조적이 될 수 있는 이유이다. 대부분의 시간에 우리가 너무 빨리 움직이고 있어서, 시속 20마일 정도에서 눈을 마주치는 능력을 잃기 시작하거나, 혹은 (서로를) 보는 것이 안전하지 않다. 어쩌면 우리의 시야가 차단되어 있을 수도 있다. 흔히 다른 운전자들이 선글라스를 끼고 있거나 그들의 차에 색이 옅게 들어간 창문이 있을 수 있다. (그리고 당신은 정말로 그러한 운전자들과 시선을 마주치고 싶은가?) 가끔 우리는 백미러를 통해 시선을 마주치지만, '얼굴을 마주하고 있는 것'이 아니기 때문에 시선 맞춤을 약하게 느끼거나 처음에는 전혀 믿을 수 없다.

↓

운전하는 동안 사람들은 (A) 비협조적이 되는데, 그들이 (거의) 시선을 마주치지 (B) 않기 때문이다.

어휘 evolutionary 진화의 *cf.* evolution 진화   cooperation 협동 *cf.* cooperative 협조적인, 협동하는 (↔ noncooperative 비협조적인)   in traffic 운전 중인   block 차단하다, 막다   rearview mirror 백미러   believable 믿을 수 있는, 그럴듯한(↔ unbelievable 믿기 힘든)

해설 요약문을 보면, 인간이 운전할 때 '어떻게' 행동하는지와 그 원인을 글에서 찾아야 한다. 글쓴이의 주장을 나타내는 arguably 앞뒤 내용을 통해, 인간의 협동에는 눈을 마주치는 것이 중요한데 운전할 때는 눈을 마주치지 않기 때문에 비협조적이 된다는 요지를 알 수 있다. 따라서 행동에 해당하는 (A)에는 uncooperative(비협조적인), 시선을 마주치는지의 여부인 (B)에는 little(거의 ~않다)이 알맞다.

	(A)	(B)
②	주의하는	직접적인	(A)와 (B) 모두 틀림
③	자신이 있는	정기적인	(A)와 (B) 모두 틀림
④	비협조적인	직접적인	(A)는 맞으나 (B)가 내용과 상반됨
⑤	주의하는	거의 없는	(A)는 관련이 없으며 (B)는 맞음

12 Time Management

Stage 1	**다의어 Check 1** ⓐ **2** ⓑ
	INTRO Q ② **Q** ④
Stage 2	**1** ⓑ **2** ⓐ **3** ⓒ **4** ⓐ **5** fit (as well) **6** ⓒ
Stage 3	(A) major (B) scheduling (C) smaller

---

¹Have you ever seen / the big-rock experiment?
알고 있는가   큰 돌 실험을

²To fill your bucket effectively, / you should start with the big rocks first,
양동이를 효과적으로 채우려면   먼저 큰 돌부터 시작해야 한다
/ followed by the pebbles; // the reverse **order** won't be successful.
뒤이어 조약돌(을 넣어야 한다)   그 반대 **순서**는 성공하지 못할 것이다

³The moral of it is, // if you don't schedule your big tasks first,
이것의 교훈은 ~이다   중요한 일을 먼저 계획하지 않으면
/ they won't get done.
그 일을 끝낼 수 없다(는 것이다)

⁴During your weekly planning, / allocate time (for your big rocks)
주간 계획을 세우는 동안   시간을 할당하라   큰 돌(중요한 일)을 위한
/ by booking them in your planner.
그 일을 계획표에 기록해서

⁵For example, / you might decide // that the best time (to get started
예를 들어   결정할 수 있다   가장 좋은 시간은
on your history report) / is Tuesday night / and the best time
역사 보고서를 시작하기에   화요일 밤이다   그리고 가장 좋은 시간은
(to call your grandma) / is Sunday afternoon.
할머니께 전화 드리기에   일요일 오후다

⁶Now / allocate those times.
이제   그 시간을 할당하라

⁷It's like making a reservation.
그것은 예약하는 것과 같다

⁸If your big rock (such as "give out three compliments each day this
만약 큰 돌(중요한 일)이   '이번 주에 매일 세 번 (다른 사람을) 칭찬하기' 같은
week") / doesn't have a specific time (attached to it), // write it /
구체적인 시간이 없다면   그것에 부여된   그것을 적어라
somewhere in your planner [where it can be seen].
계획표 어딘가에   그것이 보일 수 있는

⁹If you allocate time (for your big rocks) / first, // the other everyday
시간을 할당한다면   중요한 일을 위한   먼저   일상의 나머지 활동은
activities will fit / as well.
잘 맞춰질 것이다   또한

¹⁰And even if they don't, // who **cares**?
설령 그렇지 않다고 해도   누가 **상관하겠는가?**

¹¹You'd rather push aside pebbles / than big rocks.
조약돌(사소한 일)을 제쳐두는 것이 낫다   중요한 일보다는

Stage 1 **정답 찾아가기**

Q 첫 두 문장에서 큰 돌 실험의 내용과 결과를 소개한 다음 실험의 교훈을 이어 언급한다. 이와 유사하게 중요한 일을 할 시간도 먼저 할당하고 계획하라고 주장하는데, For example이 이끄는 문장 이후의 내용이 주장을 뒷받침한다. 따라서 필자가 주장하는 바로 가장 적절한 것은 ④ '중요한 일을 중심으로 효율적인 일정을 계획하라.'이다.

① 복잡한 일을 세분화하라는 언급은 없음
② 사소한 일에 시간을 쓰지 말라는 내용이 아님
③ 만일을 대비한 계획을 세울 필요성에 대한 언급은 없음
⑤ 계획을 세울 때 중요한 일을 먼저 고려하라고 했으므로 주장과 반대됨

Stage 2 **한 문장씩 뜯어보기**

1 ⓑ | 조약돌을 먼저 넣는 것
ⓐ 더 큰 돌을 안에 넣는 것
ⓒ 양동이를 먼저 비우는 것

2 ⓐ | 시간을 관리할 때 중요한 일을 <u>우선으로 하는 것</u>의 중요성 ⓑ 알아내는 것 ⓒ 없애는 것
• eliminate 없애다

3 ⓒ | 특정 시간을 일정에 부여하는 것 ⓐ 할머니께 전화 드리는 것 ⓑ 역사 보고서를 시작하는 것
해설 big rock은 중요한 일을 비유한 표현으로, ⓐ와 ⓑ는 문장 5에서 중요한 일의 예시로 등장했지만 ⓒ는 중요한 일 자체가 아니라 중요한 일을 일정에 넣는 행동을 가리킨다.

4 ⓐ | 사소하고 덜 중요한 일 ⓑ 계획표에 예정된 일 ⓒ 핵심 우선순위나 중요한 일

Stage 3 **요약하기**

중요한 일이 반드시 완료되도록 하기 위해 (C) <u>더 사소한</u> 일 이전에 그 일을 (B) <u>계획함</u>으로써 (A) <u>중요한</u> 일을 우선으로 해라.

해설 (B) 전치사 by의 목적어 자리이므로 schedule을 동명사 scheduling으로 바꾸어 쓰는 것이 알맞다. 뒤의 them은 major tasks를 가리키며 동명사 scheduling의 목적어로 쓰였다.

전문해석 [1]큰 돌 실험을 알고 있는가? [2]양동이를 효과적으로 채우려면 먼저 큰 돌부터 시작한 다음에 조약돌을 넣어야 하고, 반대 순서로 넣으면 성공하지 못할 것이다. [3]이것의 교훈은 중요한 일을 먼저 계획하지 않으면 그 일을 끝낼 수 없다는 것이다. [4]주간 계획을 세우는 동안 중요한 일을 계획표에 기록해서 그 일에 시간을 할당하라. [5]예를 들어 역사 보고서를 시작하기에 가장 좋은 시간은 화요일 밤이고 할머니께 전화 드리기에 가장 좋은 시간은 일요일 오후라고 결정할 수 있다. [6]이제 그 시간을 할당하라. [7]그것은 예약하는 것과 같다. [8]'이번 주에 매일 세 번 (다른 사람을) 칭찬하기' 같은 중요한 일에 부여된 구체적인 시간이 없다면, 계획표 어딘가 보이는 곳에 그것을 적어라. [9]중요한 일을 할 시간을 먼저 할당한다면, 일상의 나머지 활동 또한 잘 맞춰질 것이다. [10]설령 그렇지 않다고 해도 누가 상관하겠는가? [11]중요한 일보다는 사소한 일을 제쳐두는 것이 낫다.

1 ⑤

해석 우리 중 누구도 근무일 내내 일정한 수준의 집중을 유지하기는 어렵다. 우리 모두 에너지와 민첩함이 오르내리는 것을 특징으로 하는 신체 리듬을 가지고 있다. 가장 힘든 일을 가장 잘 처리할 수 있는 시간에 하도록 **계획을 잡으면**, 더 많은 것을 이루고 자신감을 느끼는 이익을 얻을 것이다. 만약 전에 에너지 정점에 관해 생각해 본 적이 없다면, 며칠 동안 자신을 관찰하라. 자신이 가장 좋은 상태일 때를 알아차리도록 노력하라. 우리는 모두 다르다. 어떤 사람에게는 정점이 아침에 제일 먼저 오지만, 다른 사람에게는 준비하는 데 시간이 걸릴 수도 있다.

어휘 constant 일정한, 꾸준한 characterise/characterize 특징으로 하다 peaks and valleys 오르내림, 높고 낮음 *cf.* peak 정점, 최고조; 꼭대기 confident 자신감 있는 *cf.* confidence 자신감 demanding 힘든, 노력이 필요한 cope with ~을 처리하다, ~에 대응하다 observe 관찰하다; 준수하다 note 알아차리다; 주목하다; 언급하다 warm up 준비하다, 몸을 풀다

해설 사람의 신체 리듬은 오르내림이 있어서 하루 종일 최상을 유지할 수 없으므로, 자신의 상태를 잘 알고 힘든 일은 에너지가 가장 좋을 때 하는 게 효율적이라고 주장한다. 따라서 필자의 주장으로 알맞은 것은 ⑤ '자신의 에너지가 가장 높은 시간을 파악하여 활용하라.'이다.

① 부정적 감정은 글의 내용과 관련 없음
② 운동량은 글의 내용과 관련 없음
③ 자신을 관찰해야 한다는 내용이 있지만 아침 명상을 제안하는 글이 아님
④ 일의 배분은 글의 내용과 관련 없음

2 ③

해석 만약 매일 하려고 하는 일을 성취함으로써 얻게 되는 자신감을 원한다면 일이 얼마나 오래 걸릴지 아는 것이 중요하다. 어떤 특정 기간 내에 성취될 수 있는 것에 대한 지나친 낙관주의는 문제다. 그러므로 그것을 개선하려고 노력하라. '해야 할 일' 목록에 있는 항목과 함께 필요한 시간의 양을 추정하는 것을 습관화하고, 경험을 통해 일이 언제 예상보다 더 많은 시간 또는 더 적은 시간이 걸리는지 익혀라. 일을 이용 가능한 시간에 맞추는 것에도 또한 주의를 기울여라. 이용할 수 있는 시간이 많아야만 시작할 수 있는 일이 몇 가지 있다. 이용할 수 있는 시간이 짧을 때 그런 일을 위해 준비를 갖추려고 애쓰는 것은 무의미하다. 그러므로 시간이 더 오래 걸리는 일에 필요한 시간을 **계획하고**, 그 사이의 남는 시간에 짧은 일을 배치하라.

어휘 set out 시작하다, 착수하다 optimism 낙관주의(↔ pessimism 비관주의) certain 어떤, 특정한; 확실한 time frame (어떤 일에 쓸 수 있는) 기간[시간] work on (해결하기 위해) ~에 노력을 들이다[애쓰다] estimate 추정하다; 추정(치) alongside ~와 함께 available 이용 가능한 set about ~을 시작하다 spare 남는, 여분의 [선택지] practical 실용적인

해설 일을 성취하는 데 무엇이 중요한지를 찾아야 한다. 해야 할 일에 시간이 얼마나 걸릴지를 추정하고, 할 수 있는 때에 맞게 시간이 많이 드는 일과 적게 드는 일을 적절하게 계획해야 한다고 주장한다. 따라서 빈칸에 들어갈 말로 알맞은 것은 ③ 'how long things are going to take(일이 얼마나 오래 걸릴지)'이다.

① 어떤 이득을 얻을 수 있는지
   글의 내용과 관련 없음
② 당신의 일이 얼마나 실용적인지
   일의 실용성에 대해서는 언급되지 않음
④ 실패가 인생에서 왜 의미가 있는지
   글의 내용과 관련 없음
⑤ 여가 시간이 왜 우선시되어야 하는지
   일을 할 수 있는 시간을 언급하며, 여가 시간에 대한 내용은 아님

13 Negotiating Skills

Stage 1   다의어 Check 1 ⓑ   2 ⓐ
       INTRO Q ②   Q ⑤

Stage 2   1 ⓒ   2 price   3 are → is   4 ⓒ   5 ⓑ   6 ⓐ

Stage 3   (A) results in   (B) harms   (C) enables

---

1 Putting the right *issues* on the table / is the first step (in reducing fear
적절한 '문제들'을 논의하는 것은   첫 번째 단계다   협상에서 불안을 줄이는
in a negotiation).

2 Experienced negotiators know // they do not want / to focus on
능숙한 협상가는 안다   그들은 ~을 하고 싶지 않다
solely one issue.
오로지 한 가지 문제에만 집중하는 것을

3 Single-issue negotiations become very challenging.
단일 문제 협상은 매우 어려워진다

4 If you are negotiating only one thing, // it is very likely / that you will
만약 단 한 가지만 협상하고 있다면   (~할) 가능성이 매우 크다
either damage the relationship / or **secure** a poor outcome for yourself.
관계를 해칠   혹은 자신에게 좋지 않은 결과를 **얻을**

5 Consider a situation [where you are selling something / and only
상황을 생각해보자   어떤 것을 판매하고 있는   그리고 오직
negotiating on price].
가격만을 협상하는

6 The buyer wants / the price to be low, / while the seller wants
구매자는 원한다   가격이 낮기를   반면 판매자는 원한다
/ the price to be high; // every dollar [the seller claims] / is a dollar
가격이 높기를   모든 금액은   판매자가 얻는   돈이다
(out of the buyer's pocket).
구매자의 주머니에서 나오는

7 Negotiating a single issue / creates a hostile environment and
단일 문제를 협상하는 것은   적대적인 환경과 (한쪽만) 이기거나 지는 사고방식을 조성한다
a win-lose mentality.

8 When there are multiple issues on the table, // you can uncover
다양한 문제를 논의 중일 때   차이를 알아낼 수 있다
differences (in each side's preferences) — / one thing may be important
각자 입장의 선호도에 있어   어떤 것은 여러분에게 중요할 수 있다
to you, / while something else is more important to the other side — /
반면 상대편에게는 다른 것이 더 중요하다
and you can **identify** trade-offs.
그리고 절충안을 찾을 수 있다

전문해석 **1** 적절한 '문제들'을 논의하는 것은 협상에서 불안을 줄이는 첫 번째 단계다. **2** 능숙한 협상가는 오로지 한 가지 문제에만 집중하고 싶어 하지 않는다는 것을 안다. **3** 단일 문제 협상은 매우 어려워진다. **4** 만약 단 한 가지만을 협상한다면 관계를 해치거나 자신에게 좋지 않은 결과를 얻을 가능성이 매우 크다. **5** 어떤 것을 판매하고 있는데 오직 가격만을 협상하는 상황을 생각해보자. **6** 구매자는 가격이 낮기를 원하는 반면 판매자는 가격이 높기를 원하는데, 판매자가 얻는 모든 금액은 구매자의 주머니에서 나오는 돈이기 때문이다. **7** 단일 문제를 협상하는 것은 적대적인 환경과 한쪽만 유리한 사고방식을 조성한다. **8** 다양한 문제를 논의할 때 어떤 것은 여러분에게 중요할 수 있지만 상대편에게는 다른 것이 더 중요하므로 각자 입장의 선호도 차이를 알아내면 절충안을 찾을 수 있다.

Stage 1 정답 찾아가기

Q 빈칸 문장 앞에서 능숙한 협상가는 한 가지 문제만 다루는 것을 피한다고 했으므로 빈칸에는 단일 문제 협상의 부정적인 면이 들어가야 한다. 빈칸 다음 문장은 단일 문제 협상의 잠재적인 나쁜 결과를 언급하며, Consider a situation ~에서 단일 문제 협상으로 갈등이 생기는 예시를 들어 앞의 내용을 뒷받침하고 있다. 마지막 문장은 반대로 단일 문제가 아니라 다양한 문제를 논의할 때 생기는 장점을 이야기한다. 따라서 빈칸에 들어갈 말로 가장 적절한 것은 ⑤ 'challenging(어려운)'이다.

① 현실적인 현실적인 점은 언급되지 않음
② 역동적인 역동적인 점은 언급되지 않음
③ 성공적인 긍정적인 점이므로 빈칸에 적절하지 않으며, 다양한 문제를 협상해야 성공으로 이어진다고 했음
④ 생산적인 긍정적인 점이므로 빈칸에 적절하지 않음

Stage 2 한 문장씩 뜯어보기

1 ⓒ | 단일 문제 협상은 **부정적인** 결과로 이어질 수 있다.
ⓐ 이로운 ⓑ 오래 지속되는

2 price
해설 one issue는 협상할 하나의 문제를 가리킨다. 문장 5에서 예시로 든 협상 문제는 가격(price)이다.

3 are → is
해설 <every+(단수)명사>는 단수 취급하므로 동사 are를 is로 고치는 것이 알맞다. the seller claims는 목적격 관계대명사 that이 생략된 관계사절로 주어 every dollar를 수식한다.

4 ⓒ | 그러므로 ⓐ 예를 들어 ⓑ 이와 반대로
해설 문장 7은 문장 5~6에서 가정한 상황, 즉 구매자와 판매자가 가격만을 협상한 결과를 말하므로, 연결어로 ⓒ 'Therefore(그러므로)'가 알맞다.

5 ⓑ | 이와 반대로 ⓐ 예를 들어 ⓒ 그러므로
해설 문장 7은 단일 문제 협상의 문제점을 언급한 반면 문장 8은 다양한 문제를 협상할 때의 장점을 이야기하므로, 연결어로 ⓑ 'On the contrary(이와 반대로)'가 알맞다.

Stage 3 요약하기

협상에서 오로지 한 가지 측면에만 집중하는 것은 대개 (한쪽만) 이기고 지는 사고방식(A)을 **초래하고** 관계를 (B) **해치는** 반면, 다양한 측면을 다루는 것은 양쪽 협상가

들이 모든 쪽에 이득이 되는 해결책을 찾는 것을 (C) 가능
하게 한다.
해설 (A) 동명사 주어(Focusing ~)는 단수 취급하므로
results in으로 바꾸어 쓴다.
(B) 동명사 주어의 서술부가 and로 병렬 연결된 구조이
므로 harms로 바꾸어 쓴다.
(C) whereas가 이끄는 절의 주어가 동명사구(dealing
with multiple aspects)이므로 enables로 바꾸어
쓴다.

1 ④

해석 우리가 알든지 모르든지 간에, 우리 모두는 매일 **협상한다**. 하지만 이제까지 '어떻게' **협상하는지**를 배운 사람은 거의 없다. (협상 방식을) 배우는 사람들은 대개 **양측에 유리한** 합의를 도출할 가능성이 있는 접근법보다는, 전통적이고 **한쪽만 유리한 협상** 방식을 배운다. 이 옛날식의 적대적인 접근법은 여러분이 그 사람을 다시 상대하지 않을 일회성 협상에서는 유용할지도 모른다. 그러나 이러한 거래는 점점 더 드물어지고 있는데, 우리 대부분은 배우자와 자녀, 친구와 동료, 고객과 의뢰인같이 동일한 사람들을 반복해서 상대하기 때문이다. 이러한 관점에서, 우리 자신을 위해 성공적인 결과를 얻어내는 동시에 **협상** 파트너들과 건강한 관계를 유지하는 것이 중요하다. 오늘날 비즈니스 파트너십과 장기적 관계의 상호 의존적인 세계에서, **양측에 유리한** 성과는 '유일하게' 받아들일 수 있는 결과가 빠르게 되어가고 있다.

어휘 approach 접근법　old-school 옛날식의　one-off 일회성의, 단 한 번의　transaction 거래
spouse 배우자　interdependent 상호 의존적인

해설 한쪽만 유리한 협상 방식은 상대에게 적대적이며 오늘날의 지속적인 인간관계에 적합하지 않다는 내용이다. 성공적인 결과를 얻으려면 협상 상대와 건강한 관계를 유지해야 한다고 언급하므로, 글의 요지로 가장 적절한 것은 ④ '양측에 유리한 협상을 통해 상대와 좋은 관계를 유지해야 한다.'이다.

① 상대의 장단점 파악은 언급되지 않음
② 협상에서 상대의 의도 파악은 언급되지 않음
③ 다양한 대안의 중요성은 언급되지 않음
⑤ 오늘날의 관계는 상호 의존적이라고 했으므로 글의 내용과 반대됨

2 ①

해석 <사회심리 실험 저널>에 실린 한 연구는 **협상**을 더 원활하게 만드는 한 방법을 제안한다. 이 연구에서, 온라인 메신저를 통해 오토바이의 구매를 **협상했던** 대학생들이 자신이 물리적으로 멀리 떨어져 있다고 믿을 때(15마일 넘게), 참여자들이 (몇 피트) 더 가까이 있다고 믿을 때보다 **협상**이 더 쉬웠고 더 많은 **타협**을 보였다. 연구자들은 사람들이 더 멀리 떨어져 있을 때 요인을 좀 더 추상적으로 고려하고, 덜 중요한 점을 신경 쓰기보다 주요 **문제**에 집중한다고 설명한다. 그러므로 다음에 복잡한 거래를 성사시켜야 할 때에는 **먼 거리에서 시작하는** 것이 가치가 있을지도 모른다고 연구자들은 말한다.

어휘 physically 물리적으로; 신체적으로　compromise 타협; 타협하다　factor 요인　abstract 추상적인
be[get] hung up on ~을 신경 쓰다　worthwhile 가치 있는　[선택지] distance 먼 거리; 간격
intention 의도

해설 연구를 인용하여 물리적 거리감이 협상에 미치는 영향을 설명한다. 거리가 멀 때 타협이 더 많이 발생하는데, 이는 멀리 떨어져 있을수록 중요한 문제에 더 집중하기 때문이다. 빈칸을 포함한 마지막 문장은 결론에 해당되며 복잡한 거래를 성사시키기 위해서는 '멀리 떨어져 있는' 것이 도움이 될 것이므로, 빈칸에 알맞은 것은 ① 'begin from a distance(먼 거리에서 시작하는)'이다.

② 명확한 시간제한을 설정하다
③ 당신의 진짜 의도를 숨기다
④ 더 작은 문제부터 다루다
⑤ 서로에게 익숙해지다
②~⑤ 언급되지 않음

Decision Making

Stage 1   다의어 Check **1** ⓐ **2** ⓑ
         INTRO Q 1 ① **2** ② **Q** ⑤

Stage 2   **1** ⓐ **2** ⓒ **3** choosing **4** ⓑ **5** losses

Stage 3   (A) maximize   (B) irrational   (C) minimize

---

[1]Most of us want to believe // that most of the time we make rational
우리 중 다수는 믿고 싶어 한다   우리가 대부분의 경우 합리적인 결정을 내린다고
decisions.

[2]In economic **terms** / this is called utility maximization.
경제학 **용어**로   이를 효용 극대화라고 부른다

[3]We determine // what is most likely to occur
우리는 결정한다   일어날 가능성이 가장 큰 것을
/ and the value of that outcome to us.
그리고 그 결과가 우리에게 줄 가치를

[4]We then multiply these two factors together / to calculate the expected
그런 다음 우리는 이 두 요소를 함께 곱한다   예상되는 가치(효용)를 계산하기 위해
value (utility) (of each option).
각 선택지의

[5]The option (with the highest expected utility) / is then chosen
선택지가   기대 효용이 가장 높은   그러면 선택된다
/ as the best course of action.
최선의 행동 방침으로

[6]But there is one problem: // studies of people (making decisions) / show
그러나 한 가지 문제가 있다   사람들에 대한 연구는   결정을 내리는   보여준다
/ they don't do this, / particularly when it comes to gains and losses.
그들은 그러지 않는다는 것을   특히 이득과 손실에 관해서

[7]Studies have shown // that individuals are much more sensitive to loss
연구는 보여주었다   개인은 이득보다 손실에 훨씬 더 민감하다는 것을
than to gain — / so much / so that they are often willing to get involved
너무   그래서 종종 위험 감수에 기꺼이 관여한다
in risk-taking / to avoid losses.
손실을 피하려고

[8]It means // people sell **shares** (unwisely) / when the stock market drops;
이는 결과를 일으킨다 사람들이 (현명하지 못하게) **주식**을 파는   주식시장이 하락할 때
/ they repair an old car / time after time / because they perceive
그들은 오래된 자동차를 수리한다   계속해서   비용을 인식하기 때문에
the cost (of replacing the car) / as a loss.
자동차를 교체하는   손실로

전문해석 [1]다수의 사람들은 스스로가 대부분 합리적으로 결정한다고 믿고 싶어 한다. [2]이를 경제학 용어로 효용 극대화라고 부른다. [3]우리는 일어날 가능성이 가장 큰 일과 그 결과가 우리에게 줄 가치를 결정한다. [4]그런 다음 이 두 가지 요소를 곱해서 각 선택지의 예상되는 가치(효용)를 계산한다. [5]그러면 기대 효용이 가장 높은 선택지가 최선의 행동 방침으로 선택된다. [6]그러나 한 가지 문제가 있는데, (의사를) 결정하는 사람을 대상으로 한 연구는 특히 이득과 손실에 관해서는 사람들이 그러지(합리적으로 결정하지) 않는다는 것을 보여주었다. [7]연구는 개인이 이득보다 손실에 훨씬 더 민감해서 종종 손실을 피하려고 위험 감수에 기꺼이 관여한다는 것을 보여주었다. [8]이것은 주식시장이 하락할 때 사람들이 (현명하지 못하게) 주식을 파는 결과를 일으키고, 그들이 자동차를 교체하는 비용을 손실로 인식하는 탓에 오래된 자동차를 계속해서 수리하게 한다.

Stage 1 정답 찾아가기

INTRO Q2 ① 이성적인 자동차 소유주 ② 비이성적인 개인

Q 빈칸 문장에는 사람들의 합리적이지 않은 행동으로 두 가지 예시가 제시되며 빈칸 부분은 because가 이끄는 절의 일부이므로 비합리적 행동의 이유를 추론해야 한다. 글 중반까지는 효용 극대화라는 개념을 설명하며 합리적인 결정 과정이 언급된다. 그런데 But으로 시작하는 문장 이후는 손실 회피를 위해서 합리적으로 결정하지 않고 심지어 위험까지 감수하는 경향을 설명한다. 빈칸 문장 초반에 언급된 예시에서, 현명하지 못하게 주식을 파는 것은 주식 하락의 손실을 우려해서다. 마찬가지로 오래된 자동차를 계속 수리하는 것은 수리 비용보다 더 큰 손실(새 차 구매)을 인식했기 때문일 것이다. 따라서 빈칸에 들어갈 말로 적절한 것은 ⑤ 'the cost of replacing the car as a loss(자동차를 교체하는 비용을 손실로)'이다.

① 자동차 수리가 필수라고
글의 내용과 관련 없음

② 오래된 자동차에 애착을
자동차를 수리하는 이유는 애착이 아니라 손실에 대한 우려 때문임

③ 새로운 자동차를 더 나은 선택지로
자동차를 구매하지 않고 수리한다고 했으므로 빈칸 앞의 내용과 반대됨

④ 오래된 자동차를 불필요한 폐기물로
자동차를 수리하는 이유로 적절하지 않음

Stage 2 한 문장씩 뜯어보기

1 ⓐ | 사람들은 때로는 비합리적인 결정을 한다.
ⓑ 사람들은 항상 합리적인 결정을 한다.

2 ⓒ

해설 these two factors는 문장 3의 what is most likely to occur와 the value of that outcome to us를 가리킨다.

3 choosing | 효용 극대화는 기대 가치가 가장 높은 선택지를 <u>고르는</u> 것을 의미한다.

해설 'V하는 것을 의미하다'는 <mean+v-ing>로 쓰므로 문장 5의 chosen을 동명사 choosing으로 바꾸어 쓰는 것이 알맞다.

4 ⓑ | 합리적인 결정을 하다 ⓐ 가능한 한 많이 고려하다
ⓒ 그들의 의견을 제안하다

1 ②

해석 느낌과 감정은 매일의 의사결정에 매우 중요하다. 신경과학자인 안토니오 다마지오는 감정 체계에 손상을 입힌 뇌 손상을 제외하고 모든 면에서 완벽하게 정상인 사람들을 연구했다. 결과적으로, 그들은 결정을 내리거나 세상 속에서 효과적으로 활동을 (A) 할 수 없었다. 그들은 자신들이 어떻게 활동하고 있어야 했는지 정확하게 설명할 수는 있지만, 어디에 살고, 무엇을 먹고, 어떤 제품을 사서 사용할지는 결정할 수가 없었다. 이러한 연구 결과는 의사결정이 이성적이고 논리적인 사고의 핵심이라는 보편적 믿음을 (B) 반박한다. 그러나 최근 연구는 정서적 체계가 좋고 나쁜 것 사이에서 빨리 선택하도록 돕고, 고려해야 할 것들의 수를 줄여주면서 의사결정에 결정적인 (C) 도움을 준다는 것을 보여준다.

어휘 crucial 중요한　injury 부상, 손상　function 기능[활동]하다; 기능　finding (연구의) 결과, 결론　contradict 반박하다　heart 핵심, 요점; 심장　affective 정서적인　assistance 도움　interference 방해

해설 첫 문장에서 감정이 의사결정에 중요하다고 했으므로 감정 체계에 손상을 입은 사람들은 결정을 '하지 못했다'는 것이 자연스러우므로 (A)에는 unable이 알맞다. 이 사람들은 논리적인 사고가 가능해도 의사결정을 하지 못했다고 했으므로 의사결정이 이성적이고 논리적인 사고의 중심이라는 믿음을 '반박한다'. 따라서 (B)에는 contradicts가 알맞다. 마지막 문장은 But으로 시작하며 정서가 결정에 미치는 효과로 초점이 전환된다. 즉 정서적 체계가 빠른 선택을 돕고 경우의 수를 줄여 의사결정에 '도움'이 된다고 해야 자연스럽다. 따라서 (C)에는 assistance가 알맞다.

2 ①

해석 우리 대부분은 신속하게 하는 인식을 의심한다. 우리는 결정의 질이 결정을 내리는 데 들어간 시간과 노력에 직접적인 연관이 있다고 생각한다. 우리는 자녀들에게 이렇게 말한다. "서두르면 일을 망친다." "돌다리도 두들겨 보고 건너라." "멈춰서 생각하라." "겉만 보고 판단하지 마라." 우리는 가능한 많은 정보를 모아서 가능한 많은 시간을 (주의 깊게 숙고하는 데) 보내는 것이 늘 더 나을 것으로 생각한다. 하지만 특히 시간에 쫓기는 중대한 상황 속에서는 서두르는데도 일을 망치지 않는, 즉 우리의 순식간에 내리는 판단과 첫인상이 세상을 파악하는 더 나은 수단을 제공할 수 있는 순간이 있다. 생존자들은 어떻게든 이 교훈을 배웠고, 신속하게 인식하는 능력을 발전시켜서 연마했다.

어휘 suspicious 의심하는　cognition 인식, 인지　judge 판단하다 *cf.* judg(e)ment 판단(력); 심판　better off 더 나은　gather 모으다, 수집하다　consideration 숙고; 고려 사항　snap 빠른, 순식간의　make sense of ~을 파악[이해]하다　somehow 어떻게든, 어쨌든　sharpen 연마하다, 갈고 닦다
[선택지] appearance 겉모습

해설 But을 포함한 빈칸 문장 내용으로 보아, 앞부분 내용과 다르게 순간적 판단이 더 나은 때를 달리 표현하는 말을 추론해야 한다. 도입부에서 대부분의 사람이 신속한 인식에 대해 회의적이며, 시간과 노력이 많이 들어간 결정이 더 질이 좋다고 믿는다고 했다. 그러나 중반부 이후 But으로 시작하는 문장에서는 특정 상황에서 신속한 판단과 첫인상이 더 나은 결정을 제공할 수 있다고 했으므로, 빈칸에 들어갈 말로 가장 적절한 것은 ① 'haste does not make waste(서두르는 것이 일을 망치지 않는다)'이다.

② 배움에는 절대 늦음이 없다
③ 백지장도 맞들면 낫다
④ 일을 서두르면 망친다
⑤ 겉모습으로 판단하지 마라
②~⑤ 글의 내용과 관련 없음

15 Two-Edged Sword

Stage 1   다의어 Check 1 ⓐ 2 ⓑ
  Q ③ **OUTRO Q** ②

Stage 2   1 ⓒ 2 (a): giving (b): relying 3 ⓑ 4 ⓑ 5 (a): ○ (b): ✕ , are

Stage 3   (A) success(es) (B) hard (C) sharing

1People (with a high need for achievement) / are more likely than others
사람은 　　　　　성취욕이 높은 　　　　　　다른 사람보다 (~할) 가능성이 높다
/ to find economic success, // but researchers warn
경제적 성공을 찾을 　　　　하지만 연구자는 경고한다
/ that this can be a two-edged sword.
이것이 양날의 검이 될 수 있다고

2The same high level of achievement motivation [that helps some
동일한 수준의 높은 성취동기가 　　　　　어떤 사람이 성공하도록 돕는
people succeed] / can also damage their **performance**.
성과에 해를 끼칠 수도 있다

3For example, / success (in high-ranking **positions**) /
예를 들어 　　성공은 　　　　고위**직**의
often depends on / the person's ability (to share their powers
보통 ~에 달려있다 　　그 사람의 능력(에) 　　　권한을 공유하고
and motivate others).
다른 사람에게 동기를 부여하는

4Unfortunately, / someone (too concerned about his or her own
안타깝게도 　　사람은 　　　　자신의 성취에 대해 지나치게 염려하는
accomplishments) / might have a difficult time /
힘든 시간을 겪을 수 있다
giving up control over details / and relying on others.
세부 사항에 대한 통제권을 포기하는 데 　　그리고 다른 사람에게 의존하는 데

5This may explain // why one study found
이것은 설명할 수 있다 　　한 연구가 발견한 이유를
/ that need for achievement was related to success / for low-level
성취욕이 성공과 관련이 있다 　　　　낮은 직급의 관리자에게는
managers / but not for those (higher up the company ladder).
하지만 (~한) 사람에게는 아니다 　　기업의 사다리(직급) 더 높은 곳에 있는

6Another example (of this phenomenon) / comes from an interesting
또 다른 예시는 　　이 현상의 　　　　한 흥미로운 연구에서 나온다
study [that examined need for achievement and success /
성취욕과 성공을 조사한
among American presidents].
미국 대통령 사이에서

7Those [whose inaugural speeches indicate a high need for achievement]
대통령은 　　　　취임 연설이 높은 성취욕을 보여준
/ are usually rated by historians / as relatively unsuccessful leaders.
보통 역사가에 의해 평가된다 　　　상대적으로 실패한 지도자로

전문해석 **1**성취욕이 높은 사람은 다른 사람보다 경제적으로 성공할 가능성이 높지만, 연구자는 이것이 양날의 검이 될 수 있다고 경고한다. **2**어떤 사람이 성공하도록 돕는 동일한 수준의 높은 성취동기가 성과에 해를 끼칠 수도 있다. **3**예를 들어 고위직의 성공은 권한을 공유하고 다른 사람에게 동기를 부여하는 그 사람의 능력에 보통 달려있다. **4**안타깝게도 자신의 성취를 지나치게 염려하는 사람은 세부 사항의 통제권을 포기하고 다른 사람에게 의존하는 데 어려움을 겪을 수 있다. **5**한 연구가 낮은 직급의 관리

Stage 1 정답 찾아가기

Q 주어진 문장은 성취를 지나치게 염려하여 하지 못하는 문제를 언급한다. 이때 Unfortunately는 기대하는 결과가 어긋날 때 쓰인다는 점에 주목한다. 도입부에서 성취동기가 높을 때 오히려 해가 될 수 있다고 했고, ③의 앞 문장에서 이에 대한 예시(For example)가 시작되어 고위직에서 성공하려면 권한을 공유해야 한다는 내용이 등장한다. 주어진 문장은 이 예시를 이어가며 자신의 성취를 염려하여 통제권을 놓지 못하는 상반된 경우를 제시하는 것이 자연스럽다. 따라서 주어진 문장은 ③에 들어가는 것이 가장 적절하다. 또한 ③ 뒤의 This는 주어진 문장을 가리키며, 직급에 따라서 성취욕과 성공의 관련성이 다른 이유가 통제권의 영향력 때문임을 설명한다.

Stage 2 한 문장씩 뜯어보기

1 ⓒ | 높은 성취욕은 성공과 어려움을 모두 초래할 수 있다.
ⓐ 경제적으로 성공하는 데 중요한 역할을 하다
ⓑ 위험성이 낮은 상황과 높은 상황 둘 다로 이어지다
해설 문장 1은 성취욕을 two-edged sword(양날의 검)로 표현하고 문장 2는 이를 부연 설명하며 성취동기의 양면성을 설명한다.

2 (a): giving (b): relying
해설 <have a difficult time v-ing>는 'v하는 데 어려움을 겪다'라는 뜻이다. 동명사구가 and로 병렬 연결되어 '포기하는 데, 그리고 의존하는 데' 어려움을 겪는 것이므로 각각 동명사 giving과 relying으로 고치는 것이 알맞다.

3 ⓑ | 높은 성취욕은 고위직에서 성공하는 것을 막을 수 있다. ⓐ 향상시키다 ⓒ 정의하다

4 ⓑ | 성취욕은 높은 직급이 아니라 낮은 직급의 관리자의 성공과 관련 있다. ⓐ (~을) 줄이다 ⓒ ~에 손상되다

5 (a): ○ (b): ✕ , are
해설 (a) 관계대명사 뒤에 나오는 명사(inaugural speeches)가 선행사 Those와 '소유' 관계이므로 소유격이 알맞게 쓰였다.
(b) 문장의 주어인 Those를 whose가 이끄는 관계사절(whose ~ achievement)이 수식하고, 밑줄 친 being은 문장의 동사 자리이므로 복수 동사 are로 고쳐야 한다.

자에게는 성취욕이 성공과 관련이 있지만, 기업의 고위직에 있는 사람에게는 그렇지 않다는 것을 발견한 이유를 이 점이 설명할 수 있다. [6]이 현상의 또 다른 예시는 미국 대통령 사이에서 성취욕과 성공을 조사한 한 흥미로운 연구에서 나온다. [7]취임 연설에서 높은 성취욕을 보여준 대통령은 보통 역사가에 의해 상대적으로 실패한 지도자로 평가된다.

높은 성취욕은 경제적인 (A) 성공으로 이어질 수 있는 반면, 다른 사람과 책임을 (C) 나누는 것의 어려움 때문에 높은 직위의 사람들이 효과적인 지도자가 되는 것을 매우 (B) 어렵게 만들 수 있다. •responsibility 책임, 의무

해설 (C) 전치사 in의 목적어 자리이므로 share를 동명사 sharing으로 바꾸어 써야 한다.

함께 풀면 좋은 기출문제 p. 152

1 ⑤

해석 연구에 따르면 운동선수는 선수가 아닌 사람들보다 용납할 수 없는 행동을 할 가능성이 작음이 확인됐다. 그러나 운동선수의 경쟁 수준이 높아지면 도덕적 분별력과 바람직한 스포츠 행위가 감소하는 것 같고, 이는 부분적으로 승리에 대한 강조가 커지기 때문이다. 그래서 승리라는 것은 인성 발달을 가르치는 데 있어서 양날의 검이 될 수 있다. 어떤 선수는 너무나 이기려고 하다 보니 거짓말하고 속이고 팀 규칙을 위반한다. 그들은 단시간에 이기기 위해 자신의 능력을 강화할 수 있는 바람직하지 못한 성격 특성을 계발할 수도 있다. 그러나 선수가 부정한 방법으로 이기고자 하는 유혹에 저항할 때 그들은 일생 동안 지속되는 긍정적인 성격 특성을 계발할 수 있다. 인성이라는 것은 학습되는 행동이며 코치들이 이러한 교훈을 체계적으로 가르치고자 계획할 때만 페어 플레이 정신이 발달한다.

어휘 confirm 확인하다 athlete 운동선수 participate in ~에 참여하다 unacceptable 용납할 수 없는, 받아들여지지 않는 moral 도덕적인 reasoning 분별; 추리, 추론; 논리 competitive 경쟁적인 character 인성; 성격; 특징 cheat 속이다; 부정행위를 하다 undesirable 바람직하지 못한 enhance 강화하다, 높이다 resist 저항하다 temptation 유혹 dishonest 부정한, 속임수의; 정직하지 못한(↔ honest 정직한)

해설 빈칸 문장으로 보아 승리가 인성 발달에 어떤 영향을 미치는지를 파악해야 한다. 이 글은 운동선수가 승리를 추구하는 경향이 비도덕성 같은 부정적 성격 특성을 발달시킬 위험성도 있지만, 그 유혹을 이겨낸다면 긍정적 성격 특성을 발달시키는 데 도움이 된다는 내용이다. 따라서 승리는 긍정적, 부정적 면 둘 다 가지고 있으므로 빈칸에 들어갈 말로 알맞은 것은 ⑤ 'a double-edged sword(양날의 검)'이다.

① 식은 죽 먹기
② 일방통행로(일방적인 관계)
③ 손 안의 새(확실한 것)
④ 물 밖의 고기(낯선 환경에서 불편해하는 사람)
①~④ 글의 내용과 관련 없음

2 ①

해석 당신 삶에서의 모든 향상은 당신의 머릿속 그림에서의 향상으로 시작된다. 만약 당신이 불행한 사람들과 이야기하고 그들에게 대부분의 시간에 무슨 생각을 하는지 물어본다면, 그들이 자신의 문제, 고지서, 부정적인 관계, 그리고 자기 삶의 모든 어려움에 대해 생각한다는 것을 거의 틀림없이 알게 될 것이다. 그러나 당신이 성공적이고 행복한 사람들과 이야기할 때는, 그들이 대부분의 시간 동안 자신들이 되고 싶고, 하고 싶고, 가지고 싶은 것들에 대해 생각하고 이야기한다는 것을 알게 된다. 그들은 그것들을 얻기 위해서 취할 수 있는 구체적인 행동 단계에 대해 생각하고 이야기한다. 그들은 목표가 실현되었을 때 어떨지, 그리고 꿈이 실현되었을 때 어떨지에 대한 생생하고 흥미로운 그림을 끊임없이 깊이 생각한다.

어휘 improvement 향상, 발전 without fail 틀림없이, 반드시 specific 구체적인, 특정한 dwell on ~을 깊이 생각하다 continually 끊임없이 vivid 생생한 realize 실현하다; 알아차리다 [선택지] mental 머릿속에서 하는; 정신[마음]의 physical 신체적인 competence 능력 cooperative 협동적인 academic 학업의

해설 첫 문장에 있는 빈칸은 삶의 향상이 시작되는 부분을 나타낸다. 불행한 사람들은 그들의 걱정거리를, 성공적인 사람들은 그들의 목표를 머릿속에 그리고 있다고 했으며, 생각하는 것에 따라 삶에서 목표와 꿈의 실현을 이룰 수 있음을 주장하고 있다. 따라서 빈칸에 들어갈 말로 적절한 것은 ① 'mental pictures(머릿속 그림)'이다.

② 신체 능력
③ 협동적인 태도
④ 학습 환경
⑤ 학업 성취
②~⑤ 글의 내용과 관련 없음

16 Polarization

Stage 1　　다의어 Check 1 ⓐ
　　　　　　　INTRO Q ①　Q ④

Stage 2　　1 doubled　2 ⓒ　3 ⓑ　4 ×, easy　5 ⓑ

Stage 3　　(A) easier　(B) similar　(C) extreme

---

¹Today, with increased enthusiasm, / conservative communities attract
오늘날 열성이 과해지면서　　　　　　　보수적인 공동체는 보수주의자를 끌어들인다

conservatives, // and progressive communities attract progressives.
　　　　　　　　　　그리고 진보적인 공동체는 진보주의자를 끌어들인다

²Political journalist Bill Bishop and sociologist Robert Cushing report
정치부 기자 빌 비숍과 사회학자 로버트 쿠싱은 말한다

// that the percentage of counties [where one presidential candidate
자치주의 비율이　　　　　　한 명의 대통령 후보가 60퍼센트 이상 득표한

got 60 percent or more votes] / nearly doubled /
　　　　　　　　　　거의 두 배가 되었다

between 1976 and 2008.
1976년과 2008년 사이에

³Discussions (about climate change) (in the community) / led people
논의는　　　　　　기후 변화를 다룬　　　　　지역 사회의　　　사람들이 ~하게 했다

(in Boulder) / to lean more toward the left, // while those
볼더의　　　진보파 쪽으로 더 기울게 (했다)　　　반면 사람들은

(in Colorado Springs) / moved further / toward the right.
콜로라도 스프링스의　　　더 움직였다　　　보수파 쪽으로

⁴This grouping doesn't just **affect** politics.
이런 편 가르기는 정치에만 **영향을 미치지** 않는다

⁵It's also true for other areas, / such as social issues, economic
그것(편 가르기)은 다른 분야에도 사실이다　　　사회 문제, 경제 정책,

policies, and cultural beliefs.
문화적 신념 같은

⁶People are more likely to have extreme views //
사람들은 극단적 생각을 가질 가능성이 더 높다

when they're part of a group.
그들이 한 집단의 일원일 때

⁷That's because // when people only talk to others [who agree with
그것은 왜냐하면　　　사람들이 다른 사람과만 대화할 때　　　자신과 의견이 맞는

them], / things can get more intense.
　　　　상황이 더 극심해질 수 있다

⁸The Internet also makes it very easy / for people to find others
인터넷은 또한 (~을) 매우 쉽게 만든다　　　사람들이 다른 사람을 찾는 것을

[who think just like them], / resulting in stronger beliefs.
자신과 똑같이 생각하는　　　　그래서 더 강한 신념으로 이어진다

전문해석 ¹오늘날 열성이 과해지면서 보수적인 공동체는 보수주의자를 끌어들이고 진보적인 공동체는 진보주의자를 끌어들인다. ²정치부 기자 빌 비숍과 사회학자 로버트 쿠싱은 한 명의 대통령 후보가 60 퍼센트 이상 득표한 자치주의 비율이 1976년과 2008년 사이에 거의 두 배가 되었다고 말한다. ³기후 변화를 다룬 지역 사회의 논의는 볼더의 사람들을 진보파 쪽으로 더 기울게 만든 반면, 콜로라도 스프 링스의 사람들은 보수파 쪽으로 더 움직였다. ⁴이런 편 가르기는 정치에만 영향이 있지는 않다. ⁵편 가 르기는 사회 문제, 경제 정책, 문화적 신념 같은 다른 분야에도 또한 해당된다. ⁶사람들은 한 집단의 일

Stage 1 정답 찾아가기

Q 빈칸 문장을 보면 사람들이 언제 극단적으로 생각하는 지를 추론해야 한다. 빈칸 문장 앞의 오늘날 정치를 비롯한 다양한 분야에서 양극화가 심해지고 있다는 내용이다. 그 리고 빈칸 뒤의 두 문장은 자신과 의견이 맞는 사람과만 대 화할 때 사람들이 더 강한 신념을 갖게 된다는 내용이다. 이것으로 보아 자신과 똑같이 생각하는 사람들과 함께 있 을 때 치우친 생각을 갖게 될 것이므로, 빈칸에 들어갈 말 로 가장 적절한 것은 ④ 'they're part of a group(그들 이 한 집단의 일원이다)'이다.

① 그들이 충분한 정보를 가지다 양쪽의 정보를 충분히 알고 있다 면 한쪽으로만 사고하지 않을 것이므로 적절하지 않음

② 그들이 그것들을 진정으로 이해하다 어떤 개념을 충분히 이 해한다면 오히려 극단적인 사고에 빠지지 않을 것임

③ 그들이 위험을 감수하지 않는다 위험을 피하고 안정을 추구하 는 것과 극단적인 사고는 관계가 없음

⑤ 그들이 어려운 시기를 겪는다 개인이 힘든 상황일 때 극단적 으로 생각한다는 내용은 언급되지 않음

Stage 2 한 문장씩 뜯어보기

1 doubled
해설 that절의 주어는 the percentage of counties로, 여기서 counties는 뒤에 이어지는 관 계부사절 where ~ more votes의 수식을 받는다. 관계부사절을 제외하고 나면 동사가 될 수 있는 것은 doubled이다.

2 ⓒ | 정치적 양극화가 심해지고 있다. ⓐ 보수와 진보는 항상 충돌한다. ⓑ 기후 변화에 대해 격렬한 논쟁이 벌 어진다. • fierce 격렬한　intensify 심해지다

3 ⓑ | 신념에 따른 구분 ⓐ 두 집단의 통합 ⓒ 기후 정책 의 분류 • unification 통합　separation 구분 categorization 분류, 범주화

4 ×, easy
해설 SVOC 문형으로, 목적격보어 자리에는 부사를 쓸 수 없으므로 형용사 easy로 고쳐야 한다. it은 가목 적어, to find ~ like them이 진목적어이며 for people은 진목적어의 의미상 주어이다.

5 ⓑ | 비슷한 생각을 가진 사람들의 집단에 속하는 것은 그들의 주장을 강화한다. ⓐ 여러 장점이 있다 ⓒ 부정 적인 감정을 감소시킨다 • reinforce 강화하다

원일 때 극단적인 생각을 가질 가능성이 더 높다. **7**그것은 사람들이 자신과 의견이 맞는 사람하고만 대화할 때 상황이 더 극심해질 수 있기 때문이다. **8**인터넷은 또한 사람들이 자신과 똑같이 생각하는 다른 사람을 아주 쉽게 찾도록 만들고, 이는 더 강한 신념으로 이어진다.

해설 유사한 의견을 가진 사람들과 대화하는 것은 강한 신념을 만든다고 했으므로, 의견은 더 강해질 것이다.

Stage 3 요약하기

(B) 비슷한 신념을 가진 사람하고만 대화하는 것이 (A) 더 쉬워져서, 사람들은 자신의 의견에 있어 더 (C) 극단적으로 변하게 된다.

---

1 ⑤

해석 독립적으로 생각하고 자신이 믿는 것을 위해 싸우는 것도 중요하지만, 자신의 생각을 위해 싸우는 것을 중단하고 신뢰할 수 있는 집단이 가장 좋다고 생각하는 것을 받아들이는 쪽으로 나아가는 것이 더 현명한 때가 온다. 이것은 매우 어려울 수 있다. 하지만 여러분이 마음을 열고, 신뢰할 수 있는 집단의 결론이 여러분이 생각하는 어떤 것보다 낫다는 믿음을 갖는 것이 더 영리하고 궁극적으로 더 좋다. 만약 여러분이 그들의 생각을 이해할 수 없다면, 여러분은 아마도 그들이 생각하는 방식을 단지 못 보는 것이다. 모든 증거와 신뢰할 수 있는 사람들이 반대할 때 스스로가 최선이라고 생각하는 것을 계속한다면, 여러분은 위험할 정도로 자신감에 차 있는 것이다. 사실 대부분의 사람들은 믿을 수 없을 정도로 마음을 열게 되지만, 어떤 사람들은 자신이 옳지 않았을 때 옳았다고 확신하는 것으로부터 많은 고통을 계속해서 겪은 후에도 마음을 열지 못한다.

어휘 independently 독립적으로　trustworthy 신뢰할 수 있는, 믿을 만한　ultimately 궁극적으로, 결국; 근본적으로　open-minded 마음이 열린[넓은]　faith 믿음, 신념　conclusion 결론; 결과　blind ~을 못 보는; 눈이 먼　evidence 증거　confident 자신감 있는　encounter 맞닥뜨리다; 만나다　bet ~이라고 확신하다, (~이) 틀림없다[분명하다]; 돈을 걸다

해설 자신의 의견보다는 신뢰할 수 있는 집단의 의견을 받아들이는 것이 더 현명할 때가 있기 때문에 열린 마음을 가져야 한다고 이야기하고 있다. 이것은 매우 어렵고, 그들을 이해할 수 없을 때도 있지만 결국은 더 현명하고 좋은 방법이라고 하므로 글의 요지로 적절한 것은 ⑤ '자신의 의견이 최선이 아닐 수 있다는 것을 인정하는 것이 필요하다.'이다.

① 글의 내용과 관련 없음
② 신뢰할 수 있는 집단의 의견을 받아들여야 한다고 했으나 맹목적 수용의 위험성에 대한 내용이 아님
③ 글의 내용과 관련 없음
④ 열린 마음을 가져야 한다고 했지만 믿을 만한 사람을 판단하는 내용이 아님

2 ③

해석 인터넷 활동가인 엘리 프레이저는 우리가 이미 갖고 있는 신념이 옳다고 확인해 주는 모든 것은 움켜쥐면서 그러한 신념과 맞지 않는 정보는 조용히 무시하는 사람들의 경향을 온라인 검색 알고리즘이 어떻게 조장하는지 주목했다. 우리는 주변에 소위 '필터 버블'을 설치하는데 거기에서 우리는 자신이 동의하는 그 자료에만 끊임없이 노출된다. 우리는 결코 이의를 제기 받지 않으며 스스로에게 다양성과 차이의 존재를 인정할 기회를 주지 않는다. (다른 사람이 갖지 못한 차이를 만들어내는 것이 자신의 분야에서 성공하는 방법이며 혁신의 창조로 이어진다.) 최선의 경우 우리는 세상을 모르고 보호받게 되며, 최악의 경우 우리는 극단적인 생각으로 과격화되며 우리의 특정 버블 밖의 삶을 상상할 수 없게 된다. 그 결과는 참담해서, 지적 고립과 우리가 스스로 만드는 작은 세계가 '전' 세계라고 믿는 것에 따라오는 진정한 왜곡이 생긴다.

어휘 algorithm 알고리즘 《문제 해결을 위한 절차 또는 자동화된 추론》　grab hold of ~을 (움켜)잡다　confirm 사실임을 확인하다　set up 설치하다　filter 필터; 여과하다　acknowledge 인정하다　innovation 혁신　shelter 보호하다; 피난처　disastrous 참담한; 재앙의　isolation 고립

해설 온라인의 '필터 버블'에 의해 우리가 동의하는 내용에만 노출되고 극단적인 시각을 갖게 된다는 내용의 글이다. 따라서 개인의 성공과 혁신을 위해 차이를 만들어야 한다는 내용인 ③은 글과 관련이 없다.

17 Collective Intelligence

Stage 1　다의어 Check **1** ⓑ
　　　　　　INTRO Q ③　**Q** ②

Stage 2　**1** what　**2** ⓑ　**3** ⓒ　**4** ⓐ

Stage 3　(A) contribute　(B) improve

1 "Peer production" created eBay, Wikipedia, MySpace, /
'협력 생산'은 이베이, 위키피디아, 마이스페이스를 만들었다
and also provided Netflix / with hundreds of thousands of movie
또한 넷플릭스에 제공했다　　　　　수십만 개의 영화 **비평**을
reviews.

2 At the same time, / "self-service" enabled / Google to sell advertising
동시에　　　　　'셀프서비스'는 ~할 수 있게 했다　　　구글이 광고를 판매하는 것을
/ for a nickel per click, / and Skype to sign up 60 million users / in
클릭당 5센트에　　　　　그리고 스카이프가 6천만 명의 사용자를 등록하는 것을
two-and-a-half years.
2년 반 만에

3 Both are examples [where users happily do for free /
두 경우 모두 예시다　　　　사용자가 기꺼이 무료로 하는
what companies would otherwise have to pay employees to do]: //
그렇지 않으면 기업이 직원에게 지불해서 해야 할 일을
for Google, / users' clicking on ads generates revenue, / and for Skype,
구글의 경우　　　　사용자가 광고를 클릭하는 것이 수익을 창출한다　　　그리고 스카이프의 경우
/ users' joining the service / makes it more valuable.
사용자가 서비스에 합류하는 것이　　그 서비스를 더 가치 있게 만든다

4 It's not outsourcing, // it's "crowdsourcing."
이것은 아웃소싱이 아니라　　　'크라우드소싱'이다

5 The advantage of crowdsourcing / is not just economic; //
크라우드소싱의 장점은　　　　　경제적인 것뿐만이 아니다
customers can do a better job, too.
사용자가 더 잘 해낼 수도 있다

6 User reviews are often well informed, clear, / and most importantly, /
사용자 평가는 많은 경우에 박식하고 명확하다　　　　　그리고 가장 중요하게
trusted by other users.
다른 사용자로부터 신뢰를 받는다

7 Collectively, / customers have virtually unlimited time and energy;
공통적으로　　　　　사용자는 사실상 무한한 시간과 에너지를 가지고 있다
// only peer production has the ability (to reach every corner of every
오직 협력 생산만이 능력이 있다　　　　　　모든 시장의 구석구석에 도달할
market).

8 And in the case of self-service, / the work is being done by the people
그리고 셀프서비스의 경우　　　　　사람들에 의해 작업이 행해지고 있다
[who care most about it, / and best know their own needs].
그 서비스에 가장 관심이 많은　　　그리고 자신의 필요를 가장 잘 아는

9 It's essential / to use the power of crowdsourcing.
(~은) 필수다　　　크라우드소싱의 힘을 이용하는 것은

Stage 1　정답 찾아가기

INTRO Q ① 크라우드소싱의 과정 ② 크라우드소싱에 대한 비판 ③ 크라우드소싱의 이점

Q 첫 문장에 소개된 Peer production(협력[동료] 생산)이 글의 핵심 소재다. 이어지는 기업의 예시에서 사용자의 참여가 기업에 이익이 된다고 했다. 이러한 개념을 '크라우드소싱'으로 정의하고, 사용자가 참여하는 작업이 경제적이고 품질과 신뢰도가 좋음을 언급했다. 따라서 글의 제목으로 가장 적절한 것은 ② 'Peer Production: Let Customers Do the Work(협력 생산으로 사용자가 일하게 하라)'이다.

① 크라우드소싱의 위험과 이점
크라우드소싱의 이점은 언급되었으나 위험은 언급되지 않음

③ 크라우드소싱이 대개 좋지 않은 생각이 되는 이유
크라우드소싱이 효과가 있다고 했으므로 지문과 상반됨

④ 셀프서비스를 이용하는 인기 있는 디지털 기업 셀프서비스를 이용하는 기업의 예시가 언급되었으나 세부 사항에 해당함

⑤ 크라우드소싱으로 최상의 결과를 얻는 조언
크라우드소싱의 활용 방법에 대한 조언이 주제가 아님

Stage 2　한 문장씩 뜯어보기

1 what
해설 do의 목적어가 시작되는 자리이고, (a) 뒤에 to do의 목적어가 없는 불완전한 절이 이어지고 있으며, 앞에 선행사가 없다. 따라서 선행사를 포함하는 관계대명사 what이 알맞다.

2 ⓑ | 만약 사용자가 보수 없이 일을 하지 않는다면
ⓐ 온라인으로 ⓒ 대규모로
해설 otherwise가 가정법의 조건 의미를 포함하므로 문맥상 users happily do for free의 반대 경우를 가정한다.

3 ⓒ | 협력 생산과 셀프서비스는 회사가 성장하고 수익을 얻을 수 있게 해 준다. ⓐ 문제에 직면하다 ⓑ 온라인 기술을 이용하다

4 ⓐ
해설 문장 5에서 사용자가 일을 더 잘 해낼 수 있음은 곧 높은 품질을 의미한다. 문장 6에서 크라우드소싱의 한 종류인 사용자 평가는 다른 사용자로부터 신뢰를 받는다고 했다.

전문해석 [1]'협력 생산'은 이베이, 위키피디아, 마이스페이스를 만들었고 또한 넷플릭스에 수십만 개의 영화 비평을 제공했다. [2]동시에 '(사용자가 직접 처리하는) 셀프서비스'는 구글이 클릭당 5센트에 광고를 판매하게 했고 스카이프가 2년 반 만에 6천만 명의 사용자를 등록하게 했다. [3]두 경우 모두, 그렇지 않으면(사용자가 하지 않으면) 기업이 직원에게 (비용을) 지불해서 해야 할 일을 사용자가 기꺼이 무료로 하는 예시인데, 구글의 경우 사용자가 광고를 클릭하면 수익이 창출되고, 스카이프의 경우 사용자가 스카이프 서비스에 합류하면 그 서비스의 가치가 더 높아진다. [4]이것은 아웃소싱이 아니라 '크라우드소싱'이다. [5]크라우드소싱의 장점은 경제적인 것뿐만이 아니고, 사용자가 더 잘 해낼 수도 있다. [6]사용자 평가는 많은 경우에 박식하고 명확하며, 가장 중요한 것은 다른 사용자로부터 신뢰를 받는다는 것이다. [7]공통적으로, 사용자는 사실상 무한한 시간과 에너지를 가지고 있기 때문에 오직 협력 생산만이 모든 시장의 구석구석에 도달할 능력이 있다. [8]그리고 셀프서비스의 경우 그 서비스에 가장 관심이 많고 자신의 필요를 가장 잘 아는 사람들이 작업하고 있다. [9]크라우드소싱의 힘을 이용하는 것은 필수다.

Stage 3 요약하기

크라우드소싱은 사용자가 무료로 (A) 기여하도록 장려하며 사용자는 신뢰할 수 있는 평가를 만들기 위해 자신의 지식을 제공하고 직접 서비스에 접근하는데, 기업은 경제적 이익을 얻고 품질을 (B) 향상하기 위해 이를 이용해야 한다. • trustworthy 신뢰할 수 있는

함께 풀면 좋은 기출문제

p. 154

1 ②

해석 협업은 대부분의 기초 예술과 과학의 기반이다. (B) 셰익스피어는 그 시대 대부분의 극작가처럼 늘 혼자 작품을 썼던 것은 아니라고 흔히 생각되고, 그의 희곡 중 다수가 협업한 것으로 여겨지거나 원작 이후에 개작되었다. 레오나르도 다빈치는 혼자서 스케치를 그렸지만, 더 섬세한 세부 묘사를 더하려고 다른 사람들과 협업했다. (A) 예를 들어, 인체의 해부학적 구조를 그린 그(다빈치)의 스케치는 파비아 대학의 해부학자인 마르칸토니오 델라 토레와의 협업이었다. 그들의 협업은 예술가와 과학자가 결합한 것이어서 중요하다. (C) 마찬가지로, 마리 퀴리의 남편은 원래 자신이 하던 연구를 중단하고 마리의 연구를 함께했다. 그들은 이어서 협력하여 라듐을 발견했고, 물리학과 화학에서의 기존 개념들을 뒤집었다.

어휘 collaboration 협업 *cf.* collaborative 협업하는, 공동의 collaborate 협업하다 foundational 기초의, 기본의 marry 결합시키다; ~와 결혼하다 playwright 극작가 composition (문학, 미술, 음악의) 작품; 구성 fine 섬세한, 고운 go on to-v[to A] (이어서) v하기 시작하다[A로 넘어가다] overturn 뒤집다 physics 물리학

해설 주어진 문장은 협업이 기초 예술과 과학의 기반이 된다는 내용이다. 따라서 뒤에 예술과 과학에서 이뤄진 협업의 예시가 이어지는 것이 자연스러우므로, 셰익스피어와 레오나르도 다빈치의 협업 사례인 (B)가 오는 것이 알맞다. 그리고 (B) 후반부의 레오나르도 다빈치의 협업에 대한 추가 예시가 (A)에서 연결어 For example 이후 설명되고 있다. 마지막으로, 과학 분야의 협업 사례인 마리 퀴리 부부의 이야기가 Similarly로 이어진 (C)가 오는 것이 자연스럽다.

2 ④

해석 창조성은 주로 행위자(창작자)와 창작물(창작) 사이의 관계와 관련이 있다고 가정하는 것이 일반적이다. 그러나 사회 문화적 관점에서 볼 때, 창작 행위는 제2의 입장의 부재, 즉 관객이 부재하면 결코 '완전'하지 않다. 행위자나 창작자 자신은 만들어지고 있는 창작물의 첫 번째 관객이지만, 이런 거리 두기는 다른 사람의 관점을 자신의 작품 속에 내면화하는 것으로서만 이루어질 수 있다. 이는 자신의 창작 활동에 관객이 되려면 다른 사람들과 상호작용을 하는 역사가 필요하다는 것을 의미한다. 우리는 '상대방의 관점'을 끊임없이 마주하는 사회에 살고 있다. 그것은 창조적인 행위를 포함해서 우리가 우리 자신의 활동에 통합되고 뒤섞이는 관점이다. 이러한 외부 관점은 창작 행위와 그 결과물에 새로운 의미와 가치를 부여하기 때문에 창조성에는 필수적이다.

어휘 assume 가정하다 primarily 주로 sociocultural 사회 문화적 standpoint 관점 absence 부재; 결석 position 입장, 태도; 위치 distantiation 거리 두기 *cf.* distance 거리 confront 마주하다; 대응하다 view 관점(= perspective); 견해; 시야; 바라보다 blend into ~에 뒤섞이다 [선택지] existence 존재 inspiration (예술적) 영감 internalize 내면화하다 *cf.* internal 내부의 (↔ external 외부의) endurance 참기, 인내

해설 빈칸 문장의 주어 this kind of distantiation(이런 거리 두기)이 유일하게 달성될 수 있는 조건을 파악해야 한다. 빈칸 문장의 앞부분은 While(반면에)로 시작하므로 창작물을 처음 보는 창작자가 중요하지 않음을 의미한다. 또한 However로 시작되는 두 번째 문장은 창작자와 창작물의 관계를 언급한 첫 문장과 역접 연결되면서 관객의 필요성을 강조한다. 빈칸 이후 문장들과 주장 표현(essential)을 담은 마지막 문장에서도 다른 사람의 관점으로 작품을 바라보는 것이 필요하다는 주장이 드러나므로 빈칸에 알맞은 것은 ④ 'internalizing the perspective of others on one's work(다른 사람의 관점을 자신의 작품 속에 내면화하는 것)'이다.

① 존재하는 절대적 진리를 탐구하는 것
　글의 내용과 관련 없음
② 정확하고 논리적인 일련의 단계를 따라가는 것
　글의 내용과 관련 없음
③ 밖을 보며 자연에서 영감을 끌어내는 것
　외부 관점(outside perspective)이 외부 자연을 의미하는 것은 아님
⑤ 청중을 참을 수 있는 한계까지 밀어붙이기
　관객이 핵심 소재지만 한계로 밀어붙여야 한다는 내용은 없음

18 AI (Artificial Intelligence)

Stage 1   다의어 Check 1 ⓑ 2 ⓐ
   INTRO Q ① Q ②

Stage 2   1 ×, lead 2 ⓐ 3 ⓑ 4 ⓐ 5 ⓒ

Stage 3   (A) correct (B) fails (C) specialized

---

[1] There are a lot of misconceptions (about Artificial Intelligence)
많은 오해가 있다   인공 지능에 대한

[that lead people / to overestimate its current and future capabilities].
사람들이 ~하게 하는   인공 지능의 현재와 미래 능력을 과대평가하게

[2] They see DeepMind's AlphaStar playing StarCraft II — /
사람들은 딥마인드 사의 알파스타가 스타크래프트 II를 하는 것을 본다

a game [that requires broad strategic thinking /
게임인   광범위한 전략적 사고를 요구하는

and the handling of many simultaneous operations] — /
그리고 많은 동시 작업을 처리할 것을 (요구하는)

better than any human can, / and imagine // the computer
어떤 인간보다 더 잘   그리고 생각한다   컴퓨터가

can also do many other intelligent tasks.
다른 많은 지능적인 일을 또한 할 수 있다고

[3] However, / that StarCraft II-playing program, / like all the other
그러나   스타크래프트 II를 하는 그 프로그램은   모든 다른

computer programs [we make today], / is narrow AI.
컴퓨터 프로그램과 마찬가지로   오늘날 우리가 만드는   좁은 인공 지능이다

[4] It is designed for specific tasks / and lacks the ability
좁은 인공 지능은 특정한 작업을 위해 설계되었다   그리고 능력이 부족하다

(to generalize its intelligence to other **domains**).
그것의 지능을 다른 **분야**로 넓히는

[5] There's absolutely no **chance** // that the narrow AI will wake up one
가능성은 절대 없다   좁은 인공 지능이 어느 날 아침에 일어날

morning / and start dreaming of world domination.
그리고 세계 지배를 꿈꾸기 시작할

[6] It has no desires.
(좁은) 인공 지능은 욕망이 없다

[7] It is a computer program.
그것은 컴퓨터 프로그램이다

[8] By dispelling misconceptions, / we can foster a more accurate
오해를 없앰으로써   더 정확한 이해를 기를 수 있다

understanding (of artificial intelligence and its current limitations).
인공 지능과 인공 지능의 현재 한계에 대한

[9] While AI continues to advance rapidly, // it's essential to emphasize /
인공 지능이 계속해서 빠르게 발전하는 동안   (~을) 강조하는 것은 필수적이다

that current AI technologies / are highly specialized and
현재의 인공 지능 기술은   매우 전문화되어 있고

context-dependent.
상황에 의존한다(는 것을)

전문해석 [1] 사람들이 인공 지능의 현재와 미래 능력을 과대평가하게 하는 많은 오해가 있다. [2] 사람들은 딥마인드 사의 알파스타가 광범위하고 전략적으로 사고하며 많은 동시 작업을 처리하도록 요구하는 게

Stage 1 정답 찾아가기

Q 빈칸은 현재 인공 지능 기술의 특성을 설명한 부분이다. 첫 문장에서 사람들이 오해로 인해 인공 지능을 과대평가한다고 했으므로, 현재 인공 지능의 실제 능력과 한계가 뒤에 제시될 것을 예상할 수 있다. 스타크래프트 게임을 하는 인공 지능의 예시 문장과 However가 이끄는 문장 이후로, 오늘날의 좁은 인공 지능은 특정한 작업만을 위해 설계되었고 다른 분야로 확장되지 못한다는 점이 언급된다. 따라서 빈칸에 들어갈 말로 가장 적절한 것은 ② 'are highly specialized and context-dependent(매우 전문화되어 있고 상황에 의존한다)'이다.

① 다뤄야 할 윤리적 고려 사항이 있다
인공 지능의 한계가 제시되었으나 윤리적 고려 사항은 언급되지 않음

③ 사람들이 직업을 잃는 것에 대한 우려를 일으킬지 모른다
인공 지능으로 인한 실업 위협은 언급되지 않음

④ 책임감 있게 활용하려면 신중한 통제가 필요하다
인공 지능을 사용할 때 필요한 책임이나 통제는 언급되지 않음

⑤ 언제나 정확한 결과를 만들어내지는 않을 것이다
인공 지능이 만든 결과물의 정확성은 언급되지 않음

Stage 2 한 문장씩 뜯어보기

1 ×, lead
해설 관계대명사절의 동사 자리로, 선행사 a lot of misconceptions와 수를 일치시켜 복수 동사 lead로 고치는 것이 알맞다. 바로 앞의 about Artificial Intelligence는 (a lot of) misconceptions를 수식하는 전명구다.

3 ⓑ | 인공 지능은 다른 많은 지능적인 일을 할 수 없다.
ⓐ 인공 지능은 스타크래프트 II를 잘한다.
ⓒ 우리는 인공 지능의 진보를 따라갈 수 없다.

5 ⓒ | 좁은 인공 지능이 의식을 갖는 것은 절대 **불가능하다**.
ⓐ 자연스러운 ⓑ 확실한
해설 좁은 인공 지능이 세상을 지배하고 싶은 욕망을 갑자기 가질 가능성이 없다(no chance)고 했다.

Stage 3 요약하기

현재의 인공 지능에 대한 오해를 (A) 바로잡는 것이 중요한데, 현재의 인공 지능은 (C) 전문화된 분야 이상으로 능력을 넓히지 (B) 못하기 때문이다.
해설 (B) 주어가 it이므로 단수 동사 fails로 바꾸어 쓰는 것이 알맞다.

임인 스타크래프트 II를 어떤 인간보다도 잘하는 것을 보고 나서, 컴퓨터가 다른 많은 지능적인 일 또한 할 수 있다고 생각한다. ³그러나 스타크래프트 II를 하는 그 프로그램은 오늘날 우리가 만드는 모든 다른 컴퓨터 프로그램과 마찬가지로 좁은 인공 지능이다. ⁴좁은 인공 지능은 특정한 작업을 위해 설계되었고 그 지능을 다른 분야로 넓히는 능력이 부족하다. ⁵좁은 인공 지능이 어느 날 아침에 일어나서 세계 지배를 꿈꾸기 시작할 가능성은 절대 없다. ⁶좁은 인공 지능은 욕망이 없다. ⁷그것은 컴퓨터 프로그램이다. ⁸오해를 풀면 인공 지능과 그것의 현재 한계를 더 정확히 이해할 수 있다. ⁹인공 지능이 계속해서 빠르게 발전하는 동안 현재의 인공 지능 기술은 매우 <u>전문화되어 있고 상황에 의존한다</u>는 것을 강조하는 것이 필수적이다.

(C) 수식 받는 명사인 '분야(domain)'가 좁혀지는, 즉 '전문화되는' 것이므로 수동의 의미인 과거분사 specialized로 바꾸어 쓰는 것이 알맞다.

1 ②

해석 예술부터 건강관리에 이르는 모든 것에서 많은 전통적인 직업의 소실은 인간의 새로운 직업 생성에 의해서 부분적으로 상쇄될 것이다. 밝혀진 질병을 진단하고 일반적인 치료를 주로 하는 1차 진료 의사들은 아마도 인공 지능 의사에 의해 대체될 것이다. 그러나 바로 그 점 때문에, 획기적인 연구를 하고 새로운 약이나 외과 수술을 개발하도록 인간 의사와 실험실 조교에게 돈을 훨씬 더 많이 지급할 것이다. 인공 지능은 또 다른 방식으로 인간의 새로운 직업을 만드는 데 도움이 될지도 모른다. 인간이 인공 지능과 경쟁하는 대신에, 인공 지능을 정비하고 활용하는 것에 집중할 수 있다. 예를 들어 드론에 의한 인간 조종사의 대체는 몇몇 직업을 없앴지만 정비, 원격 조종, 데이터 분석, 그리고 사이버 보안에서 많은 새로운 기회를 만들어 왔다.

어휘 healthcare 건강관리; 의료   primary care 1차 진료   diagnose 진단하다   familiar 일반적인, 보통의; 익숙한   treatment 치료   replace 대체하다 *cf.* replacement 대체   precisely 바로; 정확히   lab 실험실(= laboratory)   groundbreaking 획기적인   surgical 외과의; 수술의   procedure 수술; 과정   service (기계를) 정비하다; 서비스; 점검   eliminate 없애다, 제거하다   maintenance 정비, 보수   remote 원격의, 먼 *cf.* remote control 원격 조종   [선택지] threat 위협, 협박   ongoing 계속되는, 진행 중인

해설 글의 도입부에서는 인공 지능의 인간 일자리 대체를 설명하고, But 이후부터는 인공 지능이 새로운 일자리를 창출하는 내용으로 전환된다. 인공 지능이 인간의 일자리에 대한 위협이 될 수도 있지만, 동시에 새로운 기회를 제공할 수도 있다는 내용이므로 글의 제목으로 가장 적절한 것은 ② 'Is AI Really a Threat to Your Job?(인공 지능이 당신의 일자리에 정말 위협이 되는가?)'이다.

① 무엇이 로봇을 더 똑똑하게 만드는가?
    글의 내용과 관련 없음
③ 조심해라! 인공 지능은 생각을 읽을 수 있다
    글의 내용과 관련 없음
④ 미래의 직업은 적게 일하고 더 많이 번다   인공 지능이 만들 미래의 직업이 언급되나 적게 일하고 많이 번다는 내용은 없음
⑤ 인공 지능 개발에 계속되는 시련
    글의 내용과 관련 없음

2 ①

해석 창의력은 우리가 일반적으로 인간만이 유일하게 가지고 있다고 간주하는 능력이다. 인류 역사를 통틀어, 우리는 지구상에서 가장 창의적인 존재였다. 새는 둥지를 틀 수 있고 개미는 개미탑을 쌓을 수 있지만, 지구상의 어떤 다른 종도 우리 인간이 보여주는 창의력 수준에 가까이 도달하지는 못한다. 하지만, 불과 지난 10년 만에 우리는 로봇 개발같이 컴퓨터로 놀라운 것을 할 수 있는 능력을 습득하였다. 몇 가지를 언급하자면, 2010년대에 인공 지능이 급속히 발전하여, 컴퓨터는 이제 얼굴을 인식하고, 언어를 번역하고, 여러분을 대신해 전화를 받고, 시를 쓸 수 있으며 세계에서 가장 복잡한 보드게임에서 선수들을 이길 수 있다. 갑작스럽게, 우리는 우리의 창의력이 <u>경쟁할 상대가 없지</u> 않게 되는 가능성에 직면해야 할 것이다.

어휘 creativity 창의력, 창의성 *cf.* creative 창의적인   human 인간이 갖고 있는; 인간(의); 인간적인   display 보이다; 전시하다   acquire 습득하다, 얻다   boom 급속한 발전, 급격한 증가; (사업, 경제의) 호황; 유행   complicated 복잡한   [선택지] unrivaled 경쟁자가 없는   universal 보편적인

해설 빈칸 문장을 보면 우리의 창의력이 직면하게 될 상황이 어떠한지를 추론해야 한다. 창의력은 인간의 고유하고 가장 뛰어난 능력이었지만, 최근 인공 지능이 급속도로 발전하면서 창의력 면에서 인간의 경쟁 상대가 될 수도 있다는 내용이다. 따라서 빈칸 문장은 '경쟁할 상대가 있게 된다'는 의미가 되어야 하는데, 빈칸 앞에 not이 있으므로 빈칸에 ① 'unrivaled(경쟁할 상대가 없는)'을 넣어 '부정+부정'의 의미(경쟁할 상대가 없지 않다)가 되어야 한다.

② 학습된 글의 내용과 관련 없음
③ 보편적인 글의 내용과 관련 없음
④ 무시되는 글의 내용과 관련 없음
⑤ 시련에 처한 빈칸 앞에 not이 있기 때문에, 빈칸에 들어갈 경우 글의 내용과 상반됨

19 Punctuation

Stage 1   **다의어 Check** 1 ⓐ 2 ⓐ
INTRO Q ② **Q** ② **OUTRO Q** ①

Stage 2   1 ⓐ 2 nonliteral 3 (b): ✕, called (c): ◯ 4 ⓒ 5 ⓐ 6 anew 7 ⓑ

Stage 3   (A) misuse (B) nonliteral (C) clear

[1]Writers often mistakenly believe // they are being helpful / when, /
작가는 자주 잘못 생각한다   자신이 도움이 된다고   ~할 때

in the act of using a word or phrase / in a nonliteral **sense**, /
단어나 어구를 사용하려는 중에   문자 그대로가 아닌 **의미**로

they use the term in quotation marks (intended to alert readers, /
자신이 그 용어를 인용 부호에 넣을 (때)   독자에게 (~라고) 경고하게 의도된

"This usage is not being **employed** in its original sense!")
"이 용법은 원래 의미로 **사용되고** 있지 않습니다!"

[2]However, / because readers generally are able to understand
그러나   독자는 일반적으로 이해할 수 있어서

/ that the use of a word or phrase is metaphorical,
단어나 어구의 사용이 비유적이라는 것을

// such symbols — / in this role / called scare quotes — /
그러한 기호는   이 경우   주의 환기용 인용 부호로 불리는 기호

are a distracting device.
주의를 산만하게 하는 장치다

([3]They serve as a powerful tool in writing // as they change the meaning
인용 부호는 글쓰기에서 강력한 도구 역할을 한다   의미를 약간 바꾸기 때문에

slightly, / adding depth to a statement.)
문장에 깊이를 더해주며

[4]For instance, / consider the statement: // "In this regard, /
예를 들어   (~이라는) 문장을 생각해보라   "이와 관련하여

many companies are starting with a 'clean slate.'"
많은 회사가 '깨끗한 판'으로 시작하고 있습니다"

[5]It's clear from the context // that these companies are beginning anew, /
(~은) 맥락에서 분명하다   이러한 회사가 새로 시작하고 있다는 것은

rather than literally starting / with a freshly wiped surface.
문자 그대로 시작하는 것이 아니라   새로 닦은 표면에서

[6]Avoid such unnecessary marks, /
그러한 불필요한 부호는 피하라

except when introducing a metaphorical expression
비유적 표현을 도입할 때를 제외하고

[that cannot be understood within the context alone].
문맥만으로는 이해될 수 없는

전문해석 [1]작가는 단어나 어구를 문자 그대로가 아닌 비유적인 의미로 사용하는 경우 독자에게 "이 용어는 원래 의미로 사용되고 있지 않습니다!"라고 경고하려고 그 용어를 인용 부호에 넣을 때 도움이 된다고 자주 잘못 생각한다. [2]그러나 일반적으로 독자는 단어나 어구의 사용이 비유적이라는 것을 이해할 수 있어서 이 경우 주의 환기용 인용 부호라고 불리는 그러한 기호는 주의를 산만하게 하는 장치다. ([3]인용 부호는 문장에 깊이를 더해주며 의미를 약간 바꾸기 때문에 글쓰기에서 강력한 도구 역할을 한다.) [4]예를 들어 "이와 관련하여, 많은 회사가 '깨끗한 판'으로 시작하고 있습니다"라는 문장을 생각해보라. [5]많은 회사가 문자 그대로 새로 닦은 표면에서 시작하는 것이 아니라 새롭게 시작하고 있다는 것은 맥락에서 분명히 알 수 있다. [6]문맥만으로는 이해될 수 없는 비유적 표현을 도입할 때를 제외하고, 그러한 불필요한 부호는 피하라.

Stage 1 정답 찾아가기
INTRO Q ① 단어나 어구를 문자 뜻 그대로 사용하기
② 인용 부호를 적절하게 사용하기 • appropriate 적절한
Q 첫 문장에서 작가는 비유 표현을 사용할 때 인용 부호를 잘못(mistakenly) 사용한다고 언급한다. However 이후에서 독자는 인용 부호 없이도 글을 이해할 수 있고 인용 부호가 있으면 오히려 읽는 데 방해가 된다는 내용이 이어진다. 즉 불필요한 인용 부호 사용을 피하라는 글이다. ②는 글의 중심 내용과 반대로 인용 부호가 글쓰기에서 강력한 도구가 된다는 내용이므로 글의 흐름과 관계가 없다.

Stage 2 한 문장씩 뜯어보기
1 ⓐ | 작가는 문자 그대로의 사용이 아닐 때 알려주려고 인용 부호를 자주 잘못 사용한다. ⓑ 독특한 ⓒ 도움을 주는 • misuse 잘못 사용하다; 남용하다
해설 용어를 원래 의미로 사용하지 않을 때, 다시 말해 비유적으로 사용할 때 인용 부호를 쓴다.

2 nonliteral
해설 단어나 어구가 비유적인 것은 문자 그대로의 뜻이 아니라는 것이다.

3 (b): ✕, called (c): ◯
해설 (b) 수식하는 명사인 such symbols가 주의 환기용 인용 부호로 '불리는' 것이므로 과거분사 called로 고치는 것이 알맞다.
(c) 주어 such symbols가 '주의를 산만하게 만드는' 것이므로 능동의 의미인 현재분사가 알맞게 쓰였다.

4 ⓒ | 주의 환기용 인용 부호는 **불필요하다**.
ⓐ 융통성이 있는 ⓑ 피할 수 없는
해설 주의 환기용 인용 부호로 불리는 기호는 주의를 산만하게 하는 장치라고 했다.

5 ⓐ | 주의 환기용 인용 부호는 **유용하다**.
ⓑ 비현실적인 ⓒ 혼란스러운
해설 글의 흐름과 관계가 없는 문장 3은 인용 부호가 글쓰기에서 강력한 도구 역할을 한다고 언급하므로 인용 부호가 유용함을 나타낸다.

6 anew
해설 starting with a 'clean slate'라는 표현은 문장 5에서 beginning anew(새로 시작하다)라는 의미임을 알 수 있다.

7 ⓑ | 예시문은 인용 부호 없이 이해할 수 있다.

ⓐ 깨끗한 판[슬레이트] ⓒ 문맥

해설 예시문의 의미를 맥락에서 분명히 알 수 있다고 하므로 인용 부호 없이도 그 뜻을 이해할 수 있다는 의미이다.

Stage 3 요약하기

작가는 (B) 문자 그대로가 아닌(비유적) 표현을 나타내기 위해 주의 환기용 인용 부호를 자주 (A) 잘못 사용하지만, 그 부호는 일반적으로 문맥이 (C) 명확할 때는 불필요하다.

함께 풀면 좋은 기출문제　　　　　　　　　p. 156

1 ②

해석 당신은 누군가가 "나는 공을 옮겨야 해."라고 말하는 것을 들어본 적이 있는가? '공을 옮기다'라는 표현은 어떤 것이 완료되는 데에 책임을 진다는 것을 의미한다. 우리는 일상적으로 대화에서 이런 상투적 문구를 사용한다. 이 표현들은 다채롭고 흔히 경제성, 그리고 감정이나 상황의 이미지와 묘사를 전달하는 능력에 있어 매력적이다. 누군가는 '얼음처럼 차가운(몹시 냉정한)' 또는 '벌처럼 바쁜(매우 바쁜)'지도 모른다. 어떤 이야기는 '말도 못하게 재미있을'지도 모른다. 대화에서 이런 표현들은 거의 해가 되지 않는다. 그러나 글쓰기에서 상투적 문구는 그 익숙한 것들이 지루해져버리는 운명을 겪는다. 당신의 독자는 이런 표현들을 지나치게 자주 듣고 읽어서 그 표현들이 너무나 빠르게 독자에게서 '맞고 튕겨 나가' 매력을 잃는 경향이 있다. 그러므로 당신의 글이 더 강력하고 효과적이기를 원한다면 상투적 문구를 사용하지 않도록 노력하라. 글쓰기에서 상투적 문구는 궁극적으로 당신의 메시지의 장점과 효과를 감소시킨다.

어휘 responsibility 책임, 책임감　　cliché 상투적[관습적] 문구; 진부한 표현　　appealing 매력적인 *cf.* appeal 매력　economy 경제성, 효율적인 사용; 경제　convey 전달하다; 실어 나르다　description 묘사　suffer 겪다; 고통받다　fate 운명, 숙명　swiftly 빠르게　effective 효과적인 *cf.* effectiveness 효과　ultimately 궁극적으로, 결국　diminish 감소시키다　strength 장점, 강점; 힘

해설 글의 중반부까지는 상투적 문구가 묘사하는 능력과 경제성 덕분에 대화에서는 매력적이라고 했다. however 이후는 글에서 상투적 문구가 오히려 독자를 지루하게 만들고 글의 장점을 잃게 만든다고 이야기하고 있다. 따라서 필자의 주장으로 알맞은 것은 ② '글을 쓸 때 상투적 문구 사용을 자제하라.'이다.

① 글의 내용과 관련 없음

③ 글의 내용과 관련 없음

④ 상투적 표현 사용과 목적에 맞는 어휘 선택은 관련 없음

⑤ 상투적 표현의 경제성이 언급되지만 세부 사항에 해당함

2 ①

해석 많은 사람들이 안전 구역에서만 움직이는 실수를 저지르고, 그 과정에서 더 위대한 일을 달성할 기회를 놓친다. 그들은 미지의 세계에 대한 두려움과 알려지지 않은 삶의 경로를 밟는 것에 대한 두려움 때문에 그렇게 한다. 사람들이 잘 다니지 않는 이런 길을 택할 만큼 충분히 용감한 사람들은 엄청난 보상을 받을 수 있고 자신들의 용감한 행동으로부터 큰 만족감을 끌어낼 수 있다. 지나치게 조심하는 것은 여러분의 잠재력의 최고 수준을 달성하는 것을 놓친다는 의미일 것이다. 여러분은 주변에 있는 많은 사람들이 선택하지 않을 기회를 택하는 것을 배워야 하는데, 왜냐하면 여러분의 성공은 살아가면서 여러분이 내릴 용감한 결정으로부터 나올 것이기 때문이다.

어휘 operate 움직이다; 일하다; 작동하다　unknown 미지의 세계[것]; 알려지지 않은　path 길　travel 여행(하다); 이동(하다)　derive 끌어내다; 유래하다　courageous 용감한(= brave)　overcautious 지나치게 조심하는 *cf.* cautious 조심스러운, 신중한　attain 달성하다, 얻다　flow 흘러나오다; 흐르다; 흐름　bold 용감한, 대담한　[선택지] overcome 극복하다

해설 도입부에서 사람들의 일반적인 실수(make a mistake), 즉 안전한 곳에만 머무르려는 성향을 언급하고 뒤에서 이를 바로잡아야 한다는 주장이 이어진다. 알지 못하는 것을 경험하는 두려움을 이겨내고 용감한 선택을 한 사람들은 보상을 받고 만족감을 느낀다고 했다. 강한 주장 표현(must learn)이 있는 마지막 문장이 주제문으로, 남들이 하지 않는 것을 할 줄 알아야 성공한다고 주장한다. 따라서 글의 제목으로 적절한 것은 ① 'More Courage Brings More Opportunities(더 많은 용기가 더 많은 기회를 가져온다)'이다.

② 여행은 친구를 만드는 가장 좋은 방법

　여행에 대한 내용이 아님

③ 실수를 성공으로 바꾸는 법

　글의 내용과 관련 없음

④ 만족스러운 삶? 남들과 나누어라

　글의 내용과 관련 없음

⑤ 두려움을 극복하는 것은 왜 이렇게 어려운가?

　안전 구역에 머무는 이유는 두려움 때문이라고 했지만 두려움 극복이 어려운 이유는 언급되지 않음

20 Immune System

Stage 1　　다의어 Check　1 ⓑ　2 ⓑ
　　　　　　　INTRO Q ③　Q ②

Stage 2　　1 highest　2 ⓐ　3 immune system(s)　4 ⓑ　5 ⓒ

Stage 3　　(A) properly　(B) ensuring

---

[1] By continuously detecting viruses and bacteria
바이러스와 박테리아를 계속해서 발견함으로써

(in the environment), / immunity has developed strong mechanisms
환경 내의　　　　　　면역은 강력한 작동 원리를 발달시켜 왔다

(to keep us healthy), / working with our body's other signals.
우리를 건강하게 유지하는　　　신체의 다른 신호와 함께 작용하면서

[2] In fact, / no other system (in the body) / places such a high value /
사실　　다른 어떤 조직도 (~하지 않는다)　신체의　　　그렇게 높은 가치를 두지 (않는다)

on adaptability.
적응력에

[3] We should keep in mind // that if our immune systems can't adapt
우리는 명심해야 한다　　　　　만일 면역계가 적응하고 반응하지 못한다면

and respond / to the diversity of our ever-changing environment, /
계속 변화하는 환경의 다양성에

we're in trouble.
우리는 곤경에 처한다(는 것을)

[4] Although it may seem surprising, // our immune system both helps
놀라워 보일지 모르지만　　　면역계는 우리가 건강을 유지하도록 도울 뿐 아니라

us stay healthy / and can make us sick.
그리고 우리를 아프게 할 수 있다

[5] If it's not strong enough, / we become more prone to infection, //
만일 면역계가 충분히 강하지 않으면　　　　우리는 감염되기 더 쉽다

but if it's too strong, / it can attack our own healthy **cells** /
그러나 만일 면역계가 너무 강하면　면역계는 우리 자신의 건강한 **세포**를 공격할 수 있다

or react to harmless chemicals (in our body).
또는 무해한 화학 물질에 반응할 수 있다　　우리 몸에 있는

[6] It can also struggle / to control the normal **symptoms**
면역계는 또한 어려움을 겪을 수도 있다　　정상적인 **증상**을 조절하는 데

(such as swelling and redness) / [that happen /
(부기와 붉어짐 같은)　　　　　생기는

when we get hurt or sick].
우리가 다치거나 아플 때

[7] Needless to say, / these are not desirable outcomes.
말할 필요도 없이　　　　이것은 바람직한 결과가 아니다

전문해석 **[1]** 주변 환경의 바이러스와 박테리아를 계속해서 발견함으로써, 면역은 신체의 다른 신호와 함께 작용하면서 우리를 건강하게 유지하는 강력한 작동 원리를 발달시켜 왔다. **[2]** 사실 신체의 다른 어떤 조직도 적응력에 그렇게 높은 가치를 두지 않는다. **[3]** 만일 면역계가 계속 변화하는 환경의 다양성에 적응하고 반응하지 못한다면 우리는 곤경에 처한다는 것을 명심해야 한다. **[4]** 놀라워 보일지 모르지만, 면역계는 우리가 건강을 유지하도록 도울 뿐 아니라 우리를 아프게 할 수도 있다. **[5]** 만일 면역계가 충분히 강하지 않으면 우리는 감염되기 더 쉽지만, 면역계가 너무 강하면 우리 자신의 건강한 세포를 공격하거나 우리 몸에 있는 무해한 화학 물질에 반응할 수 있다. **[6]** 면역계는 또한 우리가 다치거나 아플 때 생기는 (부기와 붉어짐 같은) 정상적인 증상을 조절하는 데 어려움을 겪을 수도 있다. **[7]** 말할 필요도 없이 이것은 바람직한 결과가 아니다.

Stage 1　정답 찾아가기

INTRO Q ① 바이러스와 박테리아로 인한 질병 ② 환경에 대한 몸의 신호 ③ 몸의 방어 체계 •defense 방어; 수비; 옹호

Q 처음 세 문장은 면역계가 외부 환경에 적응하는 능력을 이야기한다. 그런데 Although로 시작하는 다음 문장은 면역계가 우리를 건강하게도, 아프게도 할 수 있다는 상반되는 내용을 언급한다. 이어지는 문장은 면역계가 약하거나 너무 강할 때 나타나는 결과를 설명하며 Although 이하 문장의 중심 내용인 면역계의 양면성을 뒷받침하므로 주제문은 Although it may ~ make us sick.이다. 따라서 면역계의 양면성을 표현하는 제목으로 가장 적절한 것은 ② 'The Immune System: A Double-Edged Sword(면역계는 양날의 검이다)'이다.

① 우리의 면역계를 균형 있게 유지하는 비결
　면역계의 균형을 유지하는 비결은 언급되지 않음

③ 면역계가 우리의 최고 수호자인 이유
　신체를 보호하는 면역계의 역할이 언급되었으나 세부 사항에 해당함

④ 적응하는 면역계가 건강을 해치는 방법
　면역계가 다양한 환경에 적응하면 건강을 유지하는 것이므로 적절하지 않음

⑤ 긴급 경보. 면역계가 바이러스의 공격을 받고 있다
　면역계의 균형이 중심 내용이며, 바이러스에 대항하는 상황은 세부 사항에 해당함

Stage 2　한 문장씩 뜯어보기

1 highest | 면역계는 신체 내 적응력에 **가장 높은** 가치를 둔다.
　해설 신체 내에서 면역계 외에 다른 어떤 조직도 적응력에 그렇게 높은 가치를 두지 않는다(no other system ~ adaptability)는 말을 바꿔 표현한 것이다.

2 ⓐ | 건강을 유지하는 것은 면역계의 **적응**에 달려있다.
　ⓑ 강력함 ⓒ 간단함
　해설 면역계가 계속 변화하는 환경에 적응해야 건강을 유지할 수 있다.

3 immune system(s)
　해설 문장 5는 면역계가 우리를 아프게 할 수 있다는(can make us sick) 내용의 앞 문장을 구체적으로 설명한다. 즉, it으로 표현된 '면역계'가 우리를 아프게 할 수 있는 경우에 대한 내용이다.

4 ⓑ | 면역계의 잠재적인 부정적 결과
　ⓐ 실용적 ⓒ 장기적 •potential 잠재적인; 잠재력
　해설 면역계가 너무 약하거나 강하면 건강을 해칠 수 있다는 내용이므로 negative(부정적인)가 알맞다.

5 ⓒ | 따라서, 적절한 균형이 면역계의 효과적인 작용을 돕는다.

ⓐ 억제되지 않는 증상 ⓑ 무해한 환경 •operation 작용

해설 면역계가 너무 약해서도 너무 강해서도 안 되고, 적절히 균형을 유지해야 한다.

Stage 3 요약하기

(A) 적절하게 기능하는 면역계는 전반적인 건강, 웰빙, 그리고 질병에 맞서 방어하는 것을 (B) 보장하는 데 중요하다.

해설 (A) 현재분사 functioning을 수식하므로 부사 properly로 바꾸어 쓰는 것이 알맞다.

(B) 전치사 for의 목적어 자리이므로 동명사 ensuring으로 바꾸어 쓰는 것이 알맞다. 뒤에 이어지는 명사구(overall health, ~ illnesses)가 동명사의 목적어다.

함께 풀면 좋은 기출문제

p. 157

1 ④

해석 음식과 공기에서 **박테리아**와 **바이러스**에 이르기까지 거의 모든 것이 (입을 제외한) 다른 곳에 도달하기 위해 입을 통과해야 한다. 건강한 입은 공기가 폐로 이동할 수 있는 충분한 공간, 그리고 해로운 **미생물**이 혈류로 들어가는 것을 막는 건강한 치아와 잇몸으로 몸이 필요한 것을 얻는 데 도움을 줄 수 있고, 몸을 해로운 것으로부터 막을 수 있다. 태어난 순간부터 구강 건강은 삶의 모든 측면에 영향을 미친다. 입에서 일어나는 일은 보통 빙산의 일각일 뿐이고 몸의 다른 부분에서 일어나는 일의 반영이다. 나쁜 구강 건강은 몸 전체에 영향을 미치는 **질병**의 원인이 될 수 있다. 건강하지 못한 입 안에 있는 **미생물**은 혈류로 들어가 몸의 어느 곳이든 이동할 수 있어 심각한 건강 위험을 초래한다.

어휘 adequate 충분한; 적당한 gum 잇몸 bloodstream 혈류 oral 구강의; 구두의 aspect 측면, 양상 the tip of an iceberg 빙산의 일각《대부분이 숨겨져 있고 외부로 나타나는 것은 극히 일부에 지나지 않음》 reflection 반영; 반사 pose 초래하다; (문제 등을) 제기하다; 자세 [선택지] raise 높이다, 올리다; 기르다 awareness 인식, 의식

해설 첫 문장에서 물질을 받아들이는 입의 기능을 설명한 후, 입이 몸에 어떻게 도움을 주는지에 대한 설명이 이어진다. 그다음 이어지는 문장들도 구강 건강의 중요성에 대해 언급하고 있다. 이를 함축한 주제문은 중반에 있는 From the moment ~ your life.이므로 글의 주제로 가장 적절한 것은 ④ 'the importance of oral health and its impact on the body(구강 건강의 중요성과 그것이 신체에 미치는 영향)'이다.

① 면역계가 **바이러스**와 싸우는 방법
  면역계의 작용은 언급되지 않음
② 건강하지 않은 식습관이 몸에 미치는 영향
  식습관과 구강 건강의 관련성 언급되지 않음
③ 구강 건강의 인식을 높이는 것의 어려움
  구강 건강을 다루지만 인식을 높이기 어렵다는 내용은 아님
⑤ 구강 건강과 정서적 건강 사이의 관계
  정서적 건강과의 관계는 언급되지 않음

2 ②

해석 감기와 독감으로부터 자신을 보호하고 싶다면 규칙적인 운동이 궁극적인 **면역** 증진제가 될 수 있다. 연구는 적당한 유산소 운동이 호흡기 **감염**과 또 다른 흔한 겨울 **질병**의 위험을 절반 이상으로 줄일 수 있다는 것을 보여주었다. 그러나 여러분이 아플 때는 이야기가 달라진다. 휴먼 퍼포먼스 랩의 책임자 데이비드 니만은 "운동이 예방에는 좋지만, 치료에는 나쁠 수 있다"라고 말한다. 연구는 적당한 운동이 감기 지속 기간이나 심각성에 영향을 미치지 않는 것을 보여준다. 만일 독감이나 고열을 유발하는 다른 형태의 전신 **감염**이 있는 경우, 운동은 회복을 늦출 수 있으므로 나쁜 생각이다. 여러분의 **면역계**는 **감염**과 싸우기 위해 초과근무를 하고 있고, 신체 스트레스의 한 형태인 운동은 그 일을 더 어렵게 만든다.

어휘 ultimate 궁극적인 booster 증진제; 부양책 moderate 적당한, 적절한; 보통의 aerobic 유산소의, 유산소 운동의 prevention 예방, 방지 therapy 치료 duration (지속) 기간 severity 심각성 systemic 전신[전체]에 영향을 주는 recovery 회복 [선택지] work out 운동하다

해설 처음 두 문장은 적당한 운동이 면역에 효과가 있다는 내용이다. 그런데 역접 연결어 But으로 시작하는 문장은 아플 때라면 운동이 효과가 없다고 하며 도입부 문장과 상반되는 내용을 제시한다. 지문 중반부 이후의 연구 결과는 운동이 오히려 병의 회복을 늦춘다는 내용으로, 운동이 치료에 미칠 수 있는 부정적 효과를 언급한다. 따라서 글의 제목으로는 병에 걸렸을 때 운동의 효과에 의문을 제기하는 ② 'Exercising When Sick: A Good Move?(아플 때 운동하는 것은 좋은 행동인가?)'가 가장 적절하다.

① 운동을 너무 많이 하고 있다는 징후
  몸이 아플 때 운동하는 것에 대한 핵심 내용이 누락됨
③ 면역을 증진하는 강력한 음식
  면역을 높이는 음식은 언급되지 않음
④ 지금 운동을 시작해야 하는 이유
  아플 때 운동하면 안 된다는 내용이므로 지문 내용과 상반됨
⑤ 감기의 **증상**은 인후통, 기침 등이 있음
  감기를 언급하였지만 증상을 설명하는 내용이 아님

21

Hope

난이도 ★★☆　　p. 96

Stage 1　다의어 Check **1** ⓑ　**2** ⓐ
　　　　　　INTRO Q 1 ①　**2** ②　**Q** ③

Stage 2　**1** for, it were not for, it not for　**2** (a): ✕, do　(b): ○　**3** from → on 또는 from 삭제
　　　　　　4 ⓒ　**5** ⓐ　**6** ⓐ

Stage 3　(A) persistence　(B) obstacles　(C) give up

---

1 Without hope, / we would try nothing and do nothing, // because
　희망이 없다면　　　우리는 아무것도 시도하지 않고 아무것도 하지 않을 것이다

we wouldn't have the emotional and spiritual strength (to make the
　　　감정적, 정신적 힘이 없을 것이기 때문이다

necessary effort / and wait for the results).
　필요한 노력을 할　　　그리고 결과를 기다릴

2 In fact, / scientific research has confirmed a connection (between
　실제로　　　과학 연구는 연관성을 확인해 주었다

hope and patience).
　희망과 인내 사이의

3 Students [who score high on a hope index] / do better as college
　학생은　　　희망 지수에서 높은 점수를 얻은　　　대학 신입생으로서 더 잘한다

freshmen / than their low-hope peers, // though they have the
　　　희망이 낮은 또래보다

same range of intellectual abilities.
　그들이 같은 범위의 지능을 가지고 있더라도

4 The reason has to do with persistence — // hope gave them the
　　그 이유는 끈기와 관련이 있다　　　희망은 그들에게 의지를 주었다

willingness (to keep on trying).
　　계속해서 노력할

5 In another study, / high-hope and low-hope students were given
　또 다른 연구에서　　　높은 희망의 학생과 낮은 희망의 학생에게 가상 상황을 제시했다

a hypothetical situation: // You were aiming for a B / in a course.
　　　B(등급)를 목표로 하고 있다　　　강의에서

6 On your first test, / which **represents** 30 percent of your final grade,
　첫 시험에서　　　(그 시험은) 최종 성적의 30퍼센트**에 해당한다**

/ you got a D.
　D(등급)를 받았다

7 What do you do?
　어떻게 할 것인가?

8 The high-hope students **came up with** all kinds of ideas (to raise their
　높은 희망의 학생은 온갖 아이디어**를 생각해 냈다**　　　성적을 올릴

grade); // low-hope students gave up.
　　　낮은 희망의 학생은 포기했다

9 It is important / to remember // that a delay is not a denial.
　(~이) 중요하다　　기억하는 것이　　지연은 부정이 아니라는 것을

10 With hope, / we can endure the darkest times / and become stronger
　희망이 있다면　　　우리는 가장 어두운 시기를 견딜 수 있다　　　그리고 더 강해질 수 있다

/ than ever before.
　그 어느 때보다

Stage 1　정답 찾아가기

Q 희망이 클수록 끈기가 생겨 나쁜 상황을 극복할 수 있다는 내용이다. 밑줄 친 부분에서 두 개념 a delay와 a denial은 먼저 나오는 연구 예시와 뒤에 이어지는 마지막 문장을 통해 각각 일시적인 어려움과 최종적인 실패를 의미함을 알 수 있다. 따라서 밑줄 친 부분이 의미하는 것은 ③ 'There's still a chance to achieve the desired outcome in the future.(미래에 원하는 결과를 달성할 기회가 여전히 있다.)'이다.

① 실패를 일찍 받아들이는 것이 불필요한 노력을 방지한다. 실패를 일찍 받아들이라는 것은 글의 내용과 상반됨

② 희망이 있는 사람은 위기를 성장의 기회로 이용한다.
희망에 관한 내용은 맞지만 위기를 성장의 기회로 이용한다는 내용은 아님

④ 끈기는 다양한 분야에서 향상된 성과로 이어질 수 있다.
끈기의 중요성이 언급되었으나 밑줄 친 부분의 내용이 아님

⑤ 성공하는 사람은 어떤 일을 실현하는 사람이다.
희망이 더 좋은 결과로 이어진다고 했으나 밑줄 친 부분의 내용이 아님

Stage 2　한 문장씩 뜯어보기

1 for, it were not for, it not for
해설 Without(~이 없다면)이 현재 사실의 반대 또는 일어날 가능성이 희박한 일을 가정하는 가정법 과거 의미로 쓰였을 때 아래의 표현으로 바꿔 쓸 수 있다.
But for = If it were not for = Were it not for

2 (a): ✕, do　(b): ○
해설 (a) 복수 명사 Students가 주어이므로 do로 고치는 것이 알맞다. who score ~ index는 Students를 수식하는 관계대명사절이다.
(b) 명사구 앞의 전치사 as(~로서)가 알맞게 쓰였다.

3 from → on 또는 from 삭제
해설 문맥상 희망은 노력을 멈추게 하는 것이 아니라 계속 노력할 의지를 줄 것이므로 <keep (on) v-ing>으로 고쳐야 한다.

4 ⓒ | 희망적인 학생은 **인내심** 덕분에 대학에서 또래보다 뛰어나다. ⓐ 연관성 ⓑ 지능
• outperform (~보다) 뛰어나다; 능가하다
해설 희망적인 학생이 또래보다 뛰어난 것은 계속 노력할 끈기, 즉 인내가 있기 때문이다.

전문해석 [1]희망이 없다면 우리는 아무것도 시도하지 않고 아무것도 하지 않을 것인데, 왜냐하면 필요한 노력을 하고 결과를 기다릴 감정적, 정신적 힘이 없기 때문이다. [2]실제로 과학 연구는 희망과 인내 사이의 연관성을 확인해 주었다. [3]같은 범위의 지능을 가지고 있더라도, 희망 지수에서 높은 점수를 얻은 학생은 희망이(희망 지수가) 낮은 또래보다 대학 신입생으로서 성적이 더 좋다. [4]그 이유는 끈기와 관련이 있는데, 희망이 그들에게 계속해서 노력할 의지를 주었기 때문이다. [5]또 다른 연구에서 희망이 높은 학생과 희망이 낮은 학생에게 강의에서 B 등급을 목표로 하는 가상의 상황을 제시했다. [6](이때) 최종 성적의 30퍼센트에 해당하는 첫 시험에서 D 등급을 받았다. [7]어떻게 할 것인가? [8]희망이 높은 학생은 성적을 올릴 온갖 아이디어를 생각해 냈지만, 희망이 낮은 학생은 포기했다. [9]지연은 부정이 아님을 기억하는 것이 중요하다. [10]희망이 있다면 우리는 가장 어두운 시기를 견딜 수 있고 그 어느 때보다 더 강해질 수 있다.

5 ⓐ | 희망이 낮은 학생은 포기하는 경향이 있지만 희망이 높은 학생은 어려움에 **도전한다**. ⓑ 피하다 ⓒ 무시하다
해설 희망이 높은 학생은 저조한 성적을 받더라도 성적을 올릴 다양한 방법을 생각해 낸다고 했다.

6 ⓐ | 모든 구름의 뒤편은 은빛으로 빛난다. (괴로움 뒤에는 기쁨이 있다.) ⓑ 말보다 행동이 중요하다. ⓒ 모든 달걀을 한 바구니에 담지 마라. (하나의 일에 모든 것을 걸지 마라.)
해설 어려움이 있더라도 희망을 가지고 노력하면 원하는 결과를 얻을 수 있다는 의미의 속담을 고른다.

Stage 3 요약하기
희망은 (A) 끈기를 길러주어서, 희망이 낮은 사람들이 쉽게 (C) 포기하는 경향이 있는 것과 달리 개인이 (B) 장애물을 이겨내고 결과를 개선할 수 있게 해준다.
• beat 이기다; 때리다, 두드리다

함께 풀면 좋은 기출문제

p. 158

1 ⑤

해석 학생이 미래에 더 많은 노력을 기울이게 하고 싶은 **바람**에서 **낮은 등급**이나 점수로 학생을 벌주려고 하기보다는, 그들의 과제가 미완성이라고 여기고 추가적인 **노력**을 요구함으로써 교사는 학생에게 동기 부여를 더 잘할 수 있다. 오하이오주 비치우드의 비치우드 중학교 교사는 학생의 **등급**을 'A, B, C' 또는 'I'(미완성)로 기록한다. 'I' 등급을 받은 학생은 자신의 과제 수행을 허용할 수 있는 수준까지 끌어올리기 위해서 추가적인 과제를 해야 한다. 이런 방침은 학생이 낙제 수준으로 수행하거나 낙제 과제를 제출하는 것이 대체로 교사가 그것을 받아주기 때문이라는 생각에 근거한다. 비치우드의 교사는 더 이상 기준 이하의 과제를 받아주지 않는다면 학생이 그것을 제출하지 않을 것이라고 생각한다. 그리고 적절한 도움을 받아서 학생이 자신의 과제 수행이 만족스러울 때까지 계속 노력할 것이라고 그들은 믿는다.

어휘 punish 벌주다 mark 점수; 자국; 표시하다; 채점하다 motivate 동기 부여하다 consider A as B A를 B라고 여기다 incomplete 미완성의, 불완전한 require 요구하다 additional 추가적인 performance 수행; 성과 *cf.* perform 수행하다 acceptable 허용할 수 있는, 받아들일 수 있는 failure 낙제; 실패 *cf.* fail 시험에 낙제하다; 실패하다 submit 제출하다 in large part 대체로, 대부분; 아주 크게[많이] reason 생각[판단]하다; 이유; 이성 substandard 기준 이하의 appropriate 적절한, 적합한 satisfactory 만족스러운

해설 낙제 수준의 과제를 제출한 학생에게 단순히 낮은 점수로 벌을 주기보다는 학생이 자신의 과제를 만족스러운 수준으로 고칠 수 있도록 도움을 주면 동기를 부여할 수 있다는 것을 예를 들어 주장하는 내용이다. 따라서 이 글의 요지로 적절한 것은 ⑤ '학생의 과제가 일정 수준에 도달하도록 개선 기회를 주면 동기 부여에 도움이 된다.'이다.

① 과제 평가 방식으로 학습 동기를 높인다고 했으므로 글의 내용과 상반됨
② 추가 과제 부여의 긍정적인 효과와 상반됨
③ 보상에 대한 내용은 언급되지 않음
④ 정서적 안정에 대한 내용은 언급되지 않음

2 ③

해석 날마다 해야 하는 많은 학업이 지루하고 반복적이기 때문에, 여러분은 그것을 **계속할** 수 있도록 동기 부여가 잘 되어야 한다. 어느 수학자는 연필을 깎고, 어떤 증명을 해내려고 애쓰며, 몇 가지 접근법을 시도하다가, 아무런 성과를 내지 못하고, 그날을 끝낸다. 어느 작가는 책상에 앉아 몇백 단어를 쓰고, 그것이 쓸모없다고 판단하며 쓰레기통에 던져 버리고, 내일 더 나은 영감을 **기대한다**. 혹시라도 가치 있는 것을 만들어 내놓는다고 할지라도, 여러 해 동안의 그런 결실 없는 노동이 필요할지도 모른다. 노벨상을 받은 생물학자 피터 메더워는 과학에 들인 그의 시간 중 5분의 4 정도가 헛되었다고 말하면서, "거의 모든 과학 연구가 성과를 내지 못한다."고 애석해하며 덧붙여 말했다. 상황이 악화하고 있을 때 이 모든 사람들을 계속하게 **했던** 것은 대상에 대한 열정이었다. 그러한 열정이 없었더라면, 그들은 아무것도 이루지 못했을 것이다.

어휘 repetitive 반복적인 sharpen (뾰족하게) 깎다 approach 접근(법); 접근하다 get[lead] nowhere 아무 성과를 못 보다 be no good 쓸모가 없다 inspiration (창조적) 영감 worthwhile 가치 있는 passion 열정 [선택지] cooperative 협동하는 productive 생산적인 fruitless 결실[성과] 없는(↔fruitful 생산적인)

해설 일상적인 학업이 매우 지루하므로 강한 동기와 열정이 필요하다는 것을 수학자, 작가, 과학자의 경우를 예로 들어 설명하는 내용이다. 빈칸 문장은 결과를 위해 오랫동안 필요한 노력의 특성을 말하는데, 빈칸 앞뒤의 예시에서 성과를 내려면 성과가 없는 시기도 견뎌야 함을 알 수 있으므로 빈칸에 알맞은 것은 ③ 'fruitless(결실 없는)'이다.

① 협동하는 여러 사람의 협동은 언급되지 않음
② 생산적인 성과가 없는 시기를 기다리는 것과 상반됨
④ 위험한 노동의 위험성은 언급되지 않음
⑤ 불규칙한 노동이 불규칙하게 이루어진다는 내용 없음

22

Energy Sources

난이도 ★★☆　　p. 100

Stage 1　　다의어 Check　1 ⓑ　2 ⓐ
　　　　　　INTRO Q ①　Q ⑤

Stage 2　　1 (a): creating　(b): associated　2 ⓒ　3 practical　4 ⓐ　5 ⓐ

Stage 3　　(A) clean　(B) difficulty　(C) near

---

[1] The world is increasingly desperate / for sources of
세계는 점점 더 간절히 원한다

a large amount of clean energy [that can minimize the climate crisis
많은 양의 청정에너지원을　　　　기후 위기를 최소화할 수 있는

(created by burning fossil fuels)].
화석 연료를 태워서 생기는

[2] Many are considering nuclear fusion / as a new solution
많은 이들은 핵융합을 생각하고 있다　　　　새로운 해결책으로

(to **address** the need for clean energy).
청정에너지의 필요를 **다룰**

[3] Nuclear fusion has the potential (to produce energy /
핵융합은 잠재력이 있다　　　　에너지를 생산할

with near-zero carbon emissions,
거의 0에 가까운 탄소 배출로

/ without creating the dangerous radioactive waste
위험한 방사성 폐기물을 만들지 않고

(associated with today's nuclear fission reactors)).
오늘날 핵분열 원자로와 관련된

[4] Physicists have been studying fusion power / since the 1950s,
물리학자들은 핵융합 에너지를 연구해 왔다　　　　1950년대부터

// but turning it into a practical energy source / has remained challenging.
그러나 핵융합 에너지를 실용적인 에너지원으로 바꾸는 것은　　　　여전히 힘들다

[5] Most experts agree // that we're unlikely to be able to generate
전문가 대부분은 동의한다　　　우리가 대규모 에너지를 만들어낼 수 없을 것을

large-scale energy / from nuclear fusion / before around 2050 /
핵융합으로부터　　　　대략 2050년 이전에

(some people might say 2060).
(어떤 이는 2060년이라고 말할지 모른다)

[6] Given that / the global temperature rise (over the **current** century)
~을 고려하면　　　지구 온도 상승이　　　　현 세기 동안의

may be largely determined / by what we do — / or fail to do — /
주로 결정될 수도 있다　　　우리가 하는 것에 의해　　혹은 못하는 것(에 의해)

about carbon emissions, // fusion can be no immediate solution.
탄소 배출에 대해　　　　핵융합은 즉각적인 해결책이 될 수 없다

전문해석 [1] 세계는 화석 연료를 태워서 생기는 기후 위기를 최소화할 수 있는 많은 양의 청정에너지원을 점점 더 간절히 원한다. [2] 많은 이들은 청정에너지의 필요를 다룰 새로운 해결책으로 핵융합을 생각하고 있다. [3] 핵융합은 오늘날 핵분열 원자로와 관련된 위험한 방사능 폐기물을 만들지 않고 거의 0에 가까운 탄소 배출로 에너지를 생산할 잠재력이 있다. [4] 물리학자들은 1950년대부터 핵융합 에너지를 연구해 왔지만, 핵융합 에너지를 실용적인 에너지원으로 바꾸는 것은 여전히 힘들다. [5] 전문가 대부분은 우리가 대략 2050년 이전에는 핵융합으로 대규모 에너지를 생산할 수 없을 것이라는 데 동의한다. (어떤 이는 2060년이라고 말할지도 모른다.) [6] 현 세기의 지구 온도 상승이 탄소 배출에 대해 우리가 행동하거나 하지 못함에 의해 주로 결정될 수도 있다는 점을 고려하면, 핵융합은 즉각적인 해결책이 될 수 없다.

Stage 1　정답 찾아가기

Q 빈칸 문장의 앞부분은 현 세기의 지구 온도 상승이 탄소 배출을 해결하기 위한 우리 행동에 달려있다는 내용이므로, 빈칸 앞의 주어 fusion(핵융합)이 이러한 관점에서 어떠한지를 추론해야 한다. 먼저 두 번째 문장과 세 번째 문장에서 핵융합은 탄소를 거의 배출하지 않고도 에너지를 생산할 수 있는 청정에너지로 부상하고 있다고 했는데, but이 쓰인 네 번째 문장부터 핵융합 에너지의 실용성과 생산에 문제가 있다고 지적했다. 청정에너지라 하더라도 대규모로 생산할 수 없다면 탄소 배출 문제를 당장 해결할 수는 없을 것이므로, 빈칸에 들어갈 말로 가장 적절한 것은 ⑤ 'be no immediate solution(즉각적인 해결책이 아니다)'이다.

① 비용을 절감하다　핵융합 에너지의 비용 절감은 언급되지 않음
② 공기 질을 높이다　핵융합 에너지가 청정에너지원으로 떠오르고 있지만 당장 활용하기 어렵다는 내용임
③ 잠재적 위험이 있다　핵융합은 탄소 배출과 위험한 폐기물이 없으므로 글의 내용과 상반됨
④ 각별한 주의가 필요하다　핵융합 에너지를 생산할 때 주의할 점은 언급되지 않음

Stage 2　한 문장씩 뜯어보기

1　(a): creating　(b): associated
해설 (a) 전치사 without의 목적어 자리이므로 동명사 creating으로 바꾸는 것이 알맞다. 뒤에 이어지는 the dangerous radioactive waste는 동명사 creating의 목적어다.
(b) associate는 자동사로 쓰면 '(나쁜 친구와) 어울리다'라는 의미이고, 타동사로 쓰면 '관련짓다'라는 의미인데, (b) 앞에 제시된 방사성 폐기물(the ~ waste)은 핵분열 원자로에서 생겨나는 것, 즉 그것과 '관련된' 것이므로 수동의 의미인 과거분사 associated로 바꾸어 써야 한다.

2　ⓒ | 장기적인 ⓐ 안전한 ⓑ 탄소 배출이 없는
• free ~가 없는
해설 핵융합 에너지는 탄소 배출이 거의 0에 가깝다고 했다. 또한 위험한 방사성 폐기물을 만들지 않는 것은 에너지원 생산이 안전하다는 의미다. 그러나 장기간 사용할 수 있다는 내용은 언급되지 않았다.

3　practical | 핵융합 에너지는 아직 **실용적이지** 않다.

4 ⓐ | 언제 가능할지 확실하지 않다. ⓑ 전문가의 우려는 곧 사라질 것이다. ⓒ 조만간 기술이 완성될 것이다.

Stage 3 요약하기

핵융합은 (A) 청정에너지를 생산할 수 있지만, 에너지 생산의 (B) 어려움 때문에 (C) 가까운 미래의 시급한 기후 위기에는 영향을 미치지 못할 것이다.

함께 풀면 좋은 기출문제 p. 159

1 ①

해석 전력 생산을 위한 재생 가능한 에너지원의 사용은 전력 공급 확보의 필요성과 환경 보호 목적을 조화시키기 위한 방법으로 점점 더 장려되어 왔다. 그러나 재생 가능한 자원의 이용 또한 그 자체로 결과가 따르는데, 이는 고려할 필요가 있다. 재생 가능한 에너지원은 수력 발전과 해양 기반 기술처럼 다양한 자원을 포함한다. 게다가, 태양열, 풍력, 지열 그리고 바이오매스(에너지로 사용 가능한 생물체) 재생 에너지원 또한 환경에 저마다의 영향을 미친다. 예를 들어 수력 발전 댐은 수생 생태계에 영향을 미치고, 좀 더 최근에 온실가스 배출의 중요한 원인으로 확인되었다. 풍력, 태양열 그리고 바이오매스 역시 시각 공해, 집약적인 토지 점유 그리고 조류 개체 수에 미치는 안 좋은 영향과 같은 부정적 환경 영향을 초래한다.

어휘 renewable 재생 가능한 harmonize 조화시키다 secure 확보하다, 획득하다 supply 공급(하다) (↔demand 수요) objective 목적 consequence 결과 consideration 고려 (사항), 숙고 impact 영향; 충격; 영향을 주다 aquatic 수생의, 물에서 자라는 identify 확인하다; 동일시하다 intensive 집약적인, 집중적인 occupation 점유, 이용 [선택지] side effect 부작용 meet 충족시키다 traditional 전통적인 procedure 과정, 절차

해설 첫 문장은 재생 가능한 에너지원의 사용이 장려된다는 흔히 알려진 내용이지만, 두 번째 문장의 But 이후부터 이러한 에너지원이 미치는 영향도 고려해야 한다는 내용으로 흐름이 바뀐다. 이어서 예로 든 다양한 재생 에너지가 환경에 부정적 영향을 미친다는 주장이 등장한다. 따라서 글의 주제로 알맞은 것은 ① 'environmental side effects of using renewable energy sources(재생 가능한 에너지원 사용의 환경적 부작용)'이다.

② 늘어나는 전기 수요를 충족시킬 실용적인 방법
  글의 내용과 관련 없음

③ 전통적 에너지원을 사용하는 것의 부정적인 영향
  전통적 에너지원이 아닌 재생 가능 에너지원을 다룬 내용임

④ 재생 가능한 에너지원을 얻는 많은 방법
  재생 에너지원을 얻는 방법에 대한 내용이 아님

⑤ 온실가스 배출을 줄이기 위한 효과적인 과정 수력 발전 댐이 온실가스 배출의 원인이라고 했으나 이를 줄이는 과정은 언급되지 않음

2 ②

해석 신기술의 도입은 지속 가능한 발전에 긍정적인 영향과 부정적인 영향 둘 다 분명하게 미친다. 기술 자원을 잘 관리하려면 그것들을 충분히 고려해야 한다. 원자력과 농업 같은 분야의 기술 발전은 환경적 이익뿐만 아니라 환경이나 인간 건강에 대한 위험이 어떻게 기술 발전과 동반할 수 있는지에 대한 예를 제공한다. 새로운 기술은 또한 심오한 사회적 영향을 끼친다. 산업혁명 이후 기술의 발전은 직장에서 요구되는 기술의 본질을 변화시켜 특정 유형의 일자리를 창출하고 다른 일자리는 소멸시켰고, 고용 형태에 영향을 미쳤다. 신기술은 긍정적 그리고 부정적인 모든 잠재적 영향에 대해 평가되어야 한다.

어휘 introduction 도입; 소개 sustainable (환경 파괴 없이) 지속 가능한 take A into account A를 고려하다 sector 분야 accompany 동반하다 advance 발전; 발전하다 profound 심오한, 깊은 industrial revolution 산업혁명 assess 평가하다

해설 첫 문장에서 새로운 기술의 도입이 지속 가능한 발전에 긍정적, 부정적 영향을 모두 미칠 수 있다고 했다. 이어지는 문장들도 이를 뒷받침하여 기술 발전은 환경, 건강, 사회 등에 영향을 준다고 했으며, 주장 표현을 사용한 마지막 문장에서 모든 잠재적 영향을 평가해야 한다는 내용이다. 따라서 필자의 주장으로 알맞은 것은 ② '기술의 도입으로 인한 잠재적인 영향들을 충분히 고려해야 한다.'이다.

① 글의 내용과 관련 없음
③ 농업 기술이 환경에 미치는 영향에 대한 언급은 있으나 세부 사항에 해당함
④ 일자리 변화에 대한 언급은 있으나 세부 사항에 해당함
⑤ 글의 내용과 관련 없음

Stage 1   **다의어 Check** **1** ⓑ   **2** ⓑ
     INTRO Q ①   **Q** ④

Stage 2   **1** ⓒ   **2** ⓑ   **3** ⓑ   **4** ✕, that
     5 (a): ✕, improving[to improve, improved]   (b): ○   (c): ○   **6** 6

Stage 3   (A) customized   (B) impractical   (C) solve

---

¹I am an advocate (of better soil management), /
나는 지지자다   더 나은 토양 관리의

which includes various approaches (such as organic farming).
(이것은) 다양한 접근법을 포함한다   유기농업과 같은

²However, / I will speak a sometimes unpopular opinion:
하지만   나는 때로는 인기 없는 의견을 말할 것이다

// with hunger threatening nearly a billion people / every single day,
굶주림이 거의 10억 명의 사람을 위협하는 상황에서   매일

/ I do not believe / we can feed the world with organic farming.
나는 생각하지 않는다   우리가 유기농업으로 세계를 먹여 살릴 수 있다고

³The overall **challenge** is too big / and the conditions (in the areas
전반적인 **문제**가 너무 많다   그리고 환경이   가장 큰 타격을 입은

hardest hit) / are too extreme / to rely solely on these methods,
지역의   너무 극단적이다   오로지 이런 방법에만 의존하기에는

// which require / considerable training, / restricted use (of fertilizer
(이것은) 필요로 한다   상당한 훈련   제한된 사용   비료 및 종자의

and seed), / and intense management.
그리고 강도 높은 관리

⁴I agree with the opinion // that attention to soil quality *everywhere* is
나는 의견에 동의한다   '모든 곳'에서 토양의 질에 대한 주목이 필수적이라는

essential — / from the largest US corn farms / to the smallest area of
미국의 가장 큰 옥수수 농장에서부터   가장 작은 땅에 이르기까지

land (around a poor farmer in Guatemala or Ghana).
과테말라나 가나의 가난한 농부 주변에 있는

⁵That effort involves various farming techniques
그 노력은 다양한 농업 기술을 포함한다

[that can be implemented by any size farmer / almost anywhere].
어떤 규모의 농부도 시행할 수 있는   거의 모든 곳에서

⁶But in the end, / improving food security for the billion people /
하지만 결국   10억 명의 사람의 식량 안보를 향상하는 것은

will require the use of the best practices / at many different scales, /
모범 사례를 사용해야 할 것이다   다양한 규모로

tuned to local conditions, / to achieve success.
현지 상황에 **맞춰**   성공하기 위해

전문해석 **¹**나는 더 나은 토양 관리를 지지하는데, 이는 유기농업과 같은 다양한 접근법을 포함한다. **²**하지만 나는 때로는 인기 없는 의견을 말할 것인데, 굶주림이 매일 거의 10억 명의 사람을 위협하는 상황에서 우리가 유기농업만으로 세계를 먹여 살릴 수는 없다고 생각한다. **³**전반적인 문제가 너무 많고 가장 큰 타격을 입은 지역의 환경이 너무 극단적이어서, 상당한 훈련과 비료 및 종자의 제한된 사용, 강도 높은 관리가 필요한 방법에만 의존할 수는 없다. **⁴**나는 미국의 가장 큰 옥수수 농장에서부터 과테말라나 가나의 가난한 농부 주변에 있는 가장 작은 땅에 이르기까지 '모든 곳'에서 토양의 질에 대한 주목이 필수라는 의견에 동의한다. **⁵**그 노력은 거의 모든 곳에서 어

Stage 1 정답 찾아가기

INTRO Q ① 식량 안보 ② 유기농업 ③ 토양 관리

Q 첫 문장 이후 However가 이끄는 문장이 유기농업의 한계를 언급하며, 중반부 I agree with ~ 뒤로는 모든 곳에 적용할 수 있는 농업 기술이 필요하다고 말한다. But이 이끄는 마지막 문장에서는 결국 식량 안보를 위해서는 현지 상황에 맞는 다양한 방법이 필요하다고 주장한다. 따라서 필자의 주장으로 가장 적절한 것은 ④ '식량 안보를 위해 지역에 적합한 농법을 활용해야 한다.'이다.

① 비료의 제한된 사용 등이 필요한 방법(유기농업)에만 의존할 수 없다고 했으므로 글의 내용과 상반됨

② 유기농업을 촉진하라고 이야기하므로 내용과 상반됨

③ 농업 생산성 증가가 아니라 지역에 맞는 농법이 중심 내용임

⑤ 토양 관리는 세부 사항에 해당함

Stage 2 한 문장씩 뜯어보기

1 ⓒ | 유기농업은 기아를 해결하기에 충분하지 않다.
   ⓐ 10억 명의 사람이 굶주림으로 위협받는다.
   ⓑ 더 나은, 더 많은 토양 관리가 필요하다.
   해설 콜론(:) 뒤에 이어지는 문장에서 유기농업으로 재배된 농작물의 양은 세계의 굶주림을 해결하기에 너무 적다는 것을 유추할 수 있다.

2 ⓑ | 문제가 심각해서 우리가 이런 방법에만 <u>의존할 수 없다</u>.
   ⓐ 완전히 집중하다 ⓒ 의존할지도 모르다
   해설 <too ~ to-v>는 <so ~ that S' cannot v>로 바꾸어 쓸 수 있다.

3 ⓑ
   해설 필자는 유기농업을 지지하지만 그것만으로 굶주림을 해결할 수는 없으므로 다른 방법을 찾아야 한다고 주장할 것이다.

4 ✕, that
   해설 the opinion 뒤에 주어, 동사, 그리고 보어가 있는 완전한 문장이 이어지며 명사 the opinion을 구체적으로 설명한다. 따라서 관계대명사 which를 동격의 접속사 that으로 고쳐야 한다.

5 (a): ✕, improving[to improve, improved]
   (b): ○ (c): ○
   해설 (a) will require가 문장의 동사이므로 improve가 주어 역할을 하도록 동명사 improving이나 to부정사 to

떤 규모의 농부도 시행할 수 있는 다양한 농업 기술을 포함한다. **⁶**하지만 결국 10억 명의 사람의 식량 안보를 향상하려면, 성공하기 위해 현지 상황에 맞춰 다양한 규모로 모범 사례를 사용해야 할 것이다.

improve로 고쳐야 한다. 또한 food security를 수식하는 형용사 형태의 improved도 가능하다.
(b) 앞의 the use ~ scales를 수식하며 '사용에 맞춰진다'라는 수동의 의미가 되어야 하므로 과거분사가 알맞게 쓰였다.
(c) to부정사가 '~하기 위해'라는 의미의 부사적 용법으로 쓰였다.

 요약하기
다양한 농업 기술은 열악한 토양 환경의 지역에서 (B) 비현실적인 유기농업을 고수하는 대신 현지 상황에 (A) 맞춰져야 하며, 식량 문제를 (C) 해결하는 것을 목표로 해야 한다. • exclude 제외하다
해설 (A) 농업 기술이 현지 상황에 '맞춰진다'라는 수동의 의미가 되어야 하므로 과거분사로 바꾸어 써야 한다.

---

　　　　　　p. 160

1 ③

해석 초기의 농업 체계는 통합된 사회 체계의 일부로서 기술, 신념, 신화 그리고 전통과 통합되고 함께 발전했다. 일반적으로 사람들은 상당히 안정적인 식량 공급을 얻기를 기대하며 여러 지역에 다양한 작물을 심었다. 이 체계는 인구 수준이 낮을 때만 유지될 수 있었고, 비교적 파괴적이지 않았다(항상 그런 것은 아니지만). 더 최근에는 많은 곳에서 농업이 그 지역의 특성을 잃고 세계 경제에 통합되어 왔다. 이것은 교환 상품과 수출 상품을 위한 농업용 토지에 가하는 압박을 증가시켰다. 더 많은 토지가 지역 식량을 생산하다가 수출과 교환을 위해 '환금 작물'을 생산하도록 바뀌고 있는데, 다시 말해 더 적은 종류의 작물이 재배되고, 각각의 작물은 이전보다 훨씬 더 많이 재배된다. 그리하여 자급자족용 작물을 생산하는 데 토지를 사용하기보다는, 수출용 농업을 위해 어느 때보다 더 많은 토지가 산림(및 기타 자연계)에서 전환된다.

어휘 incorporate 통합하다(= integrate)　co-evolve 함께 발전[진화]하다 *cf.* co-《접두사》 공동, 함께　a variety of 다양한　in the hope of ~을 기대하여[바라고]　reasonably 상당히, 꽤; 합리적으로　supply 공급; 공급하다　destructive 파괴적인　pressure 압박, 압력; 강요하다　commodity 상품　divert 바꾸다, 전환하다(= convert)　cash crop 황금 작물《바로 현금화할 수 있는 농작물》

해설 주어진 문장은 최근 농업이 지역의 특성을 잃고 세계 경제에 통합된 모습을 보인다는 내용이다. 따라서 주어진 문장 앞에는 지역 농업의 과거 모습이, 주어진 문장 뒤에는 지역 농업의 현재 모습이 언급될 것이다. ③ 앞까지는 초기의 농업 특징을 설명한 반면, ③ 뒤에는 농업용 토지가 교환 상품과 수출 상품, 즉 '환금 작물'을 생산하기 위해 전환되고 있다는 내용이 이어진다. 또한 주어진 문장에서 농업이 세계 경제에 통합되는 현상은 ③ 다음 문장의 This로 연결된다. 따라서 주어진 문장이 들어가기에 가장 적절한 곳은 ③이다.

2 ⑤

해석 우리가 먹는 음식에서 다양성이 줄어드는 것은 전적으로 인간이 만든 과정이다. 농작물 다양성 손실의 가장 큰 부분은 제2차 세계대전 이후 수십 년 동안 나타났다. 수백만 명의 사람을 극도의 배고픔에서 구하려는 시도로, 작물 과학자는 쌀과 밀 같은 곡물을 엄청난 규모로 생산하는 방법을 찾아냈다. 그리고 수천 개의 전통 종자는 소수의 새로운 초(超)생산 종으로 대체되었다. 그 전략은 적어도 처음에는 굉장히 잘 작동했다. 그 덕분에 곡물 생산량은 세 배가 되었고 1970년과 2020년 사이에 인구는 두 배 이상 증가했다. 그 전략이 기여한 바는 제쳐두고, 더 획일화된 작물을 만드는 것의 위험은 그러한 작물이 재해가 닥친다면 더 큰 위기에 처한다는 것이다. 특히 좁은 작물 선택지에만 의존하는 세계의 식량 체계는 높은 확률로 질병, 해충 및 기후 위기에서 생존하지 못한다.

어휘 contribution 기여　strategy 전략　uniform 획일적인, 똑같은　enormous 엄청난, 거대한　variety (식물, 언어 등의) 품종, 종류　replace 대체하다　spectacularly 굉장히　to begin with 처음에는　triple 세 배가 되다

해설 주어진 문장은 that strategy의 장점과 별개로 그것이 가져온 문제, 즉 획일화된 작물이 재해에 더 취약하다는 점을 이야기한다. 따라서 주어진 문장을 기점으로 획일화된 작물에 관한 서로 다른 평가가 등장해야 한다. ⑤ 앞에는 획일화된 작물 덕분에 곡물 생산량이 늘고 인구가 증가했다는 장점이 나오는데, ⑤ 뒤에는 작물의 종류가 적을 때 재해에서 생존하지 못한다는 단점이 언급된다. ⑤ 전후로 글의 흐름이 상반되므로, 주어진 문장이 들어가기에 가장 적절한 곳은 ⑤이다. 주어진 문장의 disasters는 ⑤ 다음 문장에서 diseases, pests and climate extremes로 구체적으로 제시된다.

24 Memory

Stage 1 **다의어 Check** 1 ⓑ 2 ⓐ
INTRO Q ① **Q** ③ **OUTRO Q** ②

Stage 2 **1** ⓒ **2** ⓐ **3** (a): the times (b): the rules **4** ⓒ

Stage 3 (A) dynamic (B) false (C) identities

---

1 We often think of memories / as high-quality video clips, (safely
우리는 종종 기억을 생각한다   고품질의 동영상으로
stored in the brain / to replay on demand).
뇌에 안전하게 저장된   필요에 따라 재생할 수 있게

2 But this couldn't be further from the truth.
그러나 이는 사실에서 더 멀어질 수 없다(전혀 사실이 아니다)

3 Our feelings and **physical** state (during an event) / can influence
우리의 감정과 **신체** 상태는   사건이 일어나는 동안   영향을 미칠 수 있다
// how we remember it.
우리가 사건을 기억하는 방식에

4 Every time we think or talk about past experiences, // we change
우리가 과거 경험을 생각하거나 이야기할 때마다   우리는 자신의
our own memories, / creating distortions / by exaggerating certain
기억을 바꾼다   (그리고) 왜곡을 일으킨다   특정한 세부 사항을 과장해서
details [that are relevant to our current beliefs and emotional state].
우리의 현재 신념과 감정 상태와 관련된

5 Not only do memories change into new ones / like this;
기억은 새로운 것으로 바뀔 뿐만 아니라   이렇듯
// we also pick and choose / what to remember.
우리는 까다롭게 고르기도 한다   무엇을 기억할지를

6 In the case of our own, personal histories, / which ultimately shape
우리 자신의 개인적인 이력의 경우   이는 궁극적으로 우리가
who we are, / we remember the things [that enable us to have the
누구인지를 만든다   우리는 ~한 것을 기억한다   우리가 **정체성**을 가질 수 있게 하는
identity [we most desire]].
우리가 가장 원하는

7 If you want to be a nonconformist, // you'll remember more clearly
만약 규범을 따르지 않는 사람이 되고 싶다면   순간을 더 선명하게 기억할 것이다
the times [you challenged the rules] / than those [when you followed
규칙에 이의를 제기한   순간보다   그것을 따른
them].

8 And we are also capable of / constructing completely false memories
그리고 우리는 ~할 수도 있다   완전히 잘못된 기억을 구성할
(of things [that never happened]).
일의   한 번도 일어나지 않았던

전문해석 ¹우리는 기억이 필요에 따라 재생할 수 있게 뇌에 안전하게 저장된 고품질의 동영상이라고 종종 생각한다. ²그러나 이는 전혀 사실이 아니다. ³사건이 일어나는 동안의 감정과 신체 상태는 우리가 사건을 기억하는 방식에 영향을 미칠 수 있다. ⁴과거 경험을 생각하거나 이야기할 때마다 우리는 스스로 기억을 바꾸고, 현재의 신념과 감정 상태와 관련된 특정한 세부 사항을 과장해서 왜곡을 일으킨다. ⁵이렇듯 기억은 새로운 것으로 바뀔 뿐만 아니라, 우리는 무엇을 기억할지를 까다롭게 고르기도 한다. ⁶우리 자신의 개인적인 이력은 궁극적으로 우리가 누구인지를 만들고, 이와 관련해 우리는 가장 원하는 정체성을 가질 수 있게 하는 것을 기억한다. ⁷만약 규범을 따르지 않는 사람이 되고 싶다면 규칙을 따른

Stage 1 **정답 찾아가기**

Q 주어진 문장의 like this(이와 같이)로 보아 주어진 문장 앞에는 기억이 바뀐다는 내용이 와야 하고, we also 이하로 보아 주어진 문장 뒤에는 기억할 것을 우리가 고른다는 내용의 부연 설명이 이어져야 한다. ③ 앞 문장은 우리가 기억을 바꾸며 세부 사항을 왜곡한다는 내용이므로 주어진 문장의 memories change ~로 이어진다. 또한 ③ 뒤에서 스스로 원하는 정체성과 일치하는 기억만을 선택한다고 언급하므로 주어진 문장의 pick and choose ~와 연결된다. 따라서 주어진 문장이 들어가기에 가장 적절한 곳은 ③이다.

OUTRO Q ① 개인적인 이득을 위해 기억을 바꾸는 방법 ② 우리가 기억하기로 선택하는 것의 예시 ③ 우리가 가지고 싶어 하는 정체성의 사례

Stage 2 **한 문장씩 뜯어보기**

1 ⓒ | 기억은 동영상의 저장과 재생과는 다르다.
ⓐ 기억은 원할 때 떠올릴 수 있다. ⓑ 기억은 동영상과 유사하게 안전하게 보존된다.
•bring up 떠올리다, 불러오다; 제기하다
securely 안전하게 preserve 보존하다
해설 기억이 동영상처럼 저장되거나 필요할 때 재생될 수 있음은 사실이 아니라고 했다.

2 ⓐ | 우리의 기억은 생각하는 것만큼 고정되어 있지 않다. ⓑ 변하기 쉬운 ⓒ 감정적인
해설 과거의 일을 떠올릴 때마다 특정 부분을 왜곡하여 기억을 바꾼다고 하므로 기억은 고정되지 않은 것이다.

4 ⓒ
해설 문장 5에서 우리가 기억할 것을 까다롭게 고르기도 한다고 했으므로 기억의 선택에 관여한다고 볼 수 있다.

Stage 3 **요약하기**

기억은 고정된 기록이 아니라 오히려 감정, 신념, 그리고 선택적인 회상에 의해 영향을 받는 (A) 역동적인 구성물이며, 심지어 (B) 잘못된 기억의 형성으로 이어지거나 개인적인 (C) 정체성을 만든다.

순간보다 그 규칙에 이의를 제기한 순간을 더 선명하게 기억할 것이다. **8** 그리고 우리는 한 번도 일어나지 않은 일을 두고 완전히 잘못된 기억을 구성할 수도 있다.

1 ①

해석 기억은 언제든 우리의 생각하는 능력의 기반이 될 뿐만 아니라 우리의 경험 내용과 다가올 수년간 우리가 그것을 보존하는 방식을 규정한다. 기억은 우리를 우리 자신으로 만들어 준다. 만약 내가 심부전을 앓고 인공 심장에 의존한다 해도 나는 역시 나일 것이다. 만약 내가 사고로 한 팔을 잃고 그것을 인공 팔로 교체한다 해도 나는 여전히 본질적으로 '나'일 것이다. 나의 정신과 기억이 손상되지 않는 한, 내 신체의 (뇌를 제외한) 어떤 부분이 교체될지라도 나는 계속 같은 사람일 것이다. 반면 누군가 알츠하이머병이 진행되어 기억이 희미해진다면, 비록 신체는 변하지 않은 채로 남아있음에도 불구하고 사람들은 종종 그는 '더 이상 그가 아니라고' 혹은 마치 그 사람이 '더 이상 그곳에 없는' 것 같다고 말한다.

어휘 underlie 기반이 되다　preserve 보존하다　suffer from ~을 앓다[겪다]　heart failure 심부전 《심장 질환의 종류》　depend upon ~에 의존하다　artificial 인공적인　no less 역시　replace 교체하다, 대체하다　other than ~ 외에　advanced (시기적으로) 진행한, (발달 단계상) 후기의; 선진[고급]의　fade 희미해지다, 사라지다　[선택지] have to do with ~와 관련이 있다　reflect 반영하다; 반사하다

해설 빈칸 문장으로 보아 이 글에서 기억을 어떻게 설명하는지를 파악해야 한다. 뇌를 제외한 신체의 일부를 잃거나 교체하더라도 정신과 기억이 온전하면 본질적인 자신은 변하지 않지만, 알츠하이머병으로 기억을 잃는다면 신체는 변하지 않음에도 그가 없는 것처럼 느낀다고 했으므로 기억은 우리의 정체성을 결정하는 것이다. 따라서 빈칸에 들어갈 말로 알맞은 것은 ① '우리를 우리 자신으로 만들어 준다(makes us who we are)'이다.

② 우리의 몸과 관련이 있다 　신체 일부가 교체되어도 기억이 손상되지 않으면 정체성에는 영향이 없다고 했으므로 주제와 상반됨

③ 우리가 기대하는 것을 반영한다
　글의 내용과 관련 없음

④ 우리가 다른 사람을 이해하게 한다
　글의 내용과 관련 없음

⑤ 우리가 과거로부터 배우도록 돕는다
　글의 내용과 관련 없음

2 ⑤

해석 우리는 종종 온도의 개념을 우리가 물건을 만졌을 때 그것이 얼마나 뜨겁게 또는 차갑게 느껴지는지와 연관 짓는다. 이런 식으로, 우리의 감각은 우리에게 온도에 대한 질적인 지표를 제공한다. 그러나, 우리의 감각은 신뢰할 수 없으며 종종 우리를 잘못 인도한다. 예를 들어, 맨발로 한쪽 발은 카펫 위에, 다른 한쪽 발은 타일 바닥 위에 놓고 서 있다면, '둘 다 같은 온도임에도 불구하고' 카펫보다 타일이 더 차갑게 느껴진다. 그 두 물체가 다르게 느껴지는 것은 타일이 카펫보다 더 높은 비율로 에너지를 열의 형태로 전달하기 때문이다. 여러분의 피부는 실제 온도보다는 열에너지 전도율을 '측정한다'. 우리가 필요로 하는 것은 에너지 전도율보다는 물체의 상대적인 뜨거움과 차가움을 측정하기 위한 신뢰할 수 있고 재현 가능한 수단이다. 과학자들은 그런 정량적인 측정을 하기 위해 다양한 온도계를 개발해 왔다.

어휘 reliable 신뢰할 수 있는(↔ unreliable 신뢰할 수 없는)　reproducible 재현 가능한; 복제 가능한 *cf.* reproduce 재현하다; 복제하다　measure 측정하다 *cf.* measurement 측정　relative 상대적인　transfer 전이; 이동; 전달하다; 이동시키다　associate A with B A와 B를 연관 짓다　provide A with B A에게 B를 제공하다　qualitative 질적인　indication 지표　bare 맨, 벌거벗은　quantitative 양적인

해설 주어진 문장은 에너지 전도율이 아니라 온도 차이를 측정할 수 있는 수단이 필요하다는 내용이다. 글의 처음 두 문장은 우리가 감각으로 온도를 느낀다고 설명하지만, however를 포함한 문장에 의하면 이는 신뢰할 수 없다고 했다. 이어서 에너지 전도율에 의한 카펫과 타일의 온도 차이를 예시로 들어, 우리의 감각이 온도를 착각하는 이유는 피부가 실제 온도가 아닌 열에너지 전도율을 측정하기 때문이라고 설명한다. ⑤ 앞에 있는 이 문장이 정확한 온도 측정 수단이 필요한 이유가 되므로, 주어진 문장이 들어갈 곳은 ⑤이다. ⑤ 다음 문장의 '그런 정량적인 측정(such quantitative measurements)'은 주어진 문장의 '물체의 상대적인 뜨거움과 차가움을 측정하는 것(measuring the relative hotness or coldness of objects)'과 연결된다.

25 Reading

Stage 1　다의어 Check　1 ⓑ　2 ⓐ
　　　　　INTRO Q ②　Q ⑤

Stage 2　1 ⓒ　2 ⓒ　3 ⓑ　4 ⓐ　5 ⓑ

Stage 3　(A) enjoyable　(B) slowly　(C) increase

---

¹Practice makes perfect, // but pleasure makes practice more likely.
　연습은 완벽을 만든다　　　　　그러나 즐거움은 연습을 더 가능성 있게 만든다

²Therefore, / read something enjoyable.
　그러므로　　　즐거운 것을 읽어라

³If a book is so painful / that you avoid reading it, // put it down
　만약 어떤 책이 너무 지루해서　　　읽기를 피하게 된다면　　　그 책을 내려놓아라
/ and pick up one [that brings you pleasure].
　그리고 책을 골라라　　　즐거움을 가져다주는

⁴Life is too short, // and books are too plentiful
　인생은 너무 짧다　　　그리고 책은 너무 많다
/ not to explore other options.
　다른 선택지를 탐색하지 않기에는

⁵On the other hand, / the greatest pleasures are often born of labor.
　한편　　　가장 큰 즐거움은 종종 노력에서 생겨난다

⁶A book [that requires nothing from you] / might offer the same **diversion** /
　책은　　　당신에게 아무것도 요구하지 않는　　　**머리를 식히는** 동일한 **활동**을 제공할 수도 있다
as a television sitcom, // but it is unlikely / to provide intellectual or spiritual
　텔레비전 시트콤처럼　　　그러나 ~하지 않을 것이다　　　지적 또는 정신적 보상을 제공하는 것
rewards / long after the cover is closed.
　　　　책을 덮은 후에 오래도록

⁷Therefore, / as you seek books [that you will enjoy reading], // look for ones
　그러므로　　　책을 찾을 때　　　재미있게 읽을　　　책을 찾아라
[that make demands on you].
　노력이 들게 하는

⁸Additionally, / read slowly.
　추가로　　　천천히 읽어라

⁹Just as a fine meal should be savored, // good books are meant to
　좋은 식사는 음미해야 하듯이　　　좋은 책은 충분히 즐겨야 한다
be enjoyed fully, / not rushed through.
　　　　서두르지 말고

¹⁰Certainly, / some reading material may deserve a quick read, // but habitual
　확실히　　　어떤 읽기 자료는 빠르게 읽어야 마땅할지도 모른다　　　그러나 습관적으로
skimming is / to the mind / what a steady diet of fast food is / to the body.
　대충 읽는 것은　정신에 있어서　패스트푸드를 계속해서 섭취하는 것과 같다　신체에 있어서

¹¹Speed-reading is inferior to deep reading; // one critic cautions /
　속독은 정독(깊은 독서)보다 못하다　　　한 비평가는 경고한다
that reading fast is simply a "way (of fooling yourself / into thinking /
　빠르게 읽는 것은 단순히 '한 방법이라고　　　자신을 속이는　　　생각하도록
you're learning something)."
　무엇인가를 배우고 있다고'

¹²Lastly, / consider the following point: // read with a pen or highlighter
　마지막으로　　　다음 사항을 고려하라　　　펜이나 형광펜을 손에 들고 읽어라
in hand, / taking notes on paper.
　종이에 메모하면서

¹³Engaging actively with the text is easier // when you jot down questions or
　글과 적극적으로 상호 작용하는 것은 더 쉽다　　　질문이나 생각을 적을 때

Stage 1　정답 찾아가기

Q 주제문을 뚜렷하게 드러내지 않은 채 여러 가지 독서 방법을 제안하는 글이다. 즐거움을 주면서 지적 또는 정신적으로 보상하는 책을 고르는 것, 서두르지 않고 천천히 책을 읽는 것, 종이에 메모하면서 집중하여 읽는 것과 같은 독서 방법을 통해 얻을 수 있는 효과를 소개한다. 제안된 내용을 종합하면 글의 제목으로 가장 적절한 것은 ⑤ 'How Can You Maximize Your Book Experience?(독서 경험을 어떻게 극대화할 수 있을까?)'이다.

① 펜을 들고 읽는 것은 즐겁다! 펜으로 메모하며 읽기의 장점을 언급하였으나 세부 사항에 해당함
② 성장하려면 어려운 책을 골라라 즐거움을 주는 책을 고르라고 했으므로 적절하지 않음
③ 독서는 배움의 열쇠다 독서를 통한 지적 보상과 학습이 언급되나 세부 사항에 해당함
④ 즐거움을 위한 독서가 차이를 만들까? 즐거움을 주는 책을 읽으라고 언급하였으나 세부 사항에 해당함

Stage 2　한 문장씩 뜯어보기

1　ⓒ | 즐길 수 있는 책을 읽어라.
　ⓐ 연습하다 ⓑ 피하다
　해설 지루한 책 대신 즐거움을 주는 책을 읽는다면 독서가 재미있어질 것이다.

2　ⓒ | 당신의 **노력을 요구하는** 책을 골라라.
　ⓐ 흥미를 끌다 ⓑ 변화시키다
　해설 읽을 때 노력이 드는 책이 지적, 정신적 보상을 제공한다고 하였다.

3　ⓑ | 습관적으로 훑어보는 것은 정신을 해친다.
　ⓐ 경고하다 ⓒ 만족시키다
　해설 비유 표현으로 쓴 패스트푸드 섭취는 신체에 나쁜 영향을 준다. 이와 동일하게 책을 훑어보는 것 역시 정신에 좋지 않을 것이다.

4　ⓐ | 천천히 읽어라. 천천히 읽는 것은 패스트푸드를 서둘러 먹는 것이 아니라 좋은 식사를 즐기는 것과 같다.
　ⓑ 속이는 ⓒ 생각하는
　해설 좋은 책은 좋은 식사를 음미하듯이 천천히 즐겨야 하고, 패스트푸드를 먹을 때처럼 급해서는 안 된다.

thoughts (about what is happening on the page).
그 페이지에서 무슨 일이 일어나고 있는지에 대한

¹⁴**It helps to keep your mind focused / and prevents wandering.**
그것은 정신이 집중하도록 돕는다   그리고 **산만해지는 것**을 방지한다

전문해석 ¹연습은 완벽을 만들어주지만 즐거움은 연습을 더 가능하게 만든다. ²그러니 즐거운 것을 읽어라. ³만약 어떤 책이 너무 지루해서 읽기를 피하게 된다면, 그 책을 내려놓고 즐거움을 가져다주는 책을 골라라. ⁴인생은 너무 짧고, 다른 선택지를 탐색하지 않기에는 책이 너무 많다. ⁵한편 가장 큰 즐거움은 종종 노력에서 생겨난다. ⁶당신에게 아무것도 요구하지 않는 책은 텔레비전 시트콤처럼 머리를 식히는 동일한 활동을 제공할 수도 있지만, 책을 덮은 후에 오래도록 지적이거나 정신적인 보상을 제공하지 않을 것이다. ⁷그러므로 재미있게 읽을 책을 찾을 때 노력이 드는 책을 찾아라. ⁸추가로 천천히 읽어라. ⁹좋은 식사는 음미해야 하듯이, 좋은 책도 서두르지 말고 충분히 즐겨야 한다. ¹⁰확실히 어떤 읽기 자료는 빠르게 읽어야 마땅할지 모르지만, 정신에 있어서 습관적으로 대충 읽는 것은 신체에 있어서 패스트푸드를 계속해서 섭취하는 것과 같다. ¹¹속독은 정독보다 못하다. 한 비평가는 빠르게 읽는 것은 단순히 '무엇인가를 배우고 있다고 생각하도록 자신을 속이는 한 방법'이라고 경고한다. ¹²마지막으로, 펜이나 형광펜을 손에 들고 종이에 메모하면서 읽는 것을 고려하라. ¹³글과 적극적으로 상호 작용하는 것은 그 페이지에서 무슨 일이 일어나고 있는지를 질문이나 생각으로 적을 때 더 쉽다. ¹⁴그것은 정신이 집중하도록 돕고 산만해지는 것을 방지한다.

5 ⓑ | 책을 읽으면서 메모하는 것은 **집중력을 향상시킨다.** ⓐ 질문 ⓒ 머리를 식히는 활동
해설 책을 읽으면서 메모하면 집중하는 데 도움이 된다.

Stage 3 **요약하기**
(A) 즐길 수 있는 책을 읽는 것은 연습(실천)의 동기를 부여하지만 진정한 가치는 지적으로 흥미를 유발하는 책에 있다. 책을 (B) 천천히 즐기고 집중력을 (C) 높이기 위해 메모해라.

• engaging 마음[흥미]을 끄는

해설 (A) 문맥상 '즐길 수 있는' 독서가 되어야 하므로 enjoy를 enjoyable로 바꿔야 한다.
(B) 동사 enjoy를 수식하므로 부사 slowly로 바꾸어 쓰는 것이 알맞다.

1 ②

해석 참여와 성취의 핵심은 학생이 관심 있어 할 만한 적절한 글을 제공하는 것이다. 나의 학문 연구와 수업은 로잘리 핑크의 연구에 크게 영향을 받았다. 그녀는 물리학자, 생화학자, 그리고 회사의 최고 경영자를 포함하여 자신의 직업에서 매우 성공한 12명의 성인과 면담했다. 그들 모두가 난독증이 있었고 학교생활 내내 읽기에 아주 큰 문제가 있었다. 핑크는 그들이 읽기를 피하고, 읽기를 건너뛰거나 학습을 위한 다른 전략으로 보완할 방법을 발견했을 거라고 예상했지만, 정반대를 발견했다. "놀랍게도, 나는 난독증이 있는 이 사람들이 열성적인 독자이며… 독서를 거의 피하지 않는다는 것을 알아냈다. 정반대로 그들은 책을 찾았다." 핑크가 발견한 양상은 자신의 실험 대상자 모두가 어떤 개인적인 관심사에 열정적이었다는 것이다. 관심 분야는 종교, 수학, 경영, 과학, 역사, 전기를 포함했다. 중요한 것은 그들이 더 많이 알아내려고 탐욕스럽게 읽었다는 것이다.

어휘 engagement 참여, 관여   scholarly 학문적인, 학구적인   significant 아주 큰, 상당한, 많은   bypass 건너뛰다; 우회하다; 피하다   compensate 보완하다; 보상하다   strategy 전략   opposite 정반대(의 것); 정반대의   to one's surprise 놀랍게도   enthusiastic 열성적인   seek out 찾다   subject 실험 대상자; 과목   passionate 열정적인   find out 알아내다, 알게 되다

해설 참여와 성취의 핵심을 언급하는 빈칸 문장 이후로 직업에서 성공한 사람들을 연구하는 내용이 이어지므로, 성공한 사람들이 공통으로 가지는 경험, 습관, 또는 특징을 추론해야 한다. 이들은 모두 난독증이 있지만 읽기를 피하지 않고 오히려 관심 있는 분야의 책을 찾아 읽는 열정적인 독자였다. 이것이 성공한 사람들의 공통된 특징이므로, 빈칸에 들어갈 말로 가장 적절한 것은 ② 'relevant texts they will be interested in(학생이 관심 있어 할 만한 적절한 글)'이다.

① 공식 교과서의 예시
③ 정보를 교환할 충분한 기회
④ 연령대별로 다른 장르
⑤ 논리 기술을 발달시키는 조기 독서 경험
①, ③~⑤ 글에서 언급되지 않음

2 ⑤

해석 책을 여러 번 읽는 습관은 사람들이 그 책과 감정적으로 상호 작용하게 한다. 만약 책을 단 한 번만 읽는다면, 사람들은 그 책의 사건과 이야기에만 집중하는 경향이 있다. (C) 하지만 두 번째 읽을 때는 반복된 경험이 책에서 생겨난 처음의 감정을 되살려주고, 그 감정을 여유롭게 음미할 수 있게 해준다. (B) 책이 주는 감정의 효과를 더 깊이 즐김으로써 사람들은 자신의 감정과 더욱 가까워진다. 사람들은 이야기에 이미 익숙하지만, 그 책을 다시 읽는 것은 책과 자신 둘 다에 대한 새로운 이해를 가져온다. (A) 동일한 효과를 익숙한 휴가지에서도 볼 수 있다. 한 장소를 다시 방문하는 것 또한 사람들이 그 장소와 자신 둘 다를 더 잘 이해하도록 도와준다. 엄청난 이점을 고려해서 망설이지 말고 반복 소비(책을 다시 읽고, 장소를 다시 방문하는 것)를 시도해 보라.

어휘 multiple 여러 개의, 다수의   familiar 익숙한, 친숙한 *cf.* familiarity 익숙함, 친밀함   destination 장소, 목적지   immense 엄청난   hesitate 망설이다   renewed 새롭게 한   initial 처음의   appreciate 음미하다, 감상하다; 감사하다; 평가하다   at one's leisure 여유롭게, 느긋하게

해설 주어진 글은 책을 여러 번 읽을 때 생기는 효과를 언급한 다음, 한 번만 읽는 경우를 먼저 설명하고 있다. (C)는 역접 연결어 But으로 시작하며 책을 두 번째 읽을 때 생기는 감정 효과를 소개하므로 주어진 글 바로 뒤에 와야 한다. (B)는 (C)에서 소개한 감정의 효과를 the emotional effects로 받아 이를 자세히 설명한다. (A)는 The same effect로 시작하여 앞에서 설명한 책을 두 번 읽을 때 얻는 효과가 익숙한 휴가지를 방문할 때도 적용된다는 내용이므로 글의 마지막에 온다. 따라서 글의 순서로 가장 적절한 것은 ⑤ '(C)-(B)-(A)'이다.

26 Climate Change

Stage 1　다의어 Check 1 ⓑ　2 ⓐ
　　　　　INTRO Q ①　Q ④

Stage 2　1 (a): ✕, easily (b): ○　2 ⓐ　3 ⓒ　4 ⓑ　5 to seed　6 ○　7 6

Stage 3　(A) doubt　(B) aware　(C) impact

---

¹In 2008, / Wallace S. Broecker / and Robert Kunzig, /
　2008년에　　　월리스 S. 브로커　　　그리고 로버트 컨직은

author of *Mapping the Deep*, / published a survey of climate science
　<Mapping the Deep>의 저자　　　　　기후 과학 조사를 발표했다

(called *Fixing Climate*).
　<Fixing Climate>이라는

²"Fix" is a dangerous verb, / short, shallow, and easy.
　'고치다'는 위험한 동사다　　　모자라고 얄팍하며 안일한

³Can human beings really "**fix**" the climate [they are currently busy
　인간이 기후를 정말 '**고칠**' 수 있을까　　　그들이 지금 망가뜨리느라 바쁜

breaking]?

⁴Do we understand enough / even now / to do it as easily //
　우리는 충분히 이해하고 있을까　　지금 이 순간에도　　그것을 쉽게 할 정도로

as Kunzig's claim — / "the planet is ours (to run), / and it is up to us
　컨직의 주장이 (하는 ~만큼)　　"지구는 우리 소유다　관리해야 할　그리고 (~은) 우리에게 달려있다

/ to run it wisely" — / suggests?
　지구를 현명하게 관리하는 것은" 암시하는 (만큼)

⁵The history of science tells us // that once radiation was used as a
　과학의 역사는 우리에게 알려준다　　한때 방사선이 만병통치약으로 쓰였다는 것

panacea, / and mercury was given as a **treatment** (for various illnesses).
　　　　그리고 수은이 **치료제**로 제공되었다는 것을　　　다양한 질병의

⁶We need to ask sharp questions (about the desirability of
　우리는 예리한 질문을 해야 한다　　환경 공학의 바람직함에 대한

environmental engineering) / along the lines [some climate scientists
　　　　　　　　(~하는) 바와 같이　　일부 기후 과학자가 제안한

have suggested].

⁷Is it really a good idea / to seed the ocean with iron / to increase
　(~이) 정말 좋은 생각일까　　바다에 철분을 뿌리는 것이

the numbers of plankton?
　플랑크톤의 수를 늘리려고

⁸Would installing some giant mirrors in the sky / to reflect sunlight back
　하늘에 거대한 거울을 설치하는 것이　　　　　햇빛을 반사하려고

/ make sense?
　합리적일까

전문해석 ¹2008년, 윌리스 S. 브로커와 <Mapping the Deep>의 저자인 로버트 컨직은 기후 과학 조사인 <Fixing Climate>을 발표했다. ²'고치다'는 모자라고 얄팍하며 안일하므로 위험한 동사다. ³인간이 지금 망가뜨리느라 바쁜 기후를 정말 '고칠' 수 있을까? ⁴컨직은 "지구는 관리해야 할 우리 소유고 지구를 현명하게 관리하는 것이 우리에게 달려있다"고 주장하는데, 이 주장이 암시하는 만큼 쉽게 그것을 할(기후를 고치는 것을 실행할) 정도로 우리는 지금도 충분히 이해하고 있을까? ⁵과학의 역사는 우리에게 방사선이 한때 만병통치약으로 쓰였고 수은이 다양한 질병의 치료제로 제공된 것을 알려준다. ⁶우리는 일부 기후 과학자가 제안한 바와 같이 환경 공학의 바람직함에 대해 예리한 질문을 해야 한다.

Stage 1　정답 찾아가기

Q 첫 문장에 '기후를 고친다(fixing climate)'는 개념의 동사 '고치다(fix)'를 부정적으로 설명하며 의문을 제기한다. 중반부 이후 We need to ask로 시작하는 문장이 글쓴이의 견해를 직접 드러내는데, 기후 변화를 고치려는 노력을 예로 들며 그 효과를 의심하는 내용이 이어지므로 We need to ask ~ have suggested.가 주제문이다. 따라서 글의 제목으로 가장 적절한 것은 ④ 'doubts about the efforts to address climate change (기후 변화를 다루려는 노력에 대한 의심)'이다.

① 과학의 역사에 대한 오해
　기후 변화가 글의 핵심이므로 주제와 무관함
② 해로운 물질을 피하기 위한 바람직한 해결책
　해로운 물질의 예시가 언급되었으나 세부 사항에 해당함
③ 환경 공학에 대한 낙관적인 관점
　환경 공학에 의문을 제기하므로 주제와 상반됨
⑤ 다양한 질병에 대해 역사적으로 검토되지 않은 치료법
　과거 질병의 치료법이 언급되었으나 세부 사항에 해당함

Stage 2　한 문장씩 뜯어보기

1 (a): ✕, easily (b): ○
　해설 (a) 준동사 to do를 수식하는 부사 자리이므로 easy를 easily로 고치는 것이 알맞다.
　(b) 준동사 to run을 수식하는 부사 자리이므로 wisely가 알맞게 쓰였다.

2 ⓐ
　해설 문장 3~4는 의문문 구조로 인간이 기후를 고칠 수 있는지, 기후 변화를 충분히 이해하는지 의문을 제기한다. 즉 인간이 기후 문제를 간단하게 해결할 수 없음을 의미한다.

3 ⓒ | 과거의 질병 치료는 지식의 **한계**를 보여준다.
　ⓐ 확신 ⓑ 발전
　해설 과거에 질병을 치료하는 데 방사선과 수은을 사용한 이유는 충분한 지식이 없었기 때문이므로 limitations(한계)가 알맞다.

4 ⓑ | 우리는 환경 공학의 제안을 **의심**해야 한다.
　ⓐ 설명하다 ⓒ 따르다　• proposal 제안
　해설 환경 공학의 바람직함에 예리한 질문을 던져야 하므로 question(의심하다)이 알맞다.

5 to seed
　해설 to increase는 진주어가 아니라 '~하기 위해'라

⁷플랑크톤의 수를 늘리려고 바다에 철분을 뿌리는 것이 정말 좋은 생각일까? ⁸햇빛을 반사하려고 하늘에 거대한 거울을 설치하는 것이 합리적일까?

는 부사적 의미의 to부정사다.

6 ○

해설 문장의 주어는 동명사구(installing ~), 동사는 (Would) make이다. 주어부에서 to reflect sunlight back은 앞의 동명사구를 수식하며 '~하기 위해'라는 의미의 부사구로 알맞게 쓰였다.

Stage 3 요약하기

기후 변화에 대한 모든 조치를 (A) 의심할 필요가 있는데, 해결책의 (C) 영향이 무엇일지 완전히 (B) 알지는 못하기 때문이다.

함께 풀면 좋은 기출문제
p. 163

1 ④

해석 기후 변화에 대해서라면, 많은 사람은 온실가스를 배출하는 데 화석연료 산업을, 열대 우림을 태우는 데 농업 분야를, 혹은 과도한 옷을 생산하는 데 패션 산업을 탓한다. 하지만 자, 무엇이 이러한 산업 활동을 가동시키는가? 우리의 소비다. 기후 변화는 각자의 행동을 합친 산물이다. 예를 들어 화석연료 산업은 기후 위기에 있어 일반적인 희생양이다. 하지만 그들이 왜 화석연료를 시추하고 태울까? 우리가 그들에게 강한 금전적 동기를 제공하는데, 어떤 사람은 화석연료를 태우는 비행기와 자동차를 타고 정기적으로 이동한다. 어떤 사람은 발전소에서 연료를 태움으로써 생산된 전기를 낭비한다. 어떤 사람은 원유에서 얻은 플라스틱 제품을 매일 사용하고 버린다. 이런 행동에 동참하면서 화석연료 산업을 탓하는 것은 스스로 얼굴을 때리는 것이다.

어휘 when it comes to A A에 대해서라면 blame A for B B에 대해 A를 탓하다[비난하다] agricultural 농업의 excessive 과도한, 지나친 drive 가동시키다, 구동하다; (~하도록) 만들다 sum 합하다; 총합 drill (석유 등을) 시추하다; 드릴 incentive 동기, 유인 power plant 발전소 derive from ~에서 얻다; ~에서 유래하다 crude oil 원유 engage in ~에 참여하다 [선택지] room 여지; 공간

해설 기후 변화가 개인의 소비 때문이라는 내용의 글로, 화석연료를 태워서 얻은 것을 소비하면서도 기후 변화의 원인으로는 화석연료 산업을 탓하는 모순을 언급한다. 밑줄 친 부분은 이 내용을 비유적으로 표현한다. 따라서 밑줄 친 부분의 의미로 가장 적절한 것은 ④ 'failing to recognize our responsibility for climate change (기후 변화에 대한 우리의 책임을 인식하지 못하는 것)'이다.

① 미래 세대에게 변화의 여지를 주는 것
　기후 변화에서 떠올릴 수 있는 내용이지만 지문과는 관련이 없음
② 스스로에게 천연자원의 부족을 경고하는 것
　천연자원이 부족해진다는 내용은 언급되지 않음
③ 화석연료 생산의 혜택을 인정하지 않는 것
　화석연료의 이용으로 얻는 것이 언급되었지만 기후 변화에 미치는 이중적인 태도가 중심 내용임
⑤ 개인적으로 환경 문제를 해결하기 시작하는 것
　개인의 환경 문제 해결은 언급되지 않음

2 ⑤

해석 전설에 따르면, 흡혈귀가 사람을 물면 그 사람은 다른 사람의 피를 갈구하는 흡혈귀로 변한다. 한 연구자가 생각해 낸 간단한 계산법은 대단히 잘 알려진 이 존재가 실존할 수 없다는 것을 증명한다. (C) 센트럴 플로리다 대학의 물리학 교수 Costas Efthimiou의 연구가 그 미신을 무너뜨렸다. 1600년 1월 1일에 인구가 5억 명을 겨우 넘었다고 가정해 보자. (B) 그날 최초의 흡혈귀가 생겨나서 한 달에 한 명을 물었다면, 1600년 2월 1일에는 흡혈귀가 둘 있었을 것이다. 한 달 뒤면 넷, 그다음 달은 여덟, 그리고 열여섯, 그리고 계속된다. (A) 불과 2년 반 만에, 원래의 인구는 모두 흡혈귀가 되어 사람이 더는 남아 있지 않았을 것이다. 하지만 주위를 둘러보아라. 흡혈귀가 세상을 정복하였는가? 아니다. 왜냐하면 흡혈귀는 존재하지 않기 때문이다.

어휘 turn into ~으로 변하다 come up with ~을 생각해 내다 prove 증명하다 creature 존재, 생명체 population 인구 take over 정복하다, 장악하다 come into existence 생겨나다, 나타나다 bite (-bit-bitten) 물다 myth 미신, 근거 없는 믿음; 신화

해설 주어진 글은 흡혈귀가 실존할 수 없음을 증명할 수 있다는 연구를 소개하는 내용이다. (C)는 이 연구를 보다 구체적으로 설명하며, 흡혈귀 미신을 깨기 위한 가정의 도입부이므로 바로 뒤에 와야 한다. (B)는 (C)의 on January 1st를 that day로 받으며 흡혈귀가 퍼져나가는 속도를 계산하므로 (C) 다음에 온다. (A)는 단기간에 인류가 모두 흡혈귀로 변해야 하는데 실제로 그렇지 않기 때문에 흡혈귀는 존재하지 않는다고 결론을 내리므로 마지막에 와야 한다. 따라서 글의 순서로 가장 적절한 것은 ⑤ '(C)-(B)-(A)'이다. 이 글은 연구를 소개하고 연구 내용을 시간순으로 설명한 다음 의문문을 활용하여 결론으로 마무리하는 구조를 가진다.

27 Human Evolution

Stage 1   **다의어 Check** 1 ⓐ 2 ⓑ
             INTRO Q ① **Q** ③

Stage 2   **1** ⓐ **2** ⓒ **3** ⓑ **4** ⓐ **5** ⓒ **6** the reason

Stage 3   (A) imagine (B) alternative

---

[1] From the **perspective** (of human evolution),
관점에서   인간 진화의
/ our great **capacity** is not just // that we learn about the world.
인간의 위대한 **능력**은 단지 ~만이 아니다   우리(인간)가 세상에 대해 배우는 것

[2] The thing [that really makes us distinctive] / is //
(~하는) 것은   인간을 정말로 구별되게 만드는   ~이다
that we can imagine alternative scenarios.
인간이 대안적인 시나리오(이야기)를 상상할 수 있다는 점

[3] That's really // where our enormous evolutionary advantage comes
그것은 바로 ~이다   인간의 엄청난 진화적 이점이 생기는 지점
from.

[4] We understand the world, // but that also lets us imagine and
인간은 세상을 이해한다   그러나 그것은 또한 인간이 새로운 세상을 상상하고
create new worlds.
창조하게 한다

[5] That's // what innovation, technology, and science are all about.
그것은 ~이다   혁신, 기술, 그리고 과학의 전부인[중요한] 것

[6] Think about everything [that's in your room] / right now:
모든 것을 생각해 보라   방에 있는   지금 바로
// there's a right-angle desk, electric lights, and a computer.
직각 책상, 전등, 그리고 컴퓨터가 있다

[7] Every single thing (in your room) / is imaginary /
각각의 모든 것은   방에 있는   상상에만 존재한다
from the perspective (of a primitive man).
관점에서   원시인의

[8] We live in a world [that we created from our own minds].
인간은 세상에 산다   자신의 마음에서 창조했던

[9] Once you start to think like this, // you realize / that the reason
일단 이렇게 생각하기 시작하면   깨닫는다   이유는
[we want to build theories (about the world)] / is /
인간이 이론을 세우고 싶어 하는   세상에 대한   ~이다
so that we can imagine other ways [the world could be].
인간이 다른 방식을 상상할 수 있기 위해서   세상이 존재할 수 있는

전문해석 [1] 인간 진화의 관점에서 인간의 위대한 능력은 단지 세상을 배우는 것만이 아니다. [2] 인간을 정말로 구별되게 만드는 것은 대안적인 시나리오를 상상할 수 있다는 점이다. [3] 바로 이 지점에서 인간의 엄청난 진화적 이점이 생긴다. [4] 인간은 세상을 이해하지만, 대안적인 시나리오는 또한 인간이 새로운 세상을 상상하고 창조하게 한다. [5] 그것이 바로 혁신, 기술, 그리고 과학에서 중요한 것이다. [6] 지금 바로 방에 있는 모든 것을 생각해 보면 네모난 책상, 전등, 그리고 컴퓨터가 있다. [7] 방에 있는 모든 것은 원시인의 관점에서는 상상에만 존재한다. [8] 인간은 자신의 마음에서 창조했던 세상에 살고 있다. [9] 일단 이렇게 생각하기 시작하면, 인간이 세상에 대한 이론을 세우고 싶어 하는 이유는 세상이 존재할 수 있는 다른 방식을 상상할 수 있기 위해서라는 점을 깨닫게 된다.

Stage 1 정답 찾아가기

다의어 Check 1 ⓐ 관점 ⓑ 경치 2 ⓐ 용량 ⓑ 능력

Q 빈칸 문장의 주어 부분으로 보아 인간에게만 있는 독특한 능력이 무엇인지 추론해야 한다. 빈칸 이후로 '그 능력'은 인간이 새로운 세상을 상상하고 만들게 한다는 내용이 제시된다. 글의 후반부에서는 인간이 스스로 만들어 낸 세상에 살고 있으며, 세상이 존재할 수 있는 다른 방식을 상상한다고 했으므로 빈칸 이후로 '새로운 세상을 상상한다'라는 내용이 반복해서 제시된다. 이를 종합해 보면, 빈칸에 들어갈 인간의 독특한 능력으로는 ③ 'imagine alternative scenarios(대안적인 시나리오를 상상하다)'가 가장 적절하다.

① 시행착오를 통해 일하다
시도하고 실패한다는 내용은 언급되지 않음
② 복잡한 언어를 사용하다
언어 사용이 인간의 고유한 특성은 맞지만 글의 내용과 관련 없음
④ 우리의 능력을 넘어 위험을 감수하다
위험 감수는 언급되지 않음
⑤ 다른 사람이 사용하는 신호를 이해하다
다른 사람과의 소통은 언급되지 않음

Stage 2 한 문장씩 뜯어보기

2 ⓒ | 다른 현실의 상상
ⓐ 인간 진화의 역사 ⓑ 세상에 대해 배우는 능력

3 ⓑ | 인간의 진화적 이점은 새로운 세상을 상상하고 만들어 내는 능력에서 생겨난다.
ⓐ ~을 끌어내다 ⓒ ~을 자랑하다

4 ⓐ | 인간이 상상하는 능력을 통해 만들어 낸 **결과**
ⓑ 문제 ⓒ 원인

5 ⓒ | 상상에만 존재하는 ⓐ 실재하는 ⓑ 그럴듯한

6 the reason
해설 문장의 동사인 realize의 목적어로 that절이 쓰였고, that절의 주어가 the reason, 동사가 is이다. we want ~ about the world는 the reason을 수식하는 관계부사절이다.

Stage 3 요약하기

인간의 진화적 이점은 새로운 세상을 (A) 상상하고 만들어 내는 구별되는 능력이며, 이 기술은 혁신과 (B) 대안적인 가능성의 탐구를 이끈다.

---

1 ④

해석 다양성, 어려움, 그리고 갈등은 우리의 상상력을 유지하도록 도와준다. 대부분의 사람들은 갈등은 나쁜 것이고 자신의 '편안한 구역'에 머무는 것이 좋은 것이라고 여긴다. 그것은 정확히는 사실이 아니다. 물론, 우리는 직장 또는 의료보험이 없거나, 배우자, 가족, 직장 상사, 직장 동료들과 다투는 자신의 모습을 보고 싶지 않다. 한 번의 나쁜 경험만으로도 충분히 우리에게 평생 지속될 수 있다. 하지만 가족, 친구들과의 작은 의견 충돌, 기술적 또는 재정적 문제, 직장과 가정에서의 어려움은 우리의 능력에 대해 진지하게 고민하도록 도와줄 수 있다. 해결책이 필요한 문제는 창의적인 해답을 내기 위해 우리의 뇌를 사용하도록 강요한다. 변화무쌍하여 시련과 때로는 갈등을 주는 지형에서 길을 찾는 것이 우리 감각과 정신에 아무런 어려움을 주지 않는 지형을 다니는 것보다 창의성에 더 유익하다. 우리의 2백만 년 역사는 어려움과 갈등으로 가득 차 있다.

어휘 challenge 어려움; 도전; 도전하다　　conflict 갈등, 충돌; 충돌하다　　assume 여기다, 추정하다　insurance 보험　sufficient 충분한　think through (문제에 대해) 충분히 생각하다　navigate 길[방향]을 찾다; 항해하다　　landscape 지형; 풍경; 전망　　varied 변화가 많은, 다양한　　occasional 가끔의　hang out 많은 시간을 보내다　pose (문제 등을) 제기하다　be packed with ~로 가득 차다　[선택지]　unification 통합 cf. unify 통합하다

해설 사람들은 일반적으로 갈등을 부정적으로 여기고 편안한 상태를 유지하는 것을 추구하지만, 사실은 작은 시련과 갈등이 오히려 창의성에 도움이 된다는 내용이다. 따라서 글의 제목으로 적절한 것은 ④ 'Creativity Doesn't Come from Playing it Safe(창의성은 편하게 행동하는 데에서 생기지 않는다)'이다.

① 기술은 미래를 향한 렌즈　기술에 관한 언급 없음
② 다양성은 사회 통합의 열쇠　도입부에 다양성(diversity)이
　　상상력을 도와준다고 하지만 글의 주제와 관련 없음
③ 다른 사람들과의 갈등을 피하는 간단한 방법　타인과의
　　갈등이 언급됐으나 갈등을 피하는 방법에 대한 내용은 아님
⑤ 극복할 수 없는 어려움은 없다　어려움은 창의성에 도움이 되
　　지만 극복에 대한 내용은 아님

2 ③

해석 생각은 본질적으로 생존을 위한 기계이다. 다른 생각에 대한 공격과 수비, 즉 정보를 수집하고, 저장하고, 분석하는 것은 생각이 잘 하는 것이지만, 전혀 창의적이지는 않다. 모든 진정한 예술가들은 생각이 없는 상태, 즉 내면의 고요함 속에서 창작한다. 심지어 위대한 과학자들조차도 그들의 창의적인 발견은 마음이 정적일 때 생겨난다고 말했다. 아인슈타인을 포함한 미국의 가장 유명한 수학자들을 대상으로 그들이 작업하는 방식을 알아내기 위한 전국적인 조사의 놀라운 결과는 생각이 '창의적인 행동 그 자체의 짧고, 결정적인 단계에서 단지 부수적인 역할만 할 뿐이다.'라는 것이다. 그래서 나는 대다수의 과학자들이 창의적이지 않은 단순한 이유는 그들이 생각하는 방법을 몰라서가 아니라 생각을 멈추는 방법을 모르기 때문이라고 말하고 싶다!

어휘 stillness 고요(함), 정적　　breakthrough 획기적인 발견, 돌파구　　inquiry 조사; 질문; 연구 cf. inquire 질문하다; 조사하다　brief 짧은, 간결한　decisive 결정적인　phase 단계, 시기　majority 다수　[선택지] organize 정리하다; 조직하다

해설 마지막 문장의 빈칸 부분은 창의적이지 않은 진짜 이유에 대한 내용이다. 글의 도입부에서 생각이란 사실 창의성을 위한 것은 아니라고 했으며, 예술가, 과학자, 수학자들의 창의성은 오히려 생각이 없는 상태에서 생겨난다고 했다. 따라서 빈칸에 알맞은 것은 ③ 'stop thinking(생각하는 것을 멈추다)'이다.

① 생각을 정리하다
　　생각이 창의성에 도움이 되는 것은 아니므로 글의 내용과 반대됨
② 사회적으로 상호작용을 하다　글의 내용과 관련 없음
④ 정보를 모으다　생각의 기능 중 하나이므로 글의 내용과 반대됨
⑤ 자신의 상상력을 사용하다　창의성과 관련이 있어 보이지만
　　생각을 하지 말아야 한다는 글의 내용과 반대됨

28 Project Success

Stage 1	다의어 Check 1 ⓑ
	INTRO Q ③ Q ②
Stage 2	1 Obligation 2 ⓑ 3 ⓑ
Stage 3	(A) harmful (B) commit to (C) rely on

[1] I once spent six weeks rehearsing sixteen dancers / on a bad piece
나는 열여섯 명의 댄서와 6주 동안 리허설을 한 적이 있다   형편없는 음악으로

of music (called "The Hollywood Kiss") // because I felt obligated to
<할리우드 키스>라는 제목의   작곡가에게 의무를 느꼈기 때문에

a composer [who had done a favor for me].
나에게 호의를 베풀었던

[2] I had a **company** of dancers (on full payroll), // so I was obliged to
나는 댄서 **단체**가 있었다   전임 급여를 받는   그래서 그들을 계속 바쁘게 할

keep them busy.
의무가 있었다

[3] I was obligated to the studio [I had rented] / and the staff [I had hired].
나는 스튜디오에 의무가 있었다   내가 빌린   그리고 직원에게   내가 고용한

[4] But obligation, / I eventually saw, / is not the same as commitment,
하지만 의무감은   나는 결국 알게 됐다   전념과 같지 않다는 것을

// and it's certainly not an acceptable reason (to stick with something
그리고 의무감은 결코 받아들일 만한 이유가 아님을   무언가를 계속할

[that isn't working]).
효과가 없는

[5] So, / after six weeks (of going nowhere), / I gave up the project.
그래서   6주가 지난 후   아무 성과도 없는   나는 그 프로젝트를 포기했다

[6] Despite the most meticulous planning — / or more likely because of it
가장 꼼꼼한 계획에도 불구하고   아니면 아마 그 계획 때문에

— / I wasted six weeks of everyone's time.
나는 모두에게 6주라는 시간을 낭비하게 했다

[7] In hindsight, / I should have listened to the CEO [who told me, //
돌이켜보면   나는 CEO의 말을 들었어야 했다   나에게 말한

"You only need one good reason / to commit to an idea, / not four
"한 가지 정당한 이유만 필요하다   어떤 아이디어에 전념하려면   사백

hundred.
가지 이유가 아니라

[8] But if you have four hundred reasons (to say yes) / and one good reason
그렇지만 만약 이유가 사백 가지라면   '예'라고 대답할   그리고 정당한 이유가 한 가지(라면)

(to say no), // the answer is probably no."]
'아니오'라고 대답할   그 정답은 아마 '아니오'일 것이다"

전문해석 [1] 나는 <할리우드 키스>라는 제목의 형편없는 음악으로 열여섯 명의 댄서와 6주 동안 리허설을 한 적이 있는데, 나에게 호의를 베풀었던 작곡가에게 의무를 느꼈기 때문이다. [2] 나는 전임 급여를 받는 댄서 단체를 계속 바쁘게 할 의무가 있었다. [3] 내가 빌린 스튜디오와 고용한 직원에게도 의무가 있었다. [4] 하지만 의무감이 전념과 같지는 않으며, 효과 없는 일을 계속할 받아들일 만한 이유도 결코 아님을 나는 결국 알게 되었다. [5] 그래서 아무 성과도 없는 6주가 지나고 나는 그 프로젝트를 포기했다. [6] 가장 꼼꼼한 계획에도 불구하고, 아니면 아마 그 계획 때문에 나는 모두에게 6주라는 시간을 낭비하게 했다. [7] 돌이켜보면 나는 내게 이렇게 말한 CEO에게 주의를 기울여야 했다. "어떤 아이디어에 전념하려면 사백

Stage 1 정답 찾아가기

Q 글쓴이가 직접 경험한 일화를 서술하는 글로, 원치 않은 프로젝트를 의무감으로 진행했지만 결국 성과 없이 프로젝트를 포기했다는 내용이다. 글쓴이의 일화가 끝난 후에는 CEO의 말을 인용하여, 어떤 것에 전념할 때는 한 가지 '정당한' 이유가 중요하지만 그보다 어떤 일을 하지 않을('아니오'라고 대답할) 한 가지 이유가 더욱 중요하다는 내용이 이어진다. 따라서 글의 요지로 가장 적절한 것은 ② '의무감보다는 프로젝트 실행의 정당성을 파악해야 한다.'이다.

① 의무와 전념이 같지 않다고 했으므로 글의 내용과 다름

③ 일화에서 성과 없는 일을 하느라 시간을 낭비했다고 했으므로 글의 내용과 다름

④ 꼼꼼한 계획으로 시간을 낭비하게 됐다고 했지만 글의 요지가 아님

⑤ 글쓴이가 프로젝트를 맡은 이유로 언급됐지만 글의 요지가 아님

Stage 2 한 문장씩 뜯어보기

1 Obligation | 의무감은 효과가 없는 무언가를 계속할 이유가 되어서는 안 된다.
해설 문장 4의 it은 But 뒤의 obligation을 가리킨다.

2 ⓑ | 아무런 진전이 없는 ⓐ 목적이 없는 ⓒ 결과를 달성하는 •progress 진전; 나아가다
해설 문장 4에서 의무감 때문에 효과가 없는 프로젝트를 계속했다고 하므로 일이 진행되지 않았음을 의미한다.

3 ⓑ | '아니오'라고 말할 한 가지 정당한 이유가 '예'라고 말할 수백 개의 다른 이유보다 더 중요하다.
ⓐ ~에 기여하다 ⓒ 당신에게 (~을) 찾아주다
해설 '아니오'라고 대답할 하나의 정당한 이유가 있으면 그것이 대답이라고 하므로, 그것이 '예'라고 대답할 수많은 이유보다 더 중요하다는 의미이다.

Stage 3 요약하기

의무감을 느끼는 것은 프로젝트에 (A) 해를 끼칠 수 있다. 어떤 아이디어(B)에 전념하지 말아야 할 타당한 이유 하나가 있을 때, 동기 부여를 위해 프로젝트에 강요된 느낌(C)에 의존할 수 없다.

가지 이유가 아니라 한 가지 정당한 이유만 필요합니다. [8]그렇지만 '예'라고 대답할 사백 가지 이유가 있어도 '아니오'라고 대답할 한 가지 정당한 이유가 있다면, 그 정답은 대체로 '아니오'일 겁니다."

1 ①

해석 목표를 지향하는 사고방식은 '요요' 효과를 낼 수 있다. 많은 달리기 선수가 몇 달 동안 열심히 연습하지만 결승선을 통과하는 순간 훈련을 중단한다. 그 경기는 더 이상 그들에게 동기를 주지 않는다. 당신의 모든 노력이 특정한 목표에 집중될 때, 그 목표를 성취하고 나서 당신을 앞으로 밀어붙일 것으로 무엇이 남아 있는가? 이것이 많은 사람이 목표를 성취하고 나서 자신이 옛날 습관으로 되돌아간 것을 깨닫는 이유다. 목표를 설정하는 목적은 경기에서 이기기 위함이다. 체계를 세우는 목적은 경기를 계속하기 위함이다. 진정한 장기적 사고는 목표를 지향하지 않는 사고이다. 장기적 사고란 어떤 하나의 성취에 관한 것이 아니다. 끝없는 정제와 지속적인 개선의 순환에 관한 것이다. 결국, 발전을 결정하는 것은 바로 그 과정에 전념하는 것이다.

어휘 orient 지향하게 하다   motivate (~에) 동기를 주다   particular 특정한   push forward ~을 밀어붙이다[밀고 나가다]   accomplish 성취하다, 해내다   refinement 개선; 정제   continuous 지속적인 improvement 개선, 향상   progress 발전; 발전하다

해설 목표를 지향하는 사고방식이 '요요' 효과를 불러올 수 있다는 내용의 첫 문장 이후, 달리기 선수를 예시로 들어 특정한 목표를 성취하고 나면 더 이상 발전하기 어렵다는 내용이 제시된다. 그런 다음 목표를 지향하지 않는 장기적 사고를 해야 계속해서 발전할 수 있다고 언급하며 글을 마무리한다. 글의 요지는 마지막에 언급된 결론을 반영해야 하므로, ① '발전은 한 번의 목표 성취가 아닌 지속적인 개선 과정에 의해 결정된다.'가 가장 적절하다.

② '결승선을 통과하기 위함'은 목표를 지향한다는 의미이므로 글의 내용과 상반됨
③ 목표를 설정하는 것은 글의 요지와 상반됨
④ 글의 내용과 관련 없음
⑤ 목표를 지향하는 것은 글의 요지와 상반됨

2 ⑤

해석 나는 이번 새로운 세기의 두 번째 십 년은 이미 매우 다르다고 믿는다. 물론 여전히 성공을 돈과 권력과 동일시하는 수백만의 사람들이 있고, 이들은 자신의 건강, 관계, 그리고 행복의 관점에서 대가를 치르고도 쳇바퀴에서 절대 내려오지 않기로 결심한다. 수백만의 사람들이 여전히 자기 자신을 더욱 좋게 느끼고자 하는 갈망을 충족시켜 주거나 자신의 불만을 진정시켜 줄 것이라고 믿는 다음번 승진, 다음번 백만 달러 월급을 받는 날을 필사적으로 추구한다. 하지만 서구와 신흥 경제 국가 모두에서 이런 것이 전부 막다른 길, 다시 말해 부서진 꿈을 좇는 것임을 인식하는 사람들이 매일 늘어나고 있다. 성공이 지금 가지는 의미만으로는 우리가 정답을 찾을 수 없음을 인식한다는 말인데, 왜냐하면 언젠가 거트루드 스타인이 오클랜드를 두고 말했듯이 "그곳에는 그곳이 없기" 때문이다.

어휘 equate 동일시하다   treadmill 쳇바퀴   in terms of ~의 관점에서, ~에 관해서   desperately 필사적으로   satisfy (욕망을) 충족시키다; 만족시키다 cf. satisfaction 만족(감)(↔ dissatisfaction 불만) longing 갈망, 바람   silence 진정시키다; 침묵시키다; 고요   emerging 신흥의, 신생의   dead end 막다른 길[곳]   definition 의미, 정의   [선택지] confidence 자신감   necessarily 반드시

해설 첫 문장의 주장(I believe) 표현에서, 앞으로 올 시기는 달라질 것이라는 글쓴이의 주장이 제시된다. 이어지는 문장은 여전히 부정적인 한계들이 유지될 것이라고 하지만, But 이후 문장부터는 글의 흐름이 바뀌어 변화를 인식할 가능성을 다시 긍정적인 관점으로 제시한다. 마지막 문장은 인용문을 통해 글의 주장을 재진술하며 마무리한다. 마지막 문장 초반에서 오늘날의 성공은 정답이 될 수 없다고 했고, 밑줄 친 문장 중 there there의 첫 번째 there는 오클랜드의 과거 모습을, 두 번째 there는 현재 모습을 가리킨다. 이는 지금의 오클랜드에 과거의 모습이 더 이상 존재하지 않는 것처럼, 시대가 바뀌면서 돈과 권력을 추구하는 것이 더 이상 의미 있는 행위가 아님을 의미한다. 따라서 밑줄 친 부분이 의미하는 것은 ⑤ 'Money and power do not necessarily lead you to success. (돈과 권력이 당신을 반드시 성공으로 이끄는 것은 아니다.)'이다.

① 사람들이 자신감을 잃고 있다.
    글의 내용과 관련 없음
② 꿈이 없으면 성장의 기회도 없다.   돈과 권력의 추구를 부서진 꿈을 좇는 것으로 설명했으므로 글의 내용과 다름
③ 우리는 남의 기대에 따라 살면 안 된다.
    글의 내용과 관련 없음
④ 어려운 상황에서 우리의 잠재력을 실현하기는 어렵다.
    부정적인 현재 상황이 달라질 것이라고 했으므로 글의 요지와 다름

Rational vs. Emotional

난이도 ★★★   p. 128

Stage 1   **다의어 Check 1** ⓑ **2** ⓑ
             INTRO Q ① **Q** ⑤

Stage 2   **1** ✕, more strongly **2** to imagine **3** ⓑ **4** it is not a matter **5** ⓒ **6** ⓒ
             7 bring → bringing

Stage 3   (A) reason   (B) influenced

---

¹There is a basic truth (of human psychology) [that one does not
한 가지 근본적인 진실이 있다   인간 심리의

have to learn from a textbook]:
교과서로 배울 필요가 없는

// The more strongly our emotional **state** intensifies, / the more difficult
감정 **상태**가 더 강하게 격렬해질수록   (~하기가) 더 어렵다

it is / to think clearly and behave rationally.
명확하게 생각하고 이성적으로 행동하기가

²We are / by nature / emotional creatures, // and to imagine / that we
우리는 ~이다   본래   감정의 동물   그리고 상상하는 것은

could completely rid ourselves of our emotions — / even temporarily,
우리가 스스로에게서 감정을 완전히 없앨 수 있다고   잠깐이라도

while we are engaged in argument — / would be unrealistic.
우리가 논쟁에 참여하는 동안   비현실적일 것이다

³It is a matter (of putting the emphasis on reason), / then, /
그것은 문제다   이성에 중점을 두는   그렇다면

and not of attempting to exclude emotion entirely.
감정을 완전히 배제하려고 시도하는 문제가 아니다

⁴What should move people / in a **sound** argument // is its intellectual
사람들을 움직여야 하는 것은   **타당한** 주장에서   그 주장의 지적 본질이다

substance, / the ideas and their interconnections.
(즉) 의견들과 그것들의 상호 연관성

⁵A conclusion should be accepted // not because we feel good about it
결론은 받아들여져야 한다   그것(결론)에 우리가 기분이 좋아서가 아니라

/ but because we see that it is true.
그것(결론)을 우리가 진실이라고 생각해서

⁶There is a simple rule (to be followed) / here: //
간단한 법칙이 있다   따라야 할   여기

Never appeal directly to people's emotions.
절대 사람들의 감정에 직접 호소하지 마라

⁷Devote your efforts / to bringing them to the point [where they can see
노력을 기울여라   사람들을 지점까지 이끄는 데   사람들이 알 수 있는

/ for themselves / what is the case].
스스로   무엇이 사실인지

⁸The only thing [really worth feeling good about] / is the truth.
유일한 것은   진정으로 기뻐할 가치가 있는   진실이다

전문해석 ¹교과서로 배울 필요가 없는 인간 심리의 한 가지 근본적인 진실은 감정 상태가 더 강하게 격렬해질수록 명확하게 생각하고 이성적으로 행동하기가 더 어렵다는 것이다. ²인간은 본래 감정의 동물이고, 논쟁에 참여하는 잠깐이라도 스스로에게서 감정을 완전히 없앨 수 있다고 상상하는 것은 비현실적일 것이다. ³그렇다면 그것은 감정을 완전히 배제하려고 시도하는 문제가 아니라 이성에 중점을 두는

Stage 1 정답 찾아가기

다의어 Check 1 ⓐ 국가 ⓑ 상태 **2** ⓐ (신체적으로) 건강한 ⓑ 타당한

Q 논쟁에서 감정과 이성을 어떻게 다룰지에 대한 글이다. 빈칸 문장의 의미로 보아 글에서 중요시하는 가치가 무엇인지 추론해야 한다. 첫 두 문장은 우리가 감정의 영향을 받을 수밖에 없다는 내용인데, 이어지는 문장들은 그렇기 때문에 감정을 완전히 없애려고 하지는 말고 대신 이성에 중점을 두라는 내용이다. 글의 후반부에서 감정에 호소하지 말라고 명령문으로 강하게 표현하며 사람들을 이끄는 것은 사실이어야 한다고 주장한다. 따라서 빈칸에 들어갈 말로 가장 적절한 것은 ⑤ 'the truth(진실)'이다.

① 친절 이성보다 감정에 가까운 개념임
② 조화 논쟁에서 중요한 요소만 조화는 언급되지 않음
③ 공감 이성보다 감정에 가까운 개념임
④ 정직 논쟁에서 중요한 요소만 정직은 언급되지 않음

Stage 2 한 문장씩 뜯어보기

1 ✕, more strongly
해설 <The+비교급 ~, the+비교급 ...> 구문으로, 형용사 또는 부사가 알맞게 쓰였는지 판단해야 한다. 동사 intensifies를 수식하는 자리이므로 형용사가 아닌 부사 비교급 more strongly로 고치는 것이 알맞다.

2 to imagine
해설 and 이후 두 번째 절에서 to부정사구가 주어, would be가 동사다. to imagine의 목적어로 이어지는 that절 중간에 부사절 even ~ in argument가 삽입되었다.

3 ⓑ | 감정은 인간에게 강한 영향을 미치는 것 같다.
ⓐ 본성 ⓒ 논쟁
해설 문장 1에서 인간은 감정이 격렬해질수록 이성적으로 행동하기 어려워진다고 했고, 문장 2에서는 감정을 없애는 것이 불가능하다고 언급했다.

4 it is not a matter
해설 문장 시작 부분의 <It is a matter of v-ing> 구조가 and 뒤로 반복된다.

7 bring → bringing
해설 '~하는 데 A를 바치다[쏟다]'는 <devote A to 명사[v-ing]>로 쓴다. 이때 to는 전치사이므로 동명사 bringing으로 고치는 것이 알맞다.

문제다. **⁴**타당한 주장에서 사람들을 움직여야 하는 것은 그 주장의 지적 본질, 다시 말해 의견과 상호 연관성이다. **⁵**어떤 결론은 우리가 그 결론에 기분이 좋아서가 아니라 그 결론이 진실이라고 생각하기 때문에 받아들여져야 한다. **⁶**여기 따라야 할 간단한 법칙이 있는데, 절대 사람들의 감정에 직접 호소하지 마라. **⁷**무엇이 사실인지 스스로 알 수 있는 지점까지 사람들을 이끄는 데 노력을 기울여라. **⁸**진정으로 기뻐할 가치가 있는 유일한 것은 진실이다.

Stage 3 요약하기

논쟁에서는 (A) 이성에 집중하는 것, 그리고 사람들이 감정에 (B) 영향받기보다는 독립적으로 사실을 인식하도록 권장하는 것이 중요하다. ● impulse 충격; 자극; 충동

해설 (B) 감정에 '영향을 받는' 것이므로 rather than 뒤에 동명사의 수동형 being p.p. 형태가 문맥상 적절하다.

함께 풀면 좋은 기출문제 p. 166

1 ①

해석 철학에서 논증의 개념을 이해하는 가장 좋은 방법은 의견과 대조하는 것이다. 의견은 단순히 어떤 사람 혹은 사물에 대한 믿음이나 태도이다. 우리는 항상 의견을 표현한다. 우리는 특정 영화나 다른 종류의 음식을 좋아하기도 하고 싫어하기도 한다. 대부분의 경우, 사람들의 의견은 거의 언제나 자신의 감정에 기반한다. 사람들은 자신의 의견을 어떤 종류의 증거로도 뒷받침할 필요는 없다고 느낀다. 논증은 이것과는 좀 다르다. 이것은 자신의 주장이 사실이라는 것을 다른 사람에게 확신시키기 위하여 만들어진 것이다. 따라서 이것은 자신의 주장을 뒷받침하는 논거를 제시하려는 시도이다. 논증은 철학을 구성하는 요소이고, 훌륭한 철학자는 확고한 토대에 기반을 둔 최고의 논증을 만들어 낼 수 있는 사람이다.

어휘 concept 개념   contrast 대조하다   be based on[upon] ~에 기반[기초]하다   support (의견을) 뒷받침하다   evidence 증거   convince 확신[납득]시키다   building block 구성 요소; (장난감) 집짓기 블록   solid 확고한; 단단한   foundation 토대, 기반; 재단   [선택지] look into ~을 탐구하다; 주의 깊게 살피다; ~을 조사하다

해설 의견(opinion)과 논증(argument)의 차이를 설명하는 글이다. 빈칸의 앞 문장은 논증을 정의하고 있으므로 빈칸에는 논증이 어떤 시도인지에 대한 내용이 와야 한다. 의견은 어떤 사람이나 사물에 대한 단순한 믿음이나 태도이며 뒷받침하는 증거가 필요 없는 반면, 논증은 다른 사람들에게 자신의 주장이 사실이라고 설득하기 위한 것이므로 그 주장에 대한 근거가 필요하다. 따라서 빈칸에 알맞은 것은 ① 'present reasons in support of one's claims(주장을 뒷받침하는 논거를 제시하다)'이다.

② 각 영역에서 자신의 취향을 발전시키다
　좋고 싫음(취향)은 논증이 아니라 의견과 관련된 내용임
③ 자신의 의견을 다른 사람들의 의견과 비교하다
　빈칸은 의견이 아니라 논증에 대한 내용임
④ 주제의 더 깊은 의미를 탐구하다
　글의 내용과 관련 없음
⑤ 자신의 경험으로부터 지식을 쌓다
　경험에 관한 언급 없음

2 ⑤

해석 우리가 의사소통하는 방식은 강하고 건강한 공동체를 만드는 우리의 능력에 영향을 미친다. 공동체를 만드는 전통적인 방식은 토론과 논쟁을 강조해 왔다. 예를 들어, 미국은 공동체 내의 중요한 쟁점을 숙고하기 위해 주민 회의를 활용하는 확고한 전통을 갖고 있다. 이러한 환경에서 쟁점의 각 입장에 있는 옹호자들이 자신의 입장에 대한 논거를 제시하고, 공공의 쟁점이 그러한 공개적인 토론회에서 논의되었다. 그러나 토론과 논쟁이 효력을 잘 발휘하기 위해서는 사람들이 비슷한 가정과 가치를 가지고 그러한 토론회에 올 필요가 있다. 공유된 가정과 가치가 논의를 위한 기반의 역할을 한다. 하지만 사회가 더욱 다양해짐에 따라, 사람들이 가정과 가치를 공유할 가능성은 줄어든다. 결과적으로 논쟁과 토론 같은 의사소통의 형태는 양극화되고, 이것은 공동체를 결합하는 것이 아니라 멀어지도록 몰아갈 수 있다.

어휘 diverse 다양한   likelihood 가능성   assumption 가정, 추정 *cf.* assume 가정하다   diminish 줄어들다   debate 토론, 논쟁   deliberate 심사숙고하다; 의도적인; 신중한   advocate 옹호자; 옹호하다   forum 토론회, 포럼   polarize 양극화하다   drive (~하도록) 몰아가다[만들다]   as opposed to A A가 아니라, A와는 반대로

해설 주어진 문장은 사회가 다양해지며 사람들이 가정과 가치를 공유할 가능성이 줄어든다는 내용이다. However로 시작하는 것으로 보아, 앞에서 사람들이 가정과 가치를 공유하는 내용이 나올 것을 알 수 있다. 공동체를 위한 토론과 논쟁을 할 때 비슷한 가정과 가치가 필요하다는 내용이 이어지다가, 마지막 문장에서는 공동체가 결합하는 것이 아니라 멀어질 수 있다고 하였다. 따라서 주어진 문장이 들어갈 곳은 글의 내용이 반전되는 ⑤이다.

30 Keystone

Stage 1　다의어 Check　1 ⓐ　2 ⓑ
　　　　　INTRO Q ②　Q ⑤

Stage 2　1 ⓑ　2 ⓑ　3 ⓒ　4 ⓐ　5 water　6 reduce → reducing

Stage 3　(A) impact　(B) balance　(C) recovery

---

[1] Biologists are familiar with the term / "keystone species," / which was
생물학자는 용어에 익숙하다　　　　'핵심종'(이라는)

first used in 1969 / after Robert Paine's research (on the seashore).
1969년에 처음 사용된　　　로버트 페인의 연구 이후　　해안에 대한

[2] Paine found // that by removing the predator — / the purple starfish — /
페인은 알아냈다　　　　포식자를 제거함으로써　　　보라 불가사리

from the seashore, / he could cause an overabundance (of its prey,
해안에서　　　　　과잉을 초래할 수 있다　　그 먹이인 홍합의

mussels), / and a **sharp** decline (in biodiversity).
　　　　　그리고 **급격한** 감소를　　생물 다양성의

[3] Therefore, / a "keystone species" is one [that has a much greater effect /
그러므로　　　'핵심종'은 종이다　　　　훨씬 더 큰 영향을 미치는

than you would expect / from its numbers].
예상하는 것보다　　　그것의 수에서

[4] While a keystone species refers to a specific species [that structures an
핵심종이 특정한 종을 가리키는 한편　　　　　생태계를 구성하는

ecosystem], // "keystone consumers" are a specific group of humans
'핵심 소비자'는 사람들의 특정 집단이다

[that structure a market / for a particular resource].
시장을 구성하는　　　특정 자원을 위해

[5] High demand (by a few individuals) / can bring flora and fauna /
높은 수요는　　　일부 개인에 의한　　동식물군을 (~로) 몰고 갈 수 있다

to the brink.
(멸종) 위기로

[6] In the case of water, / agriculture **accounts for** 80% of use (in the U.S.);
물의 경우에는　　　　농업은 사용량의 80퍼센트**를 차지한다**　　미국 내

// large-scale farms are the keystone consumers.
대규모 농장은 핵심 소비자다

[7] Conservation efforts (focusing on farms) / could lead to a recovery
보존 노력은　　　농장에 초점을 맞춘　　회복으로 이어질 수 있다

(of the associated resource).
관련된 자원의

[8] Our lives depend on protecting keystone species /
우리의 삶은 핵심종을 보호하는 것에 달려있다

and reducing keystone consumption.
그리고 핵심 소비를 줄이는 것에 (달려있다)

전문해석 [1] 생물학자는 '핵심종'이라는 용어에 익숙한데, 이 용어는 1969년 로버트 페인의 해안 연구 이후 처음 사용되었다. [2] 페인은 해안에서 포식자인 보라 불가사리를 제거하면 그 먹이인 홍합의 과잉(번식)과 생물 다양성의 급격한 감소를 초래할 수 있다는 점을 알아냈다. [3] 그러므로 '핵심종'은 개체 수로 예상하는 것보다 훨씬 큰 영향을 미치는 종이다. [4] 핵심종이 생태계를 구성하는 특정 종을 가리키는 한편, '핵심 소비자'는 특정 자원을 위해 시장을 구성하는 사람들의 특정 집단이다. [5] 일부 개인의 높은 수요는 동물과 식물을 멸종 위기로 몰고 갈 수 있다. [6] 물의 경우에 대해 말하면, 농업이 미국 내 물 사용량

Stage 1　정답 찾아가기

INTRO Q ① 핵심종과 상반되는 개념 ② 핵심종과 핵심 소비자 ③ 핵심종의 숨겨진 역할 • conflicting 상반되는, (의견이) 충돌하는

Q 처음 세 문장은 생태계 핵심종의 중요성을 연구 결과를 통해 설명한다. 문장 4, 5는 핵심(keystone)의 개념을 다른 영역으로 확장하여, 핵심 소비자(keystone consumers)는 특정 자원을 과도하게 소비하여 동식물군이나 물과 같은 자원을 위기로 몰아갈 수 있는 집단임을 설명한다. 마지막 문장은 두 개념을 함께 언급하며 핵심종을 보호하고 핵심 소비를 줄여야 한다고 결론을 내린다. 즉 생태계에서 이 둘의 균형을 맞추는 것이 중요하므로 글의 제목으로 알맞은 것은 ⑤ 'Maintaining Balance: Keystone Species and Consumers(핵심종과 핵심 소비자의 균형 유지)'이다.

① 새로운 자원 시장을 구성하는 우리의 노력 핵심 소비자가 자원을 소모한다고 했지만 새로운 자원을 찾는다는 내용은 없음
② 보이지 않는 핵심(종)은 생태계의 숨겨진 힘이다 핵심종에만 해당하는 내용이므로 세부 사항에 해당함
③ 보존에 성공하여 멸종 위기종은 더 이상 없다 종의 보존이 중요하다고 했지만 멸종 위기종 보호가 글의 주요 내용이 아님
④ 생물 다양성 조성의 비결은 무한한 자원이다 자원의 무한성은 글의 내용과 관련 없음

Stage 2　한 문장씩 뜯어보기

1 ⓑ | 해안에서 포식자를 제거하는 것은 생물 다양성의 **손실을 초래했다.** ⓐ ~에서 유래했다 ⓒ ~을 해결했다

2 ⓑ | 포식자인 보라 불가사리 ⓐ 해안의 다른 동물 ⓒ 먹잇감인 홍합

3 ⓒ | 그 종이 수가 많지 않더라도 ⓐ 숫자를 사용하여 결과를 예측한다면 ⓑ 그 종이 다른 종보다 몸집이 더 크기 때문에 • numerous 수많은

6 reduce → reducing
해설 문맥상 '핵심종을 보호하는 것과 핵심 소비자를 줄이는 것에 의존한다'가 알맞으므로, depend on의 목적어로 동명사구(protecting ~, reducing ~) 두 개를 병렬 연결해야 한다.

Stage 3　요약하기

핵심종을 보호하고 핵심 소비자의 (A) 영향을 줄이는 것은 생태계의 (B) 균형 유지와 자원의 (C) 회복에 필수적이다.

의 80퍼센트를 차지하므로 대규모 농장이 핵심 소비자다. ⁷농장에 초점을 맞춘 보존 노력은 관련 자원의 회복으로 이어질 수 있다. ⁸우리의 삶은 핵심종을 보호하고 핵심 소비를 줄이는 것에 달려있다.

해설 (C) '회복'이라는 명사가 들어가야 하므로 recovery로 바꾸어 쓰는 것이 알맞다.

1 ②

해석 흥미롭게도 자연에서 더 강한 종은 더 좁은 시야를 가지고 있다. 포식자와 먹잇감의 대비는 이에 대한 분명한 예를 제공한다. 포식자 종과 먹잇감 종을 구별하는 주요 특징은 발톱이나 생물학적 무기와 관련된 어떤 다른 특징의 존재가 아니다. 중요한 특징은 '눈의 위치'이다. 포식자는 눈이 앞쪽을 향하도록 진화하였고, 이것은 사냥감을 쫓을 때 정확한 거리 감각을 제공하는 양안시(兩眼視)를 가능하게 한다. 반면에 먹잇감은 대체로 눈이 바깥쪽을 향하는데, 이는 주변 시야를 최대화하여 어떤 각도에서 접근하고 있을지 모르는 위험을 사냥당하는 대상이 감지할 수 있게 해준다. 먹이 사슬의 꼭대기에 있는 우리의 위치와 일치하게, 인간은 앞쪽을 향하는 눈을 가지고 있다. 우리는 거리를 측정하고 목표물을 추격할 수 있는 능력을 갖추고 있지만, 또한 우리 주변의 중요한 동작을 놓칠 수도 있다.

어휘 distinction 대조, 차이   clarify 분명히 하다   feature 특징   distinguish 구별하다   presence 존재   claw 발톱   weaponry 무기   binocular 두 눈으로 보는   vision 시각, 시력(= eyesight)   pursue 쫓다; 추구하다   maximize 최대화하다   detect 감지[발견]하다; 찾다   consistent with ~와 일치하는   gauge 측정하다; 게이지   [선택지] extinction 멸종

해설 포식자와 먹잇감의 눈의 위치가 다른 이유를 설명하는 글이다. 포식자는 사냥감을 효율적으로 쫓기 위해 눈이 앞쪽을 향하고, 먹잇감은 위험을 쉽게 파악하기 위해 눈이 바깥쪽을 향한다. 후반부에서 포식자인 인간도 눈이 앞을 향한다고 했고 이는 주변 시야가 좁다는 의미이다. 따라서 글의 내용을 종합하는 첫 문장 빈칸에 알맞은 것은 ② 'the more powerful species have a narrower field of vision(더 강한 종은 더 좁은 시야를 가지고 있다)'이다.

① 바깥쪽을 향한 눈은 사냥의 성공과 연관되어 있다
   바깥쪽을 향한 눈은 먹잇감이 위험을 감지하는 데 유리하므로 글의 내용과 반대됨
③ 앞쪽을 바라보는 인간의 눈은 위험을 감지할 수 있게 해준다
   앞쪽을 향한 눈은 사냥감을 쫓는 데 유리하므로 글의 내용과 반대됨
④ 약한 종의 멸종은 시력과 밀접한 관련이 있다
   글의 내용과 관련 없음
⑤ 동물들은 종의 구성원들을 식별하기 위해 시력을 사용한다 글의 내용과 관련 없음

2 ①

해석 특정 종들은 다른 종들보다 생태계 유지에 더 중요하다. 그러한 종들은 핵심종이라 불리며 전체 생태계의 특성과 구조를 결정하는 데에 매우 중요하다. 핵심종을 제거하면 다른 종들이 핵심종에 의존하거나 크게 영향을 받는다는 사실이 드러난다. 바로 이런 관점에서 우리는 무화과나무에 주목해야 한다. 서로 다른 종의 무화과나무들이 열대우림에서는 핵심종일 수 있다. 무화과가 집단으로 과실을 계속 생산해 내지만, 열대우림의 과실을 먹는 원숭이, 새, 박쥐, 그리고 다른 척추동물들은 일반적으로 자신들의 먹이로 많은 양의 무화과를 먹지 않는다. 그러나 한 해 중 다른 과실이 덜 풍부한 시기 동안에 무화과나무는 과실을 먹는 척추동물을 먹여 살리는 데 중요해진다. 무화과나무가 사라지면 과실을 먹는 척추동물들이 대부분 제거될 것이다. 그러한 열대우림 생태계에서 무화과나무를 보호하는 것은 원숭이, 새, 박쥐, 그리고 다른 척추동물들의 생존 가능성을 높여 주기 때문에 중요한 보존 목표이다.

↓

무화과나무는 열대우림의 핵심종으로서 다른 과실이 (A) 불충분할 때 과실을 먹는 동물들의 생존을 도우며, 그리하여 그들의 생태계를 (B) 보전한다.

어휘 crucial 중요한   maintenance 유지   vital 매우 중요한   reveal 드러내다   collectively 집단으로 *cf.* collective 집단의   continuous 계속되는   plentiful 풍부한, 많은   sustain 먹여 살리다, 부양하다; 유지시키다   eliminate 제거하다, 없애다   likelihood 가능성   [선택지] insufficient 불충분한   preserve 보전하다   poisonous 독성의, 독이 있는   purify 정화하다

해설 무화과나무를 예시로 들어 핵심종의 개념을 설명하는 글이다. 평소에는 열대우림의 동물들이 무화과 열매를 많이 먹지 않지만, 다른 과실이 덜 풍부한 시기에는 무화과 열매가 생존에 중요한 역할을 하여 결국 생태계 보전에 중요한 역할을 한다고 했다. 따라서 (A)에는 insufficient(불충분한)가, (B)에는 preserve(보전하다)가 알맞다.

	(A)	(B)
② 불충분한	–	창조하다 (A)는 맞고 (B)는 틀림
③ 독성의	–	정화하다 (A), (B) 둘 다 틀림
④ 독성의	–	재형성하다 (A), (B) 둘 다 틀림
⑤ 충분한	–	깨끗이 하다 (A)는 정답과 반대 의미, (B)도 틀림

MEMO

MEMO

*○□

Be a Master of Reading

천일문 **독해**

First of all

독해는 독해비부터

간접연계·비연계 대비 독해 기본기 다지기

10가지 논리구조로 빈틈없이 이해하는 글의 전개

논리적 사고로 문제해결력 기르기

최신 수능 출제 경향에 맞춘 전략적 해결법 제시

논리 구조를 이해하는 힘으로 만들어 내는 탄탄한 문제해결력

Concept의 **찬찬** 이해	CHECK UP + 생생 기출 맛보기	Concept의 **꼼꼼** 확인
영어 단락 구조에 대한 이해	학습 내용 문제 속에서 확인	학습한 개념과 알맞은 유형으로 적용 연습

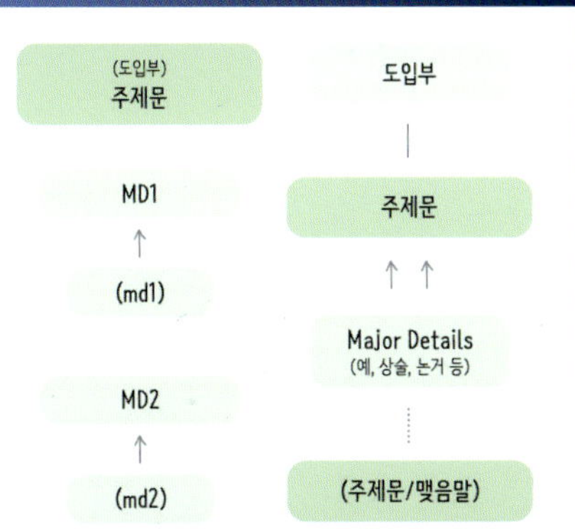

relevant in employment
and relationship matters

impressions matter a lot".
second chance to make a

a few seconds for anyone

processes, where top
eventual decision on any
themselves.

dge and competence, but
of a lack of coordination,

who you've painstakingly
bad breath or wrinkled

⑤ MD2
예 2: 사랑과 대인 관계

❶ 도입부
첫 인상은 중요하고 두 번째 기회는 없음

❷ 주제문
첫인상은 매우 빨리 결정됨

❸ MD1
예 1: 채용 과정

❹ md1
예 1의 예: 외모와 자기소개

❻ md2
예2의 예: 구취와 옷 주름

대의 파악 I

1 <도입부-주제문(역접)-세부 사항> 구조는 대의 파악 시
주제문은 역접 연결어로 쉽게 찾을 수 있는데, 이때 MD는
뒷받침하는지를 반드시 확인해야 합니다.

다음 글을 읽고, 아래 물음에 답하세요.

대의 파악 II

2 역접 연결어는 생략될 수도 있다는 점 을 기억하세요.
역접 연결어도 없이 글의 흐름이 갑자기 뒤바뀌면
역접 내용의 주제문을 뒷받침하기 때문에 전체 흐름가

다음 글을 읽고, 아래 물음에 답하세요.

빈칸 추론

3 역접 연결어가 이끄는 빈칸 문장이 글의 중반에 있을
이때 빈칸 어구는 도입부 내용을 참고하여 이를 인간다
세부 사항으로 판단이 안 될 때는 도입부를 활용하는 것

다음 빈칸에 들어갈 말로 가장 적절한 것을 고르세요.

문장 넣기

4 주어진 문장에 역접 연결어가 있는 경우가 많아요.
구조를 제일 먼저 고려해야 합니다. 이 구조에서, 주
자연히 역접 관계가 되므로 도입부 내용과 이어지지 않

글의 흐름으로 보아, 주어진 문장이 들어가기에 가장

쎄듀 초·중등 커리큘럼

초등 (예비초 / 초1 / 초2 / 초3 / 초4 / 초5 / 초6)

영역	교재
구문	천일문 365 일력 |초1-3| 교육부 지정 초등 필수 영어 문장
구문	개정 초등 천일문 SENTENCE 1 / 2 / 3 — 1001개 통문장 암기로 완성하는 초등 영어의 기초
문법	개정 초등 천일문 GRAMMAR 1 / 2 / 3 — 문장으로 스스로 규칙을 발견하는 초등 필수 영문법
문법	왓츠 Grammar — Start (초등 기초 영문법) / Plus (초등 영문법 마무리)
독해	왓츠 리딩 30|40 / 50 / 60 / 70 / 80 / 90 / 100 — 쉽고 재미있게 완성되는 영어 독해력
어휘	개정 초등 천일문 VOCA&STORY — 한 권으로 끝내는 초등 필수 영단어 1000개
어휘	패턴으로 말하는 초등 필수 영단어 1 / 2 — 문장 패턴으로 완성하는 초등 필수 영단어
ELT	Oh! My PHONICS 1 / 2 / 3 / 4 — 유·초등학생을 위한 첫 영어 파닉스
ELT	Oh! My SPEAKING 1 / 2 / 3 / 4 / 5 / 6 — 핵심 문장 패턴으로 더욱 쉬운 영어 말하기
ELT	Oh! My GRAMMAR 1 / 2 / 3 — 쓰기로 완성하는 첫 초등 영문법

중등 (예비중 / 중1 / 중2 / 중3)

영역	교재
구문	천일문 STARTER 1 / 2 — 중등 필수 구문 & 문법 총정리
문법	천일문 중등 GRAMMAR LEVEL 1 / 2 / 3 — 예문 중심 문법 기본서
문법	GRAMMAR Q Starter 1, 2 / Intermediate 1, 2 / Advanced 1, 2 — 학기별 문법 기본서
문법	잘 풀리는 영문법 1 / 2 / 3 — 문제 중심 문법 적용서
문법	GRAMMAR PIC 1 / 2 / 3 / 4 — 이해가 쉬운 도식화된 문법서
문법	1센치 영문법 — 1권으로 핵심 문법 정리
문법+어법	개정 미리 수능 영어 문법·어법 1, 2 *첫단추 BASIC 개정 — 중학생을 위한 수능 문법·어법 입문
문법+쓰기	EGU 영단어&품사 / 문장 형식 / 동사 써먹기 / 문법 써먹기 / 구문 써먹기 — 서술형 기초 세우기와 문법 다지기
쓰기	천일문 중등 WRITING LEVEL 1 / 2 / 3 *거침없이 Writing 개정 — 중등 교과서 내신 기출 서술형
쓰기	중학 영어 쓰작 1 / 2 / 3 — 중등 교과서 패턴 드릴 서술형
어휘	개정 천일문 VOCA 중등 스타트 / 필수 / 마스터 — 2800개 중등 3개년 필수 어휘
어휘	개정 어휘끝 중학 필수편 — 중학 필수어휘 1000개
어휘	개정 어휘끝 중학 마스터편 — 고난도 중학어휘 +고등기초 어휘 1000개
독해	ReadingGraphy LEVEL 1 / 2 / 3 / 4 / 신간 5 / 신간 6 — 중·고등 필수 구문까지 잡는 흥미로운 소재 독해
독해	Reading Relay Starter 1, 2 / Challenger 1, 2 / Master 1, 2 — 타교과 연계 배경 지식 독해
독해	READING Q Starter 1, 2 / Intermediate 1, 2 / Advanced 1, 2 — 예측/추론/요약 사고력 독해
독해전략	리딩 플랫폼 1 / 2 / 3 — 논픽션 지문 독해
독해유형	Reading 16 LEVEL 1 / 2 / 3 — 수능 유형 맛보기 + 내신 대비
독해유형	개정 미리 수능 영어 기초 독해 / 유형 독해 *첫단추 BASIC 개정 — 중학생을 위한 수능 독해 입문
듣기	Listening Q 유형편 / 1 / 2 / 3 — 유형별 듣기 전략 및 실전 대비
듣기	쎄듀 빠르게 중학영어듣기 모의고사 1 / 2 / 3 — 교육청 듣기평가 대비

쎄듀 고등 커리큘럼

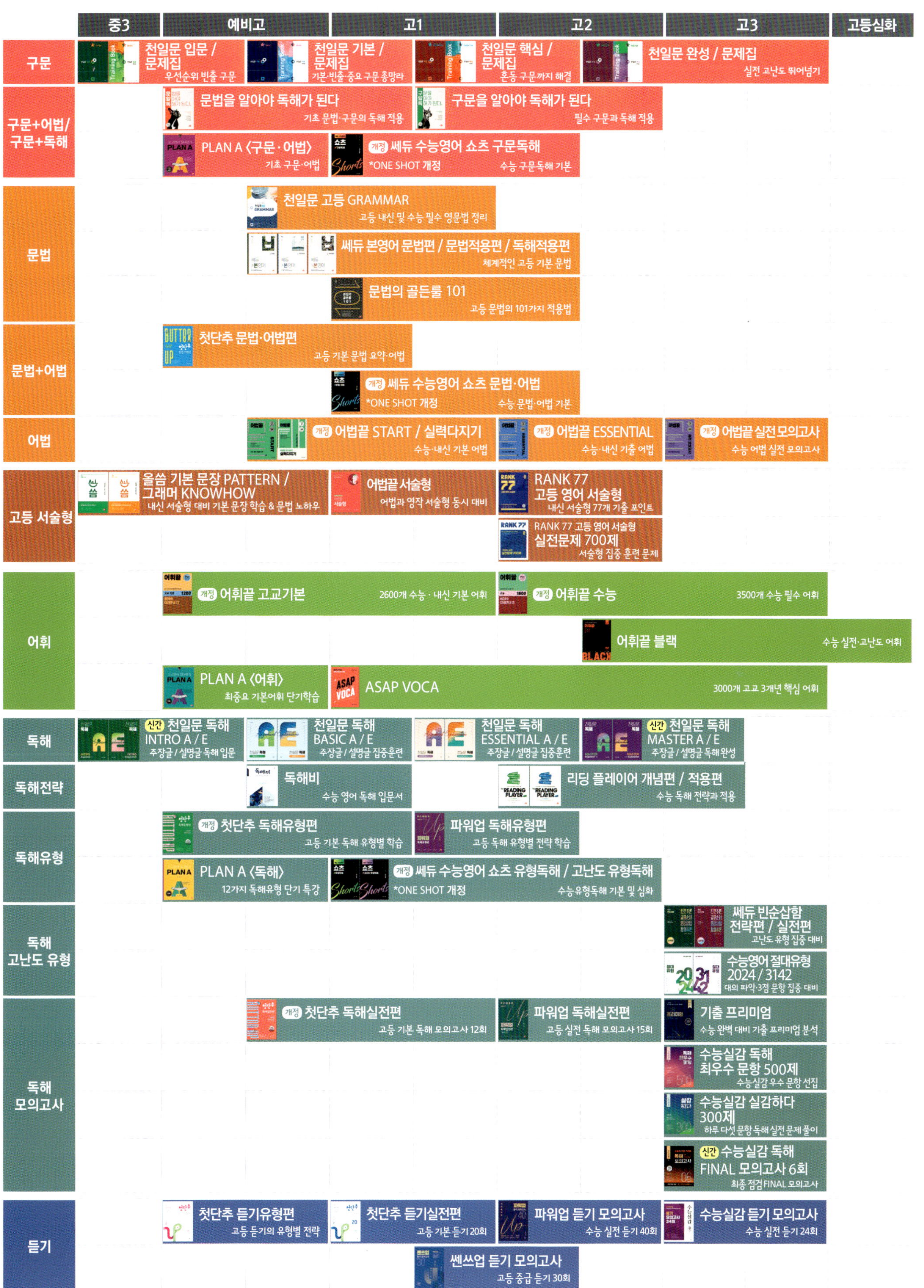

중3
예비고
고1
고2
고3
고등심화

구문
천일문 입문 / 문제집
우선순위 빈출 구문
천일문 기본 / 문제집
기본·빈출·중요 구문 총망라
천일문 핵심 / 문제집
혼동 구문까지 해결
천일문 완성 / 문제집
실전 고난도 뛰어넘기

구문+어법 / 구문+독해
문법을 알아야 독해가 된다
기초 문법·구문의 독해 적용
구문을 알아야 독해가 된다
필수 구문과 독해 적용
PLAN A 〈구문·어법〉
기초 구문·어법
쇼츠 Shorts
개정 쎄듀 수능영어 쇼츠 구문독해
*ONE SHOT 개정
수능 구문독해 기본

문법
천일문 고등 GRAMMAR
고등 내신 및 수능 필수 영문법 정리
쎄듀 본영어 문법편 / 문법적용편 / 독해적용편
체계적인 고등 기본 문법
문법의 골든룰 101
고등 문법의 101가지 적용법

문법+어법
첫단추 문법·어법편
고등 기본 문법 요약·어법
쇼츠 Shorts
개정 쎄듀 수능영어 쇼츠 문법·어법
*ONE SHOT 개정
수능 문법·어법 기본

어법
개정 어법끝 START / 실력다지기
수능·내신 기본 어법
개정 어법끝 ESSENTIAL
수능·내신 기출 어법
개정 어법끝 실전 모의고사
수능 어법 실전 모의고사

고등 서술형
올씀 기본 문장 PATTERN / 그래머 KNOWHOW
내신 서술형 대비 기본 문장 학습 & 문법 노하우
어법끝 서술형
어법과 영작 서술형 동시 대비
RANK 77 고등 영어 서술형
내신 서술형 77개 기출 포인트
RANK 77 고등 영어 서술형 실전문제 700제
서술형 집중 훈련 문제

어휘
개정 어휘끝 고교기본
2600개 수능·내신 기본 어휘
개정 어휘끝 수능
3500개 수능 필수 어휘
어휘끝 블랙
수능 실전·고난도 어휘
PLAN A 〈어휘〉
최중요 기본어휘 단기학습
ASAP VOCA
3000개 고교 3개년 핵심 어휘

독해
신간 천일문 독해 INTRO A / E
주장글 / 설명글 독해 입문
천일문 독해 BASIC A / E
주장글 / 설명글 집중훈련
천일문 독해 ESSENTIAL A / E
주장글 / 설명글 집중훈련
신간 천일문 독해 MASTER A / E
주장글 / 설명글 독해 완성

독해전략
독해비
수능 영어 독해 입문서
리딩 플레이어 개념편 / 적용편
수능 독해 전략과 적용

독해유형
개정 첫단추 독해유형편
고등 기본 독해 유형별 학습
파워업 독해유형편
고등 독해 유형별 전략 학습
PLAN A 〈독해〉
12가지 독해유형 단기 특강
개정 쎄듀 수능영어 쇼츠 유형독해 / 고난도 유형독해
*ONE SHOT 개정
수능유형독해 기본 및 심화

독해 고난도 유형
쎄듀 빈순삽함 전략편 / 실전편
고난도 유형 집중 대비
수능영어 절대유형 2024 / 3142
대의 파악·3점 문항 집중 대비

독해 모의고사
개정 첫단추 독해실전편
고등 기본 독해 모의고사 12회
파워업 독해실전편
고등 실전 독해 모의고사 15회
기출 프리미엄
수능 완벽 대비 기출 프리미엄 분석
수능실감 독해 최우수 문항 500제
수능실감 우수 문항 선집
수능실감 실감하다 300제
하루 다섯 문항 독해실전 문제 풀이
신간 수능실감 독해 FINAL 모의고사 6회
최종 점검 FINAL 모의고사

듣기
첫단추 듣기유형편
고등 듣기의 유형별 전략
첫단추 듣기실전편
고등 기본 듣기 20회
파워업 듣기 모의고사
수능 실전 듣기 40회
수능실감 듣기 모의고사
수능 실전 듣기 24회
쎈쓰업 듣기 모의고사
고등 중급 듣기 30회

Be a Master of Reading

'주장글'과 '설명글'을 집중 학습하여 독해 실력을 자연스럽게 향상시켜 줍니다.

INTRO A&E
정가 각 20,000원

천일문 입문(INTRO)과 같이 학습하시면 좋습니다.

INTRO Argument 주장글

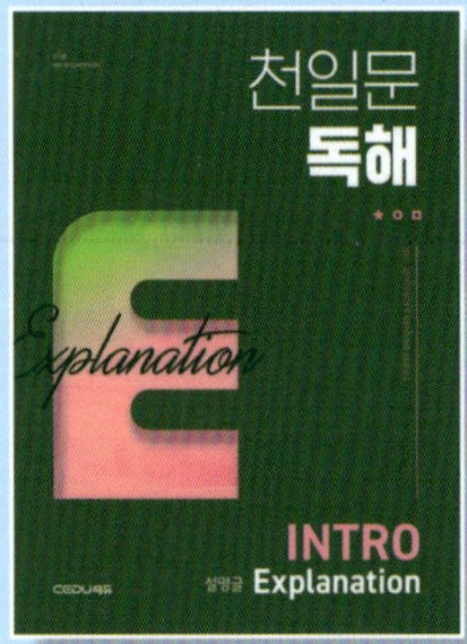

INTRO Explanation 설명글

BASIC A&E
정가 각 19,000원

천일문 기본(BASIC)과 같이 학습하시면 좋습니다.

BASIC Argument 주장글

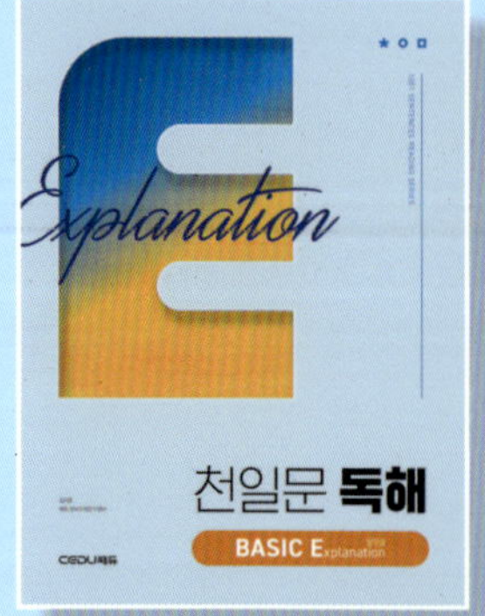

BASIC Explanation 설명글

ESSENTIAL A&E
정가 각 19,000원

천일문 핵심(ESSENTIAL)과 같이 학습하시면 좋습니다.

ESSENTIAL Argument 주장글

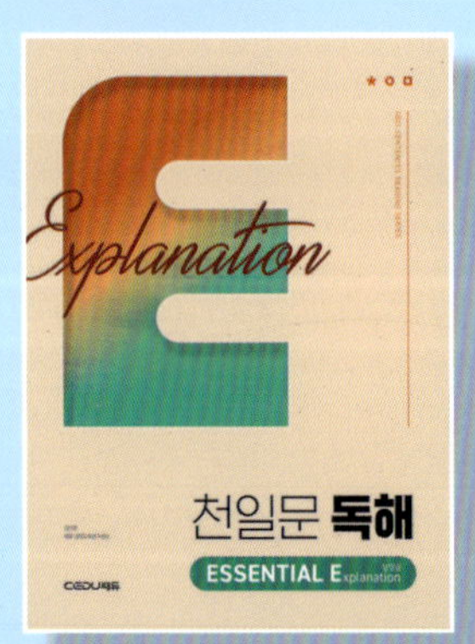

ESSENTIAL Explanation 설명글

MASTER A&E
정가 각 20,000원

천일문 완성(MASTER)과 같이 학습하시면 좋습니다.

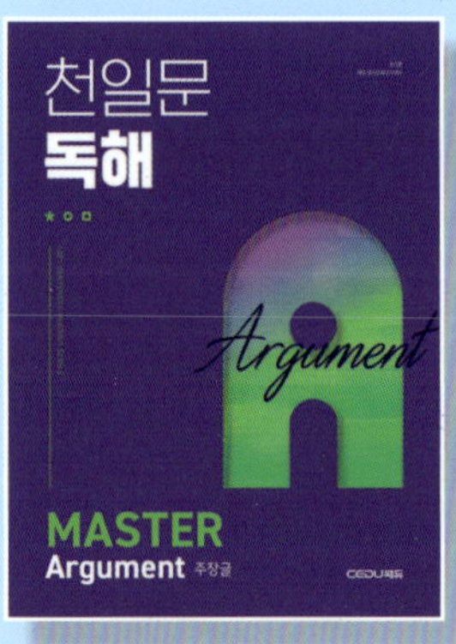

MASTER Argument 주장글

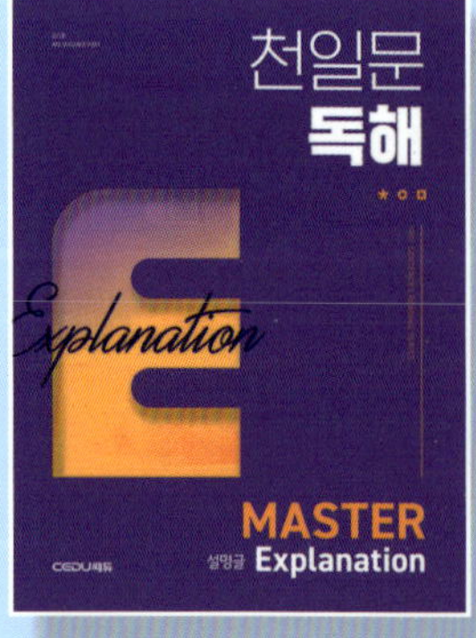

MASTER Explanation 설명글

| 정가 | 19,000원

온라인 무료 부가서비스 제공

www.cedubook.com

문의사항은 지역총판 또는 book@ceduenglish.com

ISBN 978-89-6806-430-2
978-89-6806-429-6(세트)